Netty DU BOYS

Souvenirs de La Combe

(Mgr DUPANLOUP A LA COMBE)

AVEC

Une Introduction de Mgr CHAPON

Évêque de Nice

La Conversion de Mlle E. B.

Une Abjuration à La Combe

PARIS

PIERRE TÉQUI, LIBRAIRE-ÉDITEUR

82, RUE BONAPARTE, 82

1912

SOUVENIRS DE LA COMBE

Netty DU BOYS

Souvenirs de La Combe

(Mgr DUPANLOUP A LA COMBE)

AVEC

Une Introduction de Mgr CHAPON

Évêque de Nice

La Conversion de Mlle E. B.

Une Abjuration à La Combe

PARIS

PIERRE TÉQUI, LIBRAIRE-ÉDITEUR

82, RUE BONAPARTE, 82

1912

INTRODUCTION

Ce n'est pas sans un mélange de douceur et de tristesse que, cédant à une invitation dont je me tiens honoré, je viens présenter aux lecteurs les pages que l'on va lire. Elles avaient été confiées par leur auteur à Mgr Dadolle, évêque de Dijon, et il se préparait à les publier avec une notice sur celle qui les avait écrites, Mlle Netty du Boys, quand la mort est venue si inopinément briser sa plume et le ravir à l'Eglise de France dont il était déjà l'espérance et l'honneur.

Ces pages révéleront à ceux qui ne la connaitraient pas encore l'âme de l'évêque d'Orléans, trop longtemps voilée par la gloire même de l'homme public, de l'orateur, du polémiste. Cette grande âme y est saisie et dépeinte dans son épanouissement le plus libre et le plus intime par l'une de ses filles spirituelles, celle peut-être qui fut le mieux placée pour l'observer et le mieux douée pour la pénétrer et la dépeindre.

Ce qui frappait tout d'abord en Mlle Netty du Boys c'était, dans un corps très frêle et épuisé par la maladie, une vie très intense d'intelligence et d'âme. Toutefois, ces aspirations ardentes, ce besoin d'aimer et d'admirer qui faisait le fond de sa nature, ne s'exaltaient pas dans le vide et ne s'épuisaient pas à la poursuite de fantômes de l'imagination. Un esprit de trempe virile, vif, perspicace, pénétrant, d'une culture variée, leur fournissait un aliment inépuisable.

Ces facultés natives s'étaient épanouies dans un milieu et sous les influences les plus propices. Née au sein d'une famille patriarcale, elle eut tout d'abord le bonheur de pouvoir admirer sans réserve ceux qu'elle devait le plus aimer. Dans son aïeul paternel mort à quatre-vingt-dix-neuf ans, en pleine possession de son intelligence et de ses souvenirs, elle avait connu l'un des derniers survivants de cette grande magistrature que deux siècles de pouvoir absolu avait laissée debout et respectée. C'était la fierté et l'honneur de plusieurs générations qu'elle entendait vibrer dans la voix de ce vieillard quand, au cours de ces longs récits où il évoquait les dernières années de la monarchie, il relevait la tête en disant : « Vois-tu, mon enfant, *nous autres, du Parlement...* »

Cet intègre honneur, elle le retrouva dans son père qui avait noblement sacrifié les promesses d'une brillante carrière à sa foi politique, sans vouloir cependant désespérer de son siècle et de son pays, ni se désintéresser de leur destinée. M. Albert du Boys, en effet, se fit d'abord un rôle modeste, mais laborieux, entre ces chrétiens d'élite qui, à travers tant de travaux et de luttes, ne cessèrent de poursuivre l'accord de la tradition et du progrès, de l'autorité et de la liberté, de la raison et de la foi. C'était un observateur et un érudit, qui savait encore mieux causer qu'écrire; et c'est dans les conversations, où il épanchait avec tant de charme le trésor de sa mémoire, que lui fut révélée la vive intelligence de sa fille et qu'il devint son premier maître. En même temps, dans une intimité plus tendre et plus profonde encore, l'âme de l'enfant s'épanouissait aux leçons de cette sainte mère, dont Lamartine avait chanté les charmes, et qui voilait d'une exquise modestie les dons les plus rares de la grâce et de la nature. En cet oncle enfin qu'elle aimait comme un second père, et qui se plaisait à lui confier ses préoccupations et ses desseins généreux, elle avait vu à l'œuvre un héros de la charité catholique.

C'est à ce foyer béni où Netty grandissait, entre ses deux frères, sous l'influence de telles affections et de tels exemples, que l'abbé Dupanloup vint s'asseoir par une après-midi de juillet. En traversant la vallée du Graisivaudan pour gagner la Savoie, son pays natal, ses regards avaient rencontré, suspendu aux flancs des Alpes, le château de La Combe. On lui avait dit qu'il y retrouverait, dans la jeune châtelaine, l'une de ses enfants du catéchisme de l'Assomption.

La simplicité cordiale de l'accueil, sa conversation avec M. du Boys, dont l'esprit lui parut ouvert aux idées qui le préoccupaient lui-même, la vue de cette mère pieuse et dévouée qui réalisait ses enseignements et ses espérances, la physionomie aimable et ouverte des petits enfants, la beauté du site, le retinrent longtemps et le ramenèrent bientôt. C'était Béthanie qu'il venait de rencontrer sur sa route laborieuse. Dès l'année suivante, répondant à de pressantes instances, il annonçait son retour : « Mon cher ami, écrivait-il à M. du Boys, je ne connais pas d'intérieur où, plus convenablement que chez vous, un prêtre puisse venir se reposer de ses fatigues. » Et plus tard, sous la menace d'une cruelle épreuve : « Si Dieu permet que je perde la vue, j'irai vous demander une petite place à votre foyer, vous et vos chers enfants me prêterez quelquefois vos yeux, et avec votre secours peut-être pourrai-je encore servir l'Eglise. » A partir de cette époque, il ne s'écoula pas d'année où il ne vint passer à La Combe quelques semaines, et il lui arriva d'y séjourner plusieurs mois de suite.

Cependant, tandis que ses frères quittaient pour le collège la maison paternelle, Netty y demeurait seule. Comme il arrive souvent chez les enfants, l'intelligence et le cœur se révélaient déjà en elle par de vives saillies; elle eut bientôt attiré le regard du prêtre et de l'éducateur. Il s'en entretenait souvent avec M. et Mme du Boys heureux, dans cette grande œuvre, de s'inspirer de ses conseils. Cette sollicitude n'échappait pas à la pénétration de l'enfant; elle s'en montrait à la fois reconnaissante et fière.

Les conseils de Mgr Dupanloup furent suivis et, grâce à sa direction admirablement secondée, l'on vit bientôt Netty porter à la prière et à l'étude toutes ses ardeurs et ses énergies, et accepter avec joie cette salutaire discipline de la règle et du devoir qu'elle devait garder toujours.

Les années de son adolescence et de sa jeunesse apportèrent à sa vie intellectuelle et morale d'admirables ressources et d'irrésistibles stimulants. Ce furent les grandes années de La Combe, dont la large hospitalité réunissait, chaque année, autour de l'évêque d'Orléans toute une élite de catholiques. Plusieurs d'entre eux déjà s'étaient illustrés au service de l'Eglise.

On y vit tour à tour apparaître Lacordaire, MM. de Falloux, Cochin, Sauzet, Rio, Dœllinger, alors dans toute l'ardeur de sa foi, le P. Gratry, l'abbé Perreyve et plus tard l'abbé Bougaud, l'abbé Turinaz, etc., etc. On s'imagine assez quel échange de vues, d'appréhensions et d'espérances devait se faire entre de tels hommes, mêlés pour la plupart aux grandes luttes que la foi et la liberté religieuse suscitaient dès lors.

Le calme des lieux, la splendeur des horizons, le spectacle d'une nature grandiose, en élevant les esprits et en dilatant les âmes, aidaient encore à ces épanchements.

Il y avait pour les hôtes de La Combe des heures de charmante intimité, celle, par exemple, où, après le repas du soir, ils se réunissaient une dernière fois sur cette incomparable terrasse, d'où la vue s'étend de Grenoble à Chambéry. C'est l'heure où les lueurs mourantes du jour s'éteignent sur les montagnes de la Grande Chartreuse, dont les cimes se détachent sur un ciel encore clair, tandis que les ombres et le silence envahissent la vallée et laissent entendre l'éternel murmure des torrents et les premiers gémissements de la brise nocturne. C'est alors souvent que les âmes, s'élevant des préoccupations contemporaines aux plus hautes spéculations et à la contemplation des choses éternelles, préludaient par leur dernier entretien à cette prière qui, avant le repos de la nuit, les réunissait dans la petite chapelle, aux pieds du Dieu de l'Eucharistie. « Heures précieuses et chères, écrivait plus tard Mlle du Boys, où l'âme du grand évêque se dilatait dans une intime confiance, où son esprit planait sur les choses humaines et montait à celles de Dieu, par des coups d'ailes qui faisaient rêver de Bossuet. »

Elle assistait, en effet, à toutes ces scènes ; et, ouverte comme elle l'était aux idées et aux émotions généreuses, elle y prêtait une ardente attention. Rien n'égalait sa joie quand un nouvel hôte de quelque renom était annoncé à La Combe.

Toutefois, ces réunions n'étaient pas uniquement consacrées au repos et à la spéculation : si on y causait beaucoup, on y travaillait davantage encore, et, dans ces entretiens eux-mêmes, furent souvent inspirés, conçus ou élaborés des desseins et des œuvres qui se réalisèrent plus tard pour l'honneur de l'Eglise. C'est là que Mgr Dupanloup lui-même avait médité et écrit une partie de son grand ouvrage sur l'*Education*.

La Combe fut encore témoin d'un autre travail plus intime, mais non moins fécond : celui que le grand évêque accomplissait dans les âmes, attirées par sa présence vers cette solitude. Plusieurs y revinrent à la foi, depuis celle qui s'écriait : « Ah ! mon Père, la lumière et la paix ont passé sur moi ! » jusqu'à celle qui, au déclin d'une vie emportée par la tempête, y avait retrouvé la joie et les larmes de la chapelle Saint-Hyacinthe, au jour de sa première Communion. Combien d'autres y étaient venues chercher le mot de Dieu sur leur avenir et le secret de leur prédestination!

Mlle du Boys n'avait pas été seulement le témoin de cet apostolat: plus d'une fois, elle en fut la coopératrice discrète et généreuse. Mgr Dupanloup, qui suivait de près l'épanouissement de cette âme d'enfant, ne l'eût pas laissée s'épuiser en de stériles admirations. Le trait de sa direction était, on le sait, de réduire tout à la pratique. Il n'élevait les esprits et n'échauffait les cœurs que pour en obtenir l'effort, le travail, le sacrifice. Il ne cessa de les demander à sa fille spirituelle. Bientôt il put constater lui-même que ces sollicitudes n'étaient pas stériles. « Mon ami, disait-il à Mgr Lagrange qu'il conduisait pour la première fois à La Combe, la jeune fille que vous allez voir, entendez bien ce mot, laissera un sillon de lumière. »

Ceux qui ont lu les écrits de Mlle du Boys, ceux, surtout, qui pénétrèrent dans son intimité, rendront témoignage à la clairvoyance de cette prévision. Dans un milieu où il y avait tant à observer ou à recueillir, dès ses premières années, elle sut tout voir et n'oublia rien. Elle prit de bonne heure l'habitude de fixer, chaque soir, par écrit, ce qui l'avait frappée dans les événements et les entretiens de la journée, et se fit ainsi, durant plus de trente années, un véritable trésor de souvenirs.

Son dernier désir et son suprême effort eurent pour objet, en rédigeant ces notes, de fixer dans les *Souvenirs de La Combe* ce grand et cher passé, dont elle était jalouse de transmettre à ses neveux et à ses amis les enseignements et les traditions. Dieu n'a pas voulu qu'elle achevât son œuvre; une mort prématurée vint l'interrompre à peine commencée.

La fin inopinée de l'évêque d'Orléans avait été pour sa fille spirituelle le premier de ces inconsolables deuils, qui allaient désormais se succéder dans sa vie à si courts intervalles, et hâter le déclin de ses forces. Je la vois encore, sur la terrasse du château, suivant d'un dernier regard voilé de larmes, notre triste cortège et la funèbre dépouille qui s'éloignait à travers les sinuosités de la montagne dans le brouillard de l'automne. « Nous le vîmes bientôt disparaître, a-t-elle écrit elle-même, à travers les contours des rampes, où nous ne viendrons plus attendre son retour, et, comme jadis après l'avoir accompagné et quitté, nous rentrâmes dans cette grande salle déserte que sa présence avait remplie, et où l'écho de sa voix paternelle s'était éteint pour jamais... »

Quelques mois après, je la retrouvais à Hyères, près du lit de souffrances de son frère M. Félix du Boys, ce jeune magistrat d'un esprit si élevé et si délicat, qui, saisi par la mort au début d'une carrière pleine d'espérances, consolait lui-même sa jeune femme en lui disant : « Dieu veut nous sanctifier par la croix, ne lui demandons pas autre chose. »

Sept ans plus tard, elle voyait s'éteindre entre ses bras cette mère bien-aimée qui trouva, dans son intimité avec Dieu, la force de sourire à tant de souffrances et me disait, un jour, radieuse sur son lit d'agonie, après la sainte communion qu'elle venait de faire : « Est-ce que la joie est une prière? »

Ceux qui savaient quels liens unissaient la mère et la fille ne croyaient pas que celle-ci pût survivre à ce nouveau coup; et de fait, elle en fut, selon son expression, comme déracinée. Elle survécut pourtant, car son vieux père avait besoin d'elle; mais quand elle lui eut fermé les yeux, elle se sentit brisée sans retour.

Elle fit encore un effort pour se relever, et nous la vîmes, jusqu'à la fin, ardente à la prière, au travail, fidèle au souvenir et à l'amitié. Mais désormais une sorte de nostalgie céleste perçait à travers toutes ses occupations et ses sollicitudes.

Sentant venir les suprêmes défaillances, elle adressa de touchants adieux à son frère et à sa belle-sœur qui l'entouraient de leur tendresse dévouée, elle eut un mot cordial pour quelques amis absents qu'elle voulut nommer une dernière fois; puis ayant appelé le prêtre qui l'assistait : « N'est-ce pas, dit-elle, une illusion ou une présomption? je me sens si tranquille, si heureuse, heureuse d'aller voir Dieu. »

Puis, un sommeil précurseur s'empara d'elle; ceux qui l'assistaient s'agenouillèrent autour de son lit pour réciter les dernières prières.

Quand ils se relevèrent, ils durent se pencher sur son visage, pour s'apercevoir qu'elle n'était plus. Son âme s'était exhalée silencieusement et la flamme avait retrouvé son foyer.

Telle fut en quelques traits celle qui parle dans ces pages. Nous ne connaissons pas, dans la biographie contemporaine, un récit d'un accent plus sincère et plus pénétrant, où les voiles de la vie intime soient soulevés d'une main plus pieuse et plus discrète.

† HENRI,
Évêque de Nice.

AVERTISSEMENT

Notre sœur, Netty du Boys, avait entrepris d'écrire les *Souvenirs de La Combe*. Dans ce cadre, la figure de Mgr Dupanloup devait ressortir au premier plan. Le point de vue où elle s'était placée pour faire ce travail se trouve exposé d'une façon lumineuse dans la lettre suivante, qu'elle écrivait au moment de le commencer :

La puissance de Monseigneur me paraît résulter d'un équilibre très rare entre la sensibilité et la volonté. C'est une nature maîtresse, qui a le sens et le trait de la grandeur, et qui a des sources cachées de poésie. Les hommes de l'ancien clergé de France qui ont été ses maîtres ont développé en lui le sens de la dignité sacerdotale et ce trait de grandeur. Les souvenirs, les affections de son enfance, ses montagnes, sa mère, les catéchismes, ont été la source de poésie qui ont empêché cette ardente nature de se dessécher dans la lutte, et qui a donné à sa parole le charme pénétrant que vous avez deviné. M. Borderie et le cardinal de Rohan pour maîtres, Saint-Sulpice pour règle, le dix-septième siècle pour modèle, voilà ce qui explique la première forme de son esprit. Mais cet esprit très ouvert, et cette âme très sincère ne se sont pas figés dans ce premier moule. Il y a eu un progrès, et on peut dire un élargissement continu dans ses idées, dans sa direction, dans son idéal littéraire, dans sa manière oratoire, etc...

Le travail d'âme et d'esprit qui préparait ce progrès, était surtout visible dans ces moments de repos où, se retrouvant lui-même, il réagissait sur tous les éléments de sa vie ailleurs si entraînée. C'est donc à La Combe qu'on est le mieux placé pour observer ce que j'appellerai l'évolution de cette grande personnalité. Outre que sa vie intérieure y est plus intense en étant plus libre, sa vie extérieure s'y résume dans les œuvres qui l'y suivent et les amis qu'il y attire. C'est donc la synthèse de cette double vie que nous voyons se dégager de ce cadre paisible...

Malheureusement la mort a interrompu son travail, à peine commencé, car la santé de Netty ne lui permettait de le poursuivre que très lentement.

Nous avons pu, cependant, en réunissant les feuillets que nous avons retrouvés, reconstituer les premiers chapitres, suffisants pour préciser quelques traits caractéristiques de la figure du grand évêque. Il nous a paru intéressant de les publier tels qu'ils sont, bien que très incomplets, et souvent ne présentant pas la rédaction définitive à laquelle l'auteur les aurait amenés.

Comme complément à cette œuvre, nous avons fait réimprimer à la suite les *derniers jours de Mgr Dupanloup* qui en forment l'épilogue naturel.

P. du B.

Souvenirs de La Combe

A Monsieur l'abbé Dadolle.

Vous m'avez dit, et je le crois, qu'il est des lieux prédestinés par une vocation spéciale et que La Combe est un de ces lieux.

Vous y étiez venu en touriste, en ami, curieux toutefois d'être initié au grand souvenir qui plane sur notre solitude. Jusqu'ici le puissant athlète de l'Eglise ne vous était apparu qu'à travers la poussière du combat ; dans ce cadre paisible vous avez rencontré son âme, et alors vous vous seriez volontiers écrié avec l'abbé Hetsch : « On ne connaît pas Mgr Dupanloup tout entier quand on ne l'a pas vu dans la montagne. »

Cette parole, redite par tant d'amis de l'évêque vivant, s'applique aussi à l'évêque mort. Mgr Dupanloup a pris sa place dans l'histoire, mais l'histoire, en faisant apparaître l'évêque, n'a pu tout dire sur l'homme. Sa vie d'âme et d'esprit a d'intimes détails dont La Combe conserve le souvenir comme son trésor. Que dis-je ? ce souvenir y fait une atmosphère qui continue celle de jadis.

C'est le souffle qui a passé sur votre âme alors que vous sentant enlevé au-dessus des réalités terrestres jusqu'à ces hauteurs où se projette un rayon du ciel, vous avez eu l'impression d'une grâce attachée à ce lieu ; et La Combe, qui vous était inconnu la veille, vous est devenu cher comme une patrie.

D'autres avant vous ont trouvé ici le don de Dieu, le don transmis par ce cœur d'apôtre dont vous avez senti le rayonnement lointain. Aussi, vous qui avez deviné La Combe et ceux qui l'ont connu, tous vous m'avez répété qu'un tel passé est une grâce, mais que cette grâce est une responsabilité, et que si La Combe doit son témoignage à Mgr Dupanloup, il doit ses souvenirs aux âmes que le grand évêque y a attirées, illuminées, sauvées. Alors vous m'avez pressé d'évoquer le passé de cette patrie adoptive dont vous vous êtes appelé le dernier né.

Vous me parliez ainsi sur cette terrasse suspendue entre les cimes neigeuses des Alpes et l'opulente verdure de la vallée du Graisivaudan étendue à nos pieds... C'était l'heure où les premières brises du soir descendent des glaciers et où de belles ombres bleues remplacent sur les rochers massifs de La Chartreuse le soleil qui se retire lentement et marque d'un trait vif et pur leurs âpres sommets. C'était l'heure où ses derniers rayons projetés sur le cours sinueux de l'Isère s'affaiblissent par degré et vont s'éteindre dans ces brumes rosées où se dérobent les montagnes de la Savoie.

CHAPITRE PREMIER

I. 1840 : Première visite de l'abbé Dupanloup à La Combe. — II. Son arrivée chez son ancienne élève de Saint-Hyacinthe. — III. Saint-Hyacinthe, centre de sa vie sacerdotale. — IV. 1846 : Voyage à Grenoble et en Savoie avec le P. Lacordaire. — V. 1847 : L'abbé Dupanloup et sa mère. — VI. Luttes religieuses. Premier rapprochement avec Albert Hetsch.

I

A la fin de l'été de 1840, par un de ces jours radieux et paisibles, un prêtre se promenait sur cette même terrasse, avec une jeune femme en deuil dont le visage était voilé par les larmes. De quatre enfants que Dieu lui avait donnés, trois étaient allés rejoindre les anges ; seule une petite fille lui restait qui s'attachait à ses pas, mais si chétive et si pâle que sa vie semblait un souffle prêt à s'exhaler. L'abbé Dupanloup, c'était lui, regarda avec émotion la fragile créature sur laquelle s'accumulait tant d'amour. Puis il s'arrêta et penché vers son jeune front, il y traça une petite croix, prolongeant longtemps sa bénédiction qui était une ardente prière... une prière que Dieu exauça.

L'avez-vous pressenti à cette heure, ô mon Père, ô mon Maître ? l'enfant que votre prière retenait ici-bas devait y vivre d'un rayon de votre âme, et : « comme un petit oiseau pris sur vos larges ailes » être portée sur les sommets où elle habitait, en contempler les ascensions successives et en recueillir les derniers accents ; puis tout enveloppée de ce souvenir, attendre l'appel de Dieu dans une vie solitaire mais illuminée, où il n'y a plus aujourd'hui pour elle que le passé... et le Ciel.

II

Lui aussi se plaisait à évoquer ce lointain souvenir, quand l'intimité des âmes et l'adoption des lieux eurent fait pour l'abbé Dupanloup du toit de mes parents un toit de famille. Il aimait à remonter d'année en année jusqu'à cette année 1840 où il prétendait avoir découvert La Combe.

Sous le rayon de poésie qui colorait les souvenirs de l'évêque, La Combe avait alors sa légende : C'était après la mort de M. Borderie, « ce prêtre pieux et grave auquel je dois tout sur la terre », disait-il avec une émotion que le temps n'avait pas épuisée. L'abbé Dupanloup voulait écrire la vie de son maître et était venu chercher en Dauphiné, auprès de la marquise de Monteynard, des souvenirs et des documents pour compléter les siens. Un jour, tout en rêvant à son œuvre filiale, il s'était enfoncé dans les bois de châtaigniers qui couvrent les premières pentes des Alpes. De cet abîme de verdure, il voit tout à coup surgir une tour svelte qui l'attire invinciblement. Il se dirige de ce côté ; et de vallée en colline, de ruisseau en torrent, il arrive au pied de cette tour, et il se trouve sur la terrasse, l'incomparable terrasse de La Combe.

Saisi par le charme de cette solitude, qui de suite parla à son âme, il voulut en connaître les hôtes ; et le premier nom qui répondit à ses questions fut celui d'une de ses enfants privilégiées du catéchisme de Saint-Hyacinthe, devenue la châtelaine de La Combe.

III

Saint-Hyacinthe. Le don de Dieu fait à La Combe procède de ce sanctuaire qui était resté cher à ma mère et à mon oncle comme une patrie. Tous les deux avaient reçu là non pas seulement un enseignement, mais une vie.

C'était une vie en effet que celle du catéchisme, une vie qui éveillait, développait et enlaçait la vie entière des enfants et les portait, selon l'expression de l'un d'eux, devenu un prince de l'Eglise, sur les sommets les plus purs des choses divines et humaines. A la joie qu'ils goûtaient alors, rien ne pourrait être comparé ni préféré. « Nous étions cinq cents qui aspirions toute la semaine au jour et à l'heure de ce bien-aimé catéchisme », m'a souvent répété ma mère.

Le bonheur était là aussi pour l'abbé Dupanloup. Cet apostolat de l'enfance achevait de le révéler à lui-même avec sa vocation de catéchiste que tout son passé avait préparé. Catéchiste, il l'était par chaque fibre de son âme, car les catéchismes avaient fait son âme et décidé de sa vie. Ils l'avaient pris enfant jeté avec sa mère dans le grand Paris inconnu, dont la solitude avait pour tous les deux tant de tristesses, et pour lui tant de périls. Et là dans cette crypte de Saint-Sulpice, ils l'avaient abrité, illuminé, sauvé.

Le fils exilé de la Savoie a retrouvé à Saint-Sulpice une patrie, et Saint-Sulpice l'a orienté vers Saint-Hyacinthe ; car ce grand amour de Dieu qui va le faire prêtre et dont la flamme s'est allumée au catéchisme, s'alimente toujours de son esprit, de sa piété, de ses cantiques. Porté par ce souvenir, l'abbé Dupanloup a gravi les degrés du sanctuaire, et maintenant ce qu'il a reçu, il doit le transmettre ; l'idéal de la jeunesse sera l'œuvre de son sacerdoce.

C'est un moment incomparable pour le jeune prêtre. Dans les âmes de ces enfants qui se pressent autour de lui, il revit les joies radieuses de ses douze ans et il boit à la source d'un amour nouveau. Rien dans les pures tendresses dont il a vécu et qui l'ont gardé : ni sa mère qu'il doit pleurer jusqu'à son dernier jour, ni M. Borderie dont il disait dans son enthousiasme de disciple : « J'aurais passé cinq heures immobile à le regarder », ni ses amis les plus aimables et les plus chers, aucun d'eux n'a fait vibrer en lui « la corde de cet amour auquel rien ne ressemble ici-bas », amour d'apôtre et d'artiste, qui a entrevu dans une âme le trait de beauté divine et qui aspire à le faire resplendir, unissant pour cette œuvre aux tendresses de l'homme les forces d'un prêtre.

Tel est l'amour surnaturel où se réalise et se consume toute la puissanse d'aimer de ce grand cœur.

Aussi le catéchisme est-il pour l'abbé Dupanloup un art, une science. Il y met son étude, son éloquence, son intensité, son charme irrésistible, il y met sa vie, se donnant tout entier à ces cinq cents enfants qu'il nourrit de sa grande âme. Quelles angoisses quand ils résistent à Dieu, et quel ravissement quand ils se rendent à lui ! Pour le comprendre, il faut avoir entendu ses accents, vu ses larmes, alors qu'évêque vieilli dans les luttes pour l'Eglise, il évoquait le souvenir de ces âmes chéries, et que vivant encore de leur vie, c'étaient aux cantiques du catéchisme qu'il demandait un accent pour son âme dans ses élans de foi et d'amour.

Saint-Hyacinthe avait été pour sa jeunesse sacerdotale un Thabor dont la lumière se projetait sur toute sa vie et devait rayonner sur ses derniers jours.

Ma mère était arrivée jeune femme à La Combe, gardant toujours dans son cœur le culte ardent de Saint-Hyacinthe, dont la mort de son père l'avait arrachée à quinze ans. Depuis lors, elle n'avait pas revu Paris, ni l'abbé Dupanloup.

Dans sa première année de mariage, une excursion alpestre l'avait conduite à Genève avec mon père, et mon oncle les accompagnait. Tous les trois étaient allés entendre la messe dans la vieille église de Saint-Germain. Un prêtre venait de monter à l'autel : quand il se retourna, mon oncle tressaillit. Au dernier évangile, se penchant vers sa sœur : « Marie, lui dit-il, as-tu reconnu ce prêtre ?... c'est l'abbé Dupanloup » ; et il l'entraîna à la sacristie où les deux élèves de Saint-Hyacinthe retrouvaient leur ancien catéchiste. C'est alors que mon père lui fut présenté.

Cinq ans plus tard, ma mère vit entrer dans le salon de La Combe ce même prêtre qu'elle hésitait encore à reconnaître, mais c'était bien lui. L'ange de Saint-Hyacinthe venait de conduire l'abbé Dupanloup dans ce nid de la montagne, qui était prédestiné à devenir pour lui le lieu du repos terrestre, avant d'être celui du repos éternel.

IV

L'abbé Dupanloup s'était très peu arrêté à La Combe, asez toutefois pour sentir vivement le charme de ce nid alpestre et promettre d'y revenir.

Il ne le fit qu'en 1846, au début d'un de ses pèlerinages accoutumés à sa chère Savoie. Mais La Combe était désert. La santé de ma mère, ébranlée par ses malheurs, l'avait condamnée à s'éloigner des montagnes depuis quelques années, peut-être pour toujours, on le craignait du moins, et La Combe, paré de beautés inutiles dans son abandon, apparut à l'abbé Dupanloup enveloppé d'un voile de tristesse. Plus encore qu'à son premier voyage toutefois, il goûta la beauté paisible de ce lieu où « l'air lui semblait plus pur, le ciel plus proche, et Dieu plus familier ». Il récita avec une grande douceur son bréviaire sur la terrasse, priant Dieu d'y ramener les exilés de la plaine... Puis il s'éloigna avec émotion : La Combe avait parlé à son âme.

Trois jours après, nous le vîmes arriver à Grenoble avec le P. Lacordaire, qu'il était allé enlever à Chalais pour le conduire en Savoie.

Entre ma mère et son ancien catéchiste, La Combe et les tristesses qui s'y rattachaient avaient été le premier sujet abordé, mais au dîner la conversation générale prit un autre tour. L'abbé Dupanloup avait demandé où et comment le P. Lacordaire et mon père s'étaient rencontrés pour la première fois. L'illustre Dominicain, pour toute réponse, fit l'historique de leur amitié, amitié commencée à l'Ecole de droit de Paris, retrouvée à Rome et qui avait été, disait-il, l'auxiliaire de la restauration dominicaine. Car c'était à l'initiative de mon père qu'était due l'importante mission de Grenoble, qui avait abouti à l'établissement du noviciat de Chalais, fait à l'encontre et à l'insu des autorités du département. Il y avait là tout un drame où le P. Lacordaire faisait encore à son ami les honneurs du rôle prépondérant : une maison achetée subrepticement, des religieux amenés d'Italie à la frontière de Savoie, où mon père était allé les attendre dans une voiture exactement fermée qui les fit traverser Grenoble incognito. Le soir, ils couchaient à Chalais pendant qu'à Grenoble le préfet apprenait le fait accompli, et, n'ayant su le prévenir, se résignait à l'accepter.

L'illustre Dominicain avait raconté tous les épisodes de cette campagne avec une verve éblouissante et, arrivé au terme de son récit : « Voilà, dit-il, à l'abbé Dupanloup en lui désignant mon père, voilà le fondateur de Chalais ».

A cette très aimable conclusion, l'abbé Dupanloup en ajouta une autre : c'est que le fondateur de Chalais devrait se joindre à son frère d'armes pour le voyage de Savoie. Il ne fut pas difficile de décider mon père à accepter une proposition aussi tentante, et le lendemain il s'embarqua pour Aix avec ses deux compagnons, qui devaient y retrouver M. de Montalembert et aller avec lui coucher à l'abbaye de Hautecombe.

Le rendez-vous manqua ; mais la course de Hautecombe se fit avec le P. Lacordaire dont le nom avait forcé les portes de l'antique monastère, fermé à tous les bruits de la vie moderne. Son arrivée fut un événement. Les vieux moines entourèrent le jeune religieux qui faisait pénétrer dans leur atmosphère impassible une bouffée de vie. L'un d'eux, d'un air mystérieux, lui demanda un entretien particulier. « Je voudrais, lui dit-il, aller passer quinze jours à Chalais, pour y apprendre de vous l'éloquence. — Mon ami, lui répondit le P. Lacordaire, en fixant sur lui son regard étincelant, quinze jours ne pourraient vous suffire... » Le bon moine courba la tête et se retira sans bruit. Il avait épuisé dans cet effort suprême toute l'initiative dont il était capable.

Le P. Lacordaire, rappelé à Chalais, laissa mon père seul avec l'abbé Dupanloup, qui voulut l'emmener à Annecy. L'associer à ce cher pèlerinage, c'était le traiter en ami. Il l'était déjà pour l'abbé Dupanloup, mais il le devint plus encore durant ces jours de solitude à deux, où à l'accord de leurs pensées s'ajouta par degré l'intimité de leurs âmes.

L'un et l'autre aimaient à évoquer plus tard les souvenirs de ce voyage qui débuta par les émotions d'une tempête, pour s'achever dans les joies pieuses du sanctuaire de Saint-François-de-Sales. C'est ce qu'un an après l'abbé Dupanloup rappelait à mon père, avec cette précision qui ne perdait rien, et cet accent qui soulignait tout.

« Monsieur et excellent ami. J'ai reçu votre bonne lettre, en un jour où il m'était impossible de ne pas me souvenir de vous : c'était l'anniversaire du bel orage que nous essuyâmes sur le lac du Bourget dans notre pauvre petit bateau, enveloppés, vous d'une voile, moi d'un manteau, et protégés tous deux par la Providence, car nous arrivâmes à terre.

« Le lendemain nous partîmes ensemble pour Thorens. Puis le dimanche, après avoir dîné chez le bon comte de Sales, nous revînmes paisiblement à Aix, et je m'arrêtai à Saint-Félix pour bénir Dieu de mon baptême. Ces souvenirs me sont fort doux ; votre bonne amitié me reposa d'excessives fatigues, et ma pensée se reporte volontiers vers ces jours et vers ces lieux qui sont bien loin de moi en ce moment. Je me baigne dans les eaux de la mer la plus solitaire, sur une plage entièrement déserte : et cependant il serait absolument possible qu'au commencement d'octobre, vous me vissiez apparaître à Tain, descendant de La Louvesc, et vous amenant le P. de Ravignan que je désire aller voir à Vals... »

V

Il vint à Tain, non pas en revenant de La Louvesc, mais de Rome ; et le printemps suivant, ce furent ses amis qui le rejoignirent à Paris. Quelques années auparavant, ils étaient allés le chercher dans le petit séminaire de Saint-Nicolas dont les murailles noircies, comme l'a dit un illustre élève de l'abbé Dupanloup, avaient été illuminées par l'âme de ce grand éducateur. Sa vocation sacerdotale, il le croyait alors, devait se résumer dans l'apostolat de la jeunesse. Aussi quand il s'était vu enlevé par un coup soudain au petit séminaire de Saint-Nicolas, comme il l'avait été jadis au catéchisme de Saint-Hyacinthe, à son déchirement de cœur s'était ajoutée une hésitation douloureuse sur son avenir. Meurtri de ce double déracinement, ignorant encore que dans les desseins de Dieu cette première forme de sa vie sacerdotale n'avait été brisée que pour être élargie, il était venu se réfugier près de Notre-Dame, au fond d'un de ces quartiers solitaires où le vieux Paris se survivait encore.

Nous le trouvâmes installé dans une antique maison de la rue du Cloître, en face d'un jardin qui s'étendait derrière la merveilleuse abside de Notre-Dame. Entre les arbres reverdis de ce jardin, il avait une échappée sur le grand Paris, dont la vie bruyante ne lui envoyait qu'un écho lointain.

Sa mère était auprès de lui dans cette retraite. Après tant de vicissitudes qui avaient secoué et par moment séparé leurs deux vies, ils eurent là quelques années de réunion paisible que l'abbé Dupanloup a toujours regardée comme un des plus grands bienfaits de Dieu. Là en effet s'acheva entre la mère et le fils l'intime union qui s'était élevée par degré avec leurs âmes jusqu'à cette hauteur, où l'amour humain se consomme dans l'amour divin, et devient un lien surnaturel.

Jeté seul sur la terre avec cette jeune femme isolée, qui par son dévouement maternel s'était relevée vers Dieu, il avait senti que la vie de sa mère était en lui, et enfant il lui apportait toute la sienne, avec ses joies pieuses du catéchisme et ses enthousiasmes d'humaniste pour Fénelon et Virgile. Toujours sûr d'être compris parce qu'il était aimé d'un immense amour, il avait transfiguré par cet amour l'âme et la vie de sa mère, qui, à son tour, était devenue un appui pour le ministère sacerdotal de son fils.

Toutes les formes du dévouement filial se retrouvaient dans cette intimité si haute. Ce brillant catéchiste de Saint-Hyacinthe, devenu l'ami du cardinal de Rohan et l'auxiliaire de Mgr de Quellen, entourait cette humble femme de soins touchants, dont on a quelquefois surpris le secret.

Ma mère aimait à nous montrer un chapelet de corail auquel elle rattachait un souvenir de cette nature. Son père le lui avait donné le jour de sa confirmation et elle lui avait demandé d'aller le faire bénir par l'abbé Dupanloup.

Le lendemain, pour être plus sûr de trouver le jeune catéchiste, mon grand-père alla sonner chez lui après la messe très matinale qu'il avait coutume d'entendre. Grande fut sa surprise de voir l'abbé Dupanloup ouvrir sa porte lui-même avec un tablier de cuisine noué autour de la taille ! La surprise fut réciproque. « Vous ! Monsieur de Larnage ! A cette heure ! L'heure du boulanger auquel je croyais ouvrir ! » Puis, tout en introduisant son visiteur avec sa grâce souveraine : « Ma mère est souffrante, lui dit-il, je la force à se reposer, et c'est moi qui fais ce matin l'omelette. »

Mon grand-père rapporta le chapelet béni par la même main qui venait de faire l'omelette, et en le donnant à sa fille : « Garde bien ce chapelet, lui dit-il, les larmes aux yeux : quelle âme que celle de ce jeune prêtre !... » Puis, avec un pressentiment qui devait être bientôt réalisé : « Je ne serai plus là, ajouta-t-il, mais vous, mes enfants, vous verrez ce que je vous annonce : c'est que l'abbé Dupanloup sera une force et une lumière de l'Eglise. »

VI

A l'ombre de la tendresse maternelle et de la vieille basilique, comme lui si française par son caractère de logique et de grandeur, l'abbé Dupanloup voyait en effet s'ouvrir les voies où sa vie sacerdotale allait prendre son essor. Avec les demeurants de l'antique société française, les représentants de la France nouvelle avaient trouvé le chemin de la rue du Cloître. L'abbé Dupanloup, toujours homme d'éducation par ses attraits, ses travaux, son influence continuée sur ses élèves et directeur de plus en plus recherché dans le grand monde parisien, était associé comme vicaire général à l'administration de Mgr de Quellen. Mais il était en outre réclamé par les luttes religieuses d'un temps où se posait le problème redoutable, quelques-uns disaient insoluble, de l'accord à établir entre l'Eglise immortelle et un état social nouveau, peut-être transitoire, à coup sûr mêlé d'éléments complexes, et dans lequel il fallait maintenir les principes immuables en faisant une part aux nécessités des temps.

Tandis que ses relations et ses travaux préparaient le futur évêque d'Orléans à devenir l'intrépide champion des droits de l'Eglise, Dieu orientait vers lui un des hommes destiné à le seconder le plus efficacement dans les labeurs de son épiscopat.

Pendant notre séjour à Paris, le 19 avril, mon père présenta à ma mère un ami de sa vie d'étudiant, qu'il avait rencontré avec une surprise joyeuse sur l'escalier de l'hôtel du bon La Fontaine où nous demeurions. Le baron de Fontette, c'était lui, raconta qu'il était venu à Paris pour servir de parrain à un jeune docteur allemand converti du protestantisme à la foi catholique, et dont l'abjuration s'était faite la veille dans la chapelle de Notre-Dame-de-Sion. Au travers de nos jeux d'enfants, je saisis le nom d'Albert Hetsch. Et ce nom fut prononcé par l'ami de mon père avec une émotion qui le fixa dans mon souvenir. Le converti était là près de nous, dans sa petite chambre. L'abbé Dupanloup, en montant l'escalier de notre hôtel, put croiser celui qui devait être un jour son disciple de prédilection. Etrange dessein de la Providence, qui, des quatre vents du ciel, amenait sous un toit commun les inconnus dont elle allait bientôt unir les âmes et enlacer les vies. A l'heure décisive où Albert Hetsch, pour répondre à l'appel divin, brisait ses liens les plus chers ; à cette heure, sans le savoir encore, il avait auprès de lui les amis qui devaient lui rendre une famille catholique dans l'abandon de la sienne. Il avait aussi le maître qu'implorait son âme, et qui, après l'avoir conduit au sacerdoce, devait trouver en lui un auxiliaire incomparable pour couronner, pendant son épiscopat, l'œuvre initiale de son sacerdoce : *l'œuvre de l'éducation.*

CHAPITRE II

I. L'abbé Dupanloup se décide à venir à La Combe. — II. La Combe et la famille d'Albert du Boys. — III. La vie de l'abbé Dupanloup à La Combe.

I

Au printemps de 1848, l'abbé Dupanloup était arrivé à cette heure de transition où, les éléments d'une vie nouvelle ayant été successivement rassemblés, il ne reste plus qu'à les coordonner et à les développer pour prendre possession de soi-même avec une plus haute puissance. Aussi avait-il un besoin impérieux de se recueillir quelque temps loin du monde, sous le regard de Dieu ; mais comment ? Les événements se précipitaient : s'éloigner du terrain de la lutte, c'était avoir l'air de s'y dérober. L'abbé Dupanloup hésitait à s'accorder un repos nécessaire à son âme, lorsque sa santé le lui imposa. Il résolut alors de chercher une retraite paisible où il pourrait travailler, méditer et prier : Dieu la lui avait préparée à La Combe.

Un attrait persistant y ramenait sa pensée, « depuis le jour où sans le savoir il avait frappé à la porte de cette demeure sur le penchant de cette belle montagne (1) ». Inutile de dire avec quelles instances il y était appelé.

« Vous m'écrivez une trop bonne lettre ; c'est à gâter les gens, répondait-il à mon père. Et puis vous me faites venir l'eau à la bouche, en me parlant de votre nid d'aigle, de vos beaux ombrages, de vos belles allées, de votre solitude. Il est sûr que je ne sais guère de lieu sur la terre où le travail soit plus doux, plus facile, et je l'ajouterai sans jeu de mot, plus élevé. Il me semble qu'à La Combe la sérénité de l'âme doit être grande. Mais ne vous gênerai-je en rien ? Voilà une question à laquelle malheureusement je vous crois incapable à peu près de répondre franchement. D'abord quand je vous en ai dit un mot, je ne croyais pas que vous deviez y retourner à cause de la santé de Mme du Boys : vous y allez donc maintenant ? Vous comprenez qu'avant tout je ne voudrais pas vous y faire passer un jour de plus que vos convenances ne le peuvent. Et puis si vous y passez votre été, vous y recevrez probablement vos parents, vos amis. Il me sera bien difficile de ne pas me croire gênant. Ce qu'il y aurait de mieux, sans plaisanter, ce serait de me mettre en pension chez votre curé, s'il a un coin à me donner : quand vous seriez chez vous, j'irais vous voir ; nous nous promènerions, causerions. Je m'occupe d'un livre où je voudrais rebâtir l'ordre social : vous m'aideriez puissamment. Quand vous n'y seriez pas, vous me donneriez

(1) Lettre de l'abbé Dupanloup à Mme du Boys.

une clef, pour que je puisse jouir de vos grandes allées, de vos beaux arbres et de votre incomparable vue. Et alors, je n'aurais ni inquiétude, ni remords.

« Je ne vous donne pas de nouvelles. A chaque heure, la situation change. Je me réjouis de vous dire que j'ai rendu mon estime à cet homme que vous aimez : M. de Lamartine. Son courage de chaque jour est héroïque, mais impuissant.

« En somme, il n'y a que Dieu. Il apparaît seul en tout ceci. Les passions humaines n'en voulaient, n'en pouvaient pas tant. Dépasser le but, ou ne pas l'atteindre, c'est une même faiblesse : à mes yeux les hommes sont donc écartés. Il n'y a que Dieu. Que veut-il ? que fera-t-il ? Nul ne le sait ; mais j'aime à redire avec saint François de Sales : *Je suis décidément et uniquement du parti de la Providence.* »

On réussit enfin à triompher de ses scrupules et ce fut à ma mère qu'il annonça sa résolution définitive de s'installer à La Combe pour tout l'été.

« Mon enfant, assurément je n'ai pas eu le moindre doute de la franchise de M. du Boys. Je me défiais seulement de son amitié ; et je craignais par-dessus tout qu'il ne se gênât, que vous ne vous gêniez pour moi : et vous comprenez qu'il m'était impossible d'y consentir. Vous êtes trop bons tous les deux. Voilà tout.

« Je profiterai donc de votre bonne hospitalité. Il est inutile de vous dire que j'en serai très heureux. Je ne connais pas un lieu qui convienne mieux au travail, à la réflexion, à la prière que La Combe. Je ne connais pas un ménage qui convienne mieux à un prêtre que le vôtre, et dont la conversation soit plus selon mon cœur et selon Dieu. Par-dessus le marché, vos petits enfants seront pour moi une récréation et un doux spectacle...

« Donc, pourvu que je ne vous gêne pas, comptez sur moi. »

II

« La Combe, lieu incomparable posé comme un nid d'aigle au penchant de ces montagnes si verdoyantes, si touffues, au pied de ces glaciers... Magnifiques marronniers et tilleuls... Longue promenade d'un torrent à l'autre. Air si pur... Lever et coucher du soleil. »

C'est ainsi qu'était apparu à l'abbé Dupanloup ce lieu dont il a pu dire à ses derniers jours : « Il a été une des douceurs de ma vie. »

Il y arriva le 15 mai. Ma mère, que sa santé avait éloignée pendant plusieurs années, avait enfin obtenu l'autorisation d'y revenir et en supporta dès lors le climat. Trente ans plus tard, elle devait quitter ce cher nid de la montagne pour ne plus le revoir.

C'était huit jours après la mort de Mgr Dupanloup. Il semblait que la mission de La Combe fût terminée et que Dieu n'eût prêté ma mère à La Combe que pour y remplir cette mission.

Mais alors entre les épreuves du passé et celles que nous réservait l'avenir, il y eut là pour nous une heure de sérénité presque sans nuage. La mort semblait avoir reculé devant la bénédiction apportée par l'abbé Dupanloup à notre foyer. Deux frères grandissaient auprès de la petite fille qu'on s'étonnait de voir survivre : l'un tout souriant sous ses cheveux blonds qui essayait ses premiers pas, l'autre un petit Félix de six ans, doux et grave, au regard profond, et que l'abbé Dupanloup aima de prédilection. Cet enfant que le ciel semblait déjà appeler, avait un attrait extraordinaire pour l'Eucharistie, comme si l'âme de sa mère eût passé en lui. Un jour il fallut l'emporter tout en larmes de la sainte Table où il s'était glissé auprès d'elle, et la nuit suivante il rêva que son ange gardien venait déposer sur ses lèvres une petite hostie qui inondait de lumière son cœur d'enfant.

L'abbé Dupanloup retrouvait donc au foyer de ses amis l'enfance qu'il avait toujours tant aimée. Il y retrouvait aussi les souvenirs du catéchisme vivants et féconds dans une âme de haut vol, celle de ma mère. Cette jeune femme, d'une beauté souveraine qui était pour elle une souffrance, passait dans le monde sans en être effleurée, le regard fixé sur le ciel qui semblait se refléter dans ses grands yeux bleus.

Entourée d'une sorte d'auréole, elle échappait aux hommages en imposant un respect, on pourrait dire religieux : on ne l'admirait pas, on la vénérait. « J'ai vu une reine et une sainte, » disait d'elle un homme du monde ébloui de cette vision ; et un pauvre malade qu'elle allait soigner sur son grabat demandait sérieusement à son curé si cette dame n'était pas la sainte Vierge.

Associé à la vie d'âme de ma mère, mon père trouvait en elle une lumière et une force pour sa vie de travail qu'il avait dévouée à l'Eglise. Il était alors dans la plénitude de cette vie. Tout en poursuivant un grand ouvrage d'érudition, il suivait le mouvement catholique et intellectuel sous toutes ses formes, avec cette chaleur d'âme, cette vigueur et cette netteté d'esprit qui devait faire pour l'abbé Dupanloup un auxiliaire si précieux de cet ami si dévoué.

Deux vieillards complétaient l'intérieur que l'abbé Dupanloup allait dès lors adopter comme sien. Ma grand'mère de Larnage y apportait le charme toujours jeune d'une nature d'artiste et d'un esprit étincelant. C'était dans la famille la première connaissance de l'abbé Dupanloup qui disait d'elle après sa mort : « C'est une des personnes que j'ai le plus aimées et vénérées sur la terre. »

Il aima bientôt le père de mon père, vrai type de l'homme du monde d'ancien régime par ses grandes manières, mais surtout chrétien de tradition et magistrat de race. A quatre-vingt-dix ans, il observait sans adoucissement les jeûnes de l'Eglise ; toujours le premier à la messe matinale ; et sa voix avait un accent de fierté quand il disait en relevant sa tête blanchie : « Nous autres du Parlement. »

L'abbé Dupanloup faisait souvent appel à ses souvenirs, qui, à partir du règne de Louis XV, suivaient toutes les étapes de nos révolutions. Il lui faisait raconter son emprisonnement sous la Terreur, le siège de Grenoble, le retour de l'île d'Elbe. La parole de ce vieillard était douce et grave, autant que précise et lucide ; mais un jour, cette parole s'enflamma : il s'agissait du traitement constitué aux magistrats après la révolution. Il était hors de lui : « Payer des magistrats, pour qui nous prend-on ? Ah ! Monsieur l'abbé, nous n'aurions pas souffert cette injure, nous autres du Parlement ! »

III

Ce groupe de famille longtemps dispersé retrouvait alors son unité et son cadre : on reprit possession de La Combe avec un entrain joyeux. Pour nous les enfants, c'était presque un lieu inconnu. L'abbé Dupanloup nous aidait à le découvrir. Il nous emmenait seuls avec lui dans les bois, nous portant l'un après l'autre à travers les ruisseaux de la montagne. Souvent il s'arrêtait pour contempler les perspectives alpestres, et son admiration éclatait dans un acte d'adoration et de reconnaissance dont l'accent nous pénétrait. Alors nous prenions conscience de la beauté de la nature, et par elle de la bonté de Dieu qui l'a créée. Il y eut là pour nos âmes d'enfants touchées par celle de ce prêtre, une première initiation à l'idéal qui unit la terre et le ciel.

Si la poésie de son âme nous faisait une atmosphère radieuse, le spectacle de sa vie sacerdotale nous donnait un profond enseignement. Cette vie régulière jusqu'à la ponctualité était incessamment vivifiée par une flamme intérieure dont le rayonnement se faisait sentir à tous. Dès l'aurore on entendait sur la terrasse le pas rapide de l'abbé Dupanloup. Il avait commencé à la chapelle l'oraison qu'il continuait en marchant tête nue dans l'air du matin, tenant à deux mains le livre des méditations du P. Avancin. Parfois il s'arrêtait devant la balustrade de la terrasse, pour écrire quelques lignes dans de grands cahiers de papiers bleus, confidents des entretiens de son âme avec Dieu ; ou bien penché vers la fenêtre de la chapelle, il envoyait au Saint-Sacrement une aspiration ardente dans un verset de l'Ecriture, ou dans un refrain de cantique qu'il chantait à demi voix. Cette prière s'élançait vers le ciel avec les premiers rayons du soleil, qui doraient peu à peu nos montagnes jusqu'à l'heure où tout l'horizon s'illuminait. C'était l'heure de la messe, cette messe inoubliable qui nous donnait une impression si vive du drame divin accompli sur l'autel. Par la fenêtre ouverte de la chapelle, les rayons du soleil matinal et les chants d'oiseaux pénétraient à la fois dans le sanctuaire, où la voix mélodieuse de Félix répondait à la voix vibrante de l'abbé Dupanloup. Puis le dialogue cessait, tous les fronts se prosternaient, et la tête vénérable de mon grand-père s'inclinait bien bas devant l'hostie resplendissante que ma mère immobile et transfigurée recevait dans son cœur.

Après la messe venait le travail pour lequel l'abbé Dupanloup s'était échauffé et inspiré à l'autel ; jusqu'au déjeuner on respectait son silence soit qu'il eût déployé ses papiers sur une des tables de la grande salle, soit qu'il continuât, le crayon à la main, sa promenade du matin sur la terrasse, ou dans la grande allée qu'il appelait son palais. Il restait donc seul, si ce n'est les jours, de plus en plus fréquents, où mon père était associé à son travail et où, pour soulager sa tête malade, il dictait à un de ses secrétaires (chacun l'était à La Combe) les conclusions de sa matinée de travail.

Après ces heures laborieuses, quel entrain on apportait au déjeuner. Quelquefois au dessert, l'abbé Dupanloup se levait le premier et demandait la permission d'emmener les enfants. On entendait bientôt les cris de joie, les courses, le bruit de la balle rebondissante. On était parvenu à dérober le parapluie de l'abbé Dupanloup, à le cacher si loin que personne ne pouvait le retrouver, ni son propriétaire ni ses détenteurs. L'arrivée du facteur mettait la jeune bande en déroute. Alors commençaient les causeries et les lectures, « dans ces allées qui vont d'un torrent à l'autre » et dans la gorge de Saint-Mury où l'on s'asseyait au bord du torrent ou sur le foin des granges rustiques. L'abbé Dupanloup communiquait à ses amis un chapitre de son livre sur l'éducation qu'il venait d'écrire. Il relisait avec eux les chefs-d'œuvre de ces grands auteurs qui étaient les amis de son esprit ; il écoutait aussi d'autres lectures et formait d'autres amitiés littéraires dont la vie de Paris ne lui avait pas laissé le loisir.

Lectures et conversations étaient souvent entrecoupées, toujours suivies par la prière. En descendant le long du torrent, l'abbé Dupanloup restait en arrière des promeneurs et revenait seul en disant son chapelet. Puis au retour, c'était la correspondance, cette écrasante correspondance qui alternait avec le bréviaire et la visite au Saint-Sacrement. La soirée se passait sur la terrasse et la conversation prenait son essor à la clarté des étoiles qui s'allumaient une à une dans le ciel serein. Puis on s'arrêtait, on écoutait ! C'étaient les brises qui passaient à travers les sapins, à l'heure où la lune s'élance au sommet du glacier. Enveloppée d'une lumière d'argent et bercée par d'insaisissables harmonies, la nature semblait alors revêtir une forme immatérielle comme pour servir de sanctuaire à une vie haute et pure. Incomparables soirées dont l'abbé Dupanloup traduisait l'impression dans ce cri qui faisait tressaillir nos âmes : « Ah mes enfants, il faut aller au ciel ! »

CHAPITRE III

I. Sa formation depuis son enfance. Ses nouveaux amis. Etudes sur la société moderne. — II. Ses vues nouvelles sur la philosophie, l'histoire, la littérature. — III. Lectures dans la montagne. Nouveaux horizons littéraires.

I

Tel était l'abbé Dupanloup à La Combe, avec son admiration pour les montagnes et sa tendresse pour l'enfance, sa régularité sulpicienne et son activité incessante ; nature grandement simple, a-t-on dit de lui, et volonté maîtresse, mais sensibilité vibrante à des profondeurs et avec des délicatesses inconnues à qui n'a pas sondé son âme et pénétré sa vie.

Cette sensibilité s'était éveillée dans le cadre de son enfance.

La Savoie, ses montagnes, toute sa vie d'enfant si près de la nature et pénétrée par la tendresse mélancolique de sa mère avaient déposé dans son âme une source profonde que les catéchismes ont fait jaillir.

La Savoie et Saint-Hyacinthe avaient été sa poésie.

Ses maîtres lui ont donné le trait de grandeur, Saint-Sulpice la règle de sa vie qui sera longtemps celle de son esprit.

Le prêtre s'explique par là et se développe à partir de ces points de départ. Il se développe dans l'intelligence des idées, des choses et des personnes de son temps ; mais ses racines profondes sont dans le passé.

Ce passé, il l'avait trouvé vivant dans le milieu aristocratique et sacerdotal où sa formation s'était achevée. Par nature comme par éducation, l'abbé Dupanloup procédait de cet ancien clergé de France dont notre siècle a connu les derniers représentants : MM. de Frayssinous, de Mac-Carty, Legris, Duval, Borderie et enfin le cardinal de Rohan. Nous avons nommé les maîtres dont le jeune prêtre s'honorait d'être le disciple, et qu'il n'avait aspiré d'abord qu'à continuer en les faisant revivre. Quand M. de Frayssinous lui disait en passant son bras dans le sien : « C'est le passé qui s'appuie sur l'avenir », lui, voyait encore à cette heure l'avenir tout entier dans le passé. Le P. Lacordaire a pu dire avec vérité : « Fils d'un siècle qui ne savait guère obéir, la liberté a été mon guide et ma couche. » Quoique contemporain du P. Lacordaire, l'abbé Dupanloup était le fils d'un siècle qui savait obéir, et le respect avait été la force principale déposée dans son âme, la force qui développa et pondéra toutes les autres ; par cette force il domina ses contemporains que le P. Lacordaire entraînait.

Mais continuer le passé n'était pas s'immobiliser en lui ; c'était le continuer que de développer les forces nouvelles dont le travail du passé avait préparé l'essor. L'abbé Dupanloup devait le comprendre plus tard.

Lorsqu'il avait accepté d'être le confesseur du jeune duc de Bordeaux, il rêvait encore d'un second duc de Bourgogne, réalisant le programme donné jadis au petit-fils de Louis XIV par l'archevêque de Cambrai. La révolution de Juillet, il nous l'a dit combien de fois et avec quel accent, était venue briser cette espérance. Au lieu de remonter jusqu'au majestueux passé du grand roi, la France, avec le pillage de Saint-Germain-l'Auxerrois et le sac de l'Archevêché, revivait les plus mauvais jours de 91.

Ce fut pour l'abbé Dupanloup une douleur profonde. « J'avais horreur, s'écriait-il, de cette révolution, de ces hommes, de ce régime... » Et cependant son zèle de prêtre l'emporta sur ses antipathies de Français. Cédant aux sollicitations de la reine Marie-Amélie, il devint le catéchiste des jeunes princes d'Orléans, et alla semer la foi dans ce palais d'où il aurait voulu à jamais détourner ses pas.

Il aurait voulu aussi se tenir à l'écart des questions politiques ; mais elles vinrent le chercher sur son propre terrain, celui de l'éducation.

Il fallait défendre les petits séminaires, c'est-à-dire les âmes des enfants et avec elles l'avenir du sacerdoce et de la France chrétienne. Il se jeta dans la lutte. Sa première lettre au duc de Broglie posait cette revendication de la liberté d'enseignement, qu'il a appelée la grande thèse de sa vie. Son principe c'était le droit de l'Eglise enseignante à tous les degrés ; mais comment faire accepter ce principe éternel, si ce n'est en invoquant le fait transitoire du droit commun de la liberté, sur lequel repose l'édifice des constitutions modernes ?

Encore retranché dans les austères doctrines de la politique sacrée de Bossuet, l'abbé Dupanloup était loin de ce terrain où la stratégie de saint Justin avait jadis établi les positions de l'apologétique chrétienne. Mais avec sa vue juste et rapide de toute question, dont il faisait une étude personnelle, il reconnut le nœud nécessaire de celle-ci. De là son magistral ouvrage de la *Pacification religieuse*, qui détermine avec tant de justesse le point où les questions faussées par l'école lamenaisienne devaient être ramenées, et le terrain sur lequel les catholiques qui revendiquaient la liberté de l'Eglise, pouvaient se rencontrer avec les hommes politiques qui cherchaient à remonter le courant révolutionnaire. C'était une œuvre de conciliation très opportune et très ferme ; elle révéla dans son auteur un des hommes qui pouvaient travailler le plus efficacement à rétablir l'harmonie entre l'Etat et l'Eglise. Plusieurs de ceux qui, à des points de vue différents, poursuivaient cette grande œuvre, se rapprochèrent alors de l'abbé Dupanloup.

Le disciple de M. Borderie, devenu l'ami de Montalembert, de Lacordaire et de Foisset, voyait venir à lui Molé et Berryer. M. de Falloux allait apparaître dans sa vie, où le P. de Ravignan avait une place à jamais gardée.

Dès lors, la mission de l'abbé Dupanloup était nettement dessinée. Ce prêtre d'ancien régime devait être un apôtre de la société moderne et travailler à concilier le présent avec le passé.

Dans ce but, il lui fallait, tout en conservant son culte pour le passé, faire la part des éléments nouveaux qu'il fallait accepter ou subir, examiner aussi par lui-même et à fond, les idées qu'il avait spontanément acceptées, toujours les élargir et souvent les modifier.

Ce travail qui commence alors chez l'abbé Dupanloup n'est pas un travail didactique, nous dirons même préconçu. Il résulte de son ministère et de sa nature d'esprit. Homme pratique avant tout, il n'aborde guère les questions de parti pris et d'une manière abstraite ; mais esprit d'une logique puissante et ardente, il ne saurait s'arrêter dans le domaine des faits. De ces faits il dégage une idée et de cette idée une doctrine.

Quand le besoin de l'Eglise ou des âmes pose devant lui une question nouvelle, il s'en empare, l'étudie, y rapporte ses propres expériences et celles des autres. Rien ne lui coûte pour se mettre dans le vrai, afin de réaliser le bien.

Et quand il a saisi le vrai, avec quelle puissance il se l'incorpore, quelle formule précise et lucide il sait lui donner et aussi quel accent vibrant. C'est bien de lui qu'on peut dire que ses idées sont vivantes, car elles restent imprégnées de l'ardente atmosphère où elles se sont formées.

Cet effort vers la vérité, sur tous les terrains qu'il a rencontrés et abordés, continuera toute sa vie ; jusqu'à ses derniers jours on le verra incessamment occupé d'élargir son horizon pour féconder son ministère.

II

Sur le terrain de l'éducation sa doctrine était fixée, parce que ses expériences étaient faites. L'éducation était restée à ses yeux ce qu'elle lui était apparue tout d'abord, une œuvre d'autorité et de respect. Mais la science pratique de l'enfance lui avait appris à y faire dans une plus large mesure la part de la liberté. Je vois encore le banc de la seconde allée où, sans s'apercevoir qu'il était écouté et compris par qui n'aurait garde de rien oublier, il racontait à mes parents dans quelles séries de circonstances il avait saisi sur le fait le danger de la compression. « Aussi, ajouta-t-il, mes dix ans de supériorat m'ont-ils amené à la conviction qu'il faut avoir le plus grand respect pour la liberté de l'enfant. »

Ici une exclamation involontaire lui révéla la présence d'un auditoire où sa doctrine trouvait un écho enthousiaste. Il fit un signe d'intelligence à mon père et changea de conversation.

Il n'avait pas les mêmes précautions à prendre pour discuter les questions de philosophie et d'histoire, qui le préoccupaient de concert avec les questions d'éducation. Car à cette pensée si active une seule œuvre, « son œuvre capitale » (c'est ainsi qu'il appelait le *Traité sur l'Education*), ne pouvait suffire. Depuis que les problèmes sociaux s'étaient posés devant lui, il en poursuivait la solution sur tous les terrains. « Ce sont, disait-il, les fondements de la société à découvrir, à déblayer, à relever. »

Ces fondements, il les avait demandés d'abord à la théologie avec le P. de Ravignan. Maintenant il les cherchait dans l'histoire, et personne ne pouvait l'y aider mieux que mon père, tant à cause du rapport de leurs esprits que des différences de leur formation. Quoique contemporain de l'abbé Dupanloup et parti des mêmes principes monarchiques et religieux, il était plus moderne et aussi plus libéral. Elève de Berryer, condisciple de Lacordaire, ami de Lamartine, cela ne l'empêchait pas de subir le prestige de de Maistre et même de Bonald. Il avait suivi dans toutes ses directions le mouvement imprimé à l'esprit français par l'école politique et littéraire de la restauration.

L'abbé Dupanloup n'avait fait que côtoyer cette école, absorbé dans l'étude de Virgile, de Corneille, de Fénelon, de Bossuet et de Pascal, lisant *Télémaque* pendant douze ans, apprenant Virgile et Horace par cœur, traduisant en vers latins les cantiques de Racine ; mais surtout s'assimilant l'esprit, les principes, la langue de Bossuet, et cette philosophie du grand évêque dont la parfaite mesure l'avait placé au point où il échappa au libéralisme de Lamennais sans tomber dans le fidéisme de Bonald.

Mais son horizon historique était trop exclusivement borné par ses prédilections classiques et ses traditions sulpiciennes. Longtemps ce passé de la France s'était condensé à ses yeux dans le siècle de Louis XIV, ce siècle qu'ouvrent M. Olier et le cardinal de Bérule, où saint François de Sales rencontre Bossuet, et dont Fénelon charme le déclin. Le moyen âge se perdait dans ce rayonnement. Un livre et une ruine vinrent le lui révéler. Le livre fut la *Sainte-Elisabeth* de Montalembert, où l'idéal ascétique du siècle de saint Louis s'empara de son âme. La ruine fut la Chartreuse de Polignac, où la féodalité lui apparut avec sa puissance à la fois oppressive et protectrice. Dès lors il résolut de saisir l'ensemble de cette grande époque, « qu'il ne vous est pas permis de ne pas connaître à fond », lui disait mon père avec la sincérité candide qui était le trait de son caractère ; et l'abbé Dupanloup répondait humblement : « C'est bien vrai. »

Cette époque historique implique en effet un double problème que l'abbé Dupanloup jugeait *capital* : le rapport de la papauté et des peuples chrétiens dans ce moyen âge « hérissé de liberté », et le développement de l'ascétisme chrétien dans cette atmosphère d'indépendance, qui formait la personnalité vigoureuse des saints de ce temps. Résoudre ce problème historique c'était préparer la solution du problème social que l'abbé Dupanloup formulait alors dans ces termes : « L'union de l'autorité forte et protectrice avec la liberté sincère et généreuse. »

De là son ardeur de conquérant transportée sur le terrain de l'histoire, qui était d'ailleurs, il l'avait reconnu, le terrain spécial où devait se placer l'apologétique moderne. Il l'avait abordé par l'hagiographie, « c'était, disait-il, se placer sur le sommet d'un siècle, que de l'étudier dans ses saints ». Mais à La Combe de plus grands loisirs lui permettaient d'étendre le cercle de ses lectures, d'autant plus que les yeux de tous venaient au secours des siens, qui commençaient à réclamer des ménagements.

III

Un jour, on parlait de cette large apologétique historique nécessaire au temps présent, en s'enfonçant dans la gorge de Saint-Mury où l'abbé Dupanloup aimait à diriger ses promenades. Il y avait là en vue des glaciers de Belledonne et à l'ombre des châtaigniers entrelacés, au-dessus du torrent, une grange rustique pleine de foin parfumé, où l'on s'arrêtait pour faire les lectures qui étaient dans le programme du jour. A l'appui de ses réclamations contre un jugement trop sévère, selon lui, porté sur Bonald, mon père voulut faire connaître à l'abbé Dupanloup le rapport de l'illustre auteur sur le divorce et ses pages sur le suicide. L'abbé Dupanloup, tout en reconnaissant la valeur du moraliste, maintenait son jugement sur le philosophe. « Il n'a pas la langue philosophique, dit-il, il ne définit rien. La langue philosophique, c'est la clarté de l'idée dans la clarté du mot. Quelle différence avec Tocqueville. » Car les lectures des *Esquisses morales* avaient succédé à celles de *Démocratie en Amérique*. Puis pour introduire l'abbé Dupanloup dans la jeune école historique que résumaient alors chez les catholiques les noms d'Ozanam et de Champagny, on lisait des fragments des *Césars* et des *Etudes germaniques*, en y associant tour à tour un *Récit des temps mérovingiens*, un chapitre de l'*Histoire de la Civilisation.*

Avec des notions nouvelles sur l'histoire, ces lectures révélaient à l'abbé Dupanloup des beautés littéraires encore inconnues : mon père disait : méconnues ; et il tirait de son carnier de chasseur un volume de Shakspeare ou de Calderon et il mettait l'abbé Dupanloup en présence de ces ancêtres du romantisme, quitte à lui donner un moment après la réplique sur un passage de Fénelon, ou sur un vers de Virgile.

On venait ainsi d'achever la lecture de l'*Alcade de Zalamea ;* l'abbé Dupanloup avait vivement goûté la noble inspiration du poète, tout en blâmant les longueurs du drame. Un petit volume très usé était dans ses mains : c'était *Télémaque.* Il se mit à le feuilleter, lisant çà et là une phrase ou un alinéa, une ou plusieurs pages, il reliait ces fragments par des commentaires qui les illuminaient et donnait par son accent un relief inconnu à cette prose harmonieuse, mais un peu factice. C'était comme un marbre antique qui fût devenu vivant.

Il ne disait pas tout, car si on eût fait l'inventaire du sac de voyage qu'il portait à la montagne, on eût pu y trouver avec son Bréviaire et *Télémaque*, un des trois volumes de Lhomond qu'il relisait chaque année, ou tel autre livre de sa jeunesse qui n'avait pas vieilli pour lui. C'était là une forme de son culte pour le passé, culte qui, de ses maîtres, s'étendait à leur esprit, à leur méthode, à leurs livres. Il ne les jugeait pas, il les aimait. Mais en subissant ce prestige, il n'était pas passif, il ne pouvait l'être. Il était lui, et c'est ce qu'il mettait de lui dans ses vieux auteurs, qui leur donnait une poésie et une lumière assez vive pour l'échauffer et rayonner. Mais il fallait s'avouer que Lhomond et Rollin ne suffisaient plus à l'histoire, non plus que le cardinal de Beausset à la biographie et moins encore l'abbé Bouché à l'hagiographie. Dans toutes les directions de l'esprit, l'abbé Dupanloup reconnaissait qu'un courant nouveau se formait, et, comme sa nature allait immédiatement au but avec une ardeur inexprimable, ce courant nouveau une fois constaté comme une nécessité, il fallait s'en emparer. « Que de choses à faire qui ne se font pas », s'écriait-il. Mais de suite il entreprenait de les faire faire, en poussant au travail les catholiques qui recevaient de lui le mot d'ordre, ou, comme disait l'un d'eux, le coup d'éperon. Mettre les hommes en mouvement, susciter et diriger leur activité, en utiliser les résultats devait être la grande puissance de cet évêque, qui fut un des plus grands hommes d'action de notre temps.

CHAPITRE IV

I. Pèlerinage à La Salette. Retour à La Combe. Les journées de Juin. — II. Idées politiques. Bossuet. Fénelon. — III. M. Fissont. Le « bon curé ».

I

Une excursion, qui était un pèlerinage, vint le distraire de cet ordre de pensées. La Salette l'attirait comme un problème. Il gravit la montagne solitaire et embaumée, par les âpres chemins où les pèlerins suivaient les traces des troupeaux de Provence. Une fragile chapelle de planches s'élevait seule sur le sommet, couvert de prairies au fin gazon toutes constellées de petites fleurs alpestres. C'était encore le désert avec sa pureté, son silence et ce parfum indéfinissable des lieux consacrés par une grâce, dont l'abbé Dupanloup eut la vive impression. « La sainte Vierge a visité ces lieux et je croyais l'y apercevoir, » écrivait-il sur son Journal.

Mais en même temps qu'il aspirait ce parfum des lieux, il étudiait dans Maximin le témoin du fait de l'apparition. Avec son expérience d'éducateur, l'ancien catéchiste tira une conclusion favorable à la vérité de ce fait des défauts mêmes de ce témoin. Ses défauts étaient si déplaisants, sa nature si légère et si ingrate que par une exception très rare, rien en lui ne faisait sentir à l'abbé Dupanloup le charme qu'il trouvait toujours dans un enfant de douze ans, même le moins doué. Mais après avoir ainsi constaté l'absence de dons naturels chez Maximin, il fut d'autant plus frappé de la transformation qui s'opérait en lui quand il était question de l'apparition. Le gamin devenait alors un témoin sérieux, grave ; et même pour défendre son secret il résista à une vive tentation par laquelle l'abbé Dupanloup avait voulu l'éprouver. Sa nature morale n'eut pas été capable de cette fermeté sans une grâce d'état, ce fut la conclusion de l'abbé Dupanloup qui quitta La Salette, si ce n'est convaincu, du moins incliné à croire, mais déplorant qu'on laissât les deux enfants livrés à la dévotion adulatrice des pèlerins. De ce pèlerinage nouveau et déjà retentissant, il gagna l'humble et antique sanctuaire de Notre-Dame du Los. Mêlé aux processions des paysans des Hautes-Alpes, il se fit le missionnaire de ces âmes fortes et simples, et cet apostolat le ravit. Après une journée passée à confesser et à prier, il reprit la route du bourg d'Oisans où mon père était revenu l'attendre ; et leurs courses vaillantes terminées, l'abbé Dupanloup sentit en revenant à La Combe le charme d'un toit de famille. « Il y a une grande douceur, écrivait-il, à retrouver la paix, le repos, ses affaires, son *chez soi* après l'agitation d'un voyage... surtout ces beaux ombrages, ce silence... à partir de ce jour jusqu'au 1er juillet, temps incomparable. Les affreuses nouvelles de Paris viennent dans l'intervalle. »

Ces nouvelles étaient celles de l'insurrection de Juin. La guerre civile avait éclaté. L'Assemblée, prise d'assaut, s'était vue obligée, sinon de capituler, du moins de se disperser, et plusieurs de nos amis avaient été emprisonnés pendant que d'autres se battaient. On ne vivait plus à La Combe, dans l'attente des courriers. Un matin, l'abbé Dupanloup, bouleversé, me remit une lettre ouverte : « Allez la porter à votre père, mon enfant, me dit-il, je n'en ai pas le courage. »

C'était la mort de l'archevêque de Paris que lui annonçait M. Debeauvais, dans des pages d'une douleur éloquente.

L'abbé Dupanloup voulait repartir de suite quoique beaucoup plus souffrant. On le supplia d'attendre au moins l'avis de ses amis et de sa mère. Tous furent unanimes à le presser de rester, l'orage se calmait et la victoire était restée à l'ordre ; mais les grands intérêts catholiques et conservateurs étaient plus que jamais menacés, et pour la campagne de défense qui allait s'ouvrir on savait de quel secours serait l'abbé Dupanloup. On voulait donc sauvegarder ses forces, même au prix de la prolongation de son absence. Le sentiment du péril commun rapprochait en ce moment toutes les nuances des catholiques.

II

L'abbé Dupanloup resta donc à La Combe comme il en avait eu le projet ; il y resta, mais dominé par la préoccupation de cette situation politique dont le contre-coup allait se faire sentir dans l'Eglise.

Ses prévisions étaient dès lors très douloureuses : « Ce qui manque à la France, disait-il souvent, c'est le ciment, le lien, l'autorité. Pauvre France, nous marchons à l'abîme !... Que faire en effet, ajoutait-il, dans un pays où il y a tous les vingt ans une révolution qui fait perdre la tête à tout le monde, excepté à un petit groupe d'hommes qui ne sont ni assez nombreux ni assez fermes pour tout sauver. »

Il faisait alors remonter à la première révolution la responsabilité de cet état anormal où s'épuise notre pays. Il avait horreur de cette révolution « qui a livré la France à des bandits » ; mais en refusant de confondre 89 avec 93, il voulait aussi distinguer nettement entre 89 et 89 ; le 89 du roi et des notables et le 89 de l'Assemblée Constituante.

« Toutes les réformes sages étaient offertes par le roi, il le soutenait un jour contre un de nos amis, et elles se seraient accomplies sans la révolution. L'Assemblée Constituante s'est appuyée sur la populace de Paris pour saper les bases de la monarchie. Aussi la responsabilité de cette révolution retombe sur elle.

« La Convention a fait les crimes, la Constituante les a préparés. »

Au pôle opposé à la politique révolutionnaire, se trouve Bossuet avec sa *Politique sacrée*, où il applique aux nations modernes les lois établies pour un régime théocratique. C'était là l'objection de mon père, contre ce livre, qui avait eu une si grande influence sur la jeunesse de l'abbé Dupanloup. Mais cette influence, déjà atténuée par Fénelon, était dominée maintenant par les leçons des événements.

Néanmoins l'abbé Dupanloup, comme plus tard l'évêque d'Orléans, tout en se séparant quelquefois des idées de Bossuet, cherchait toujours à les expliquer pour les justifier. Après avoir fait remarquer que l'évêque de Meaux « distingue entre le pouvoir absolu et le pouvoir arbitraire, même dans ses compliments à Louis XIV, s'il est pour le pouvoir absolu, ajoutait-il, c'est qu'il avait vu dans les désordres de la Fronde les inconvénients d'une autorité faible ; il reconnut ensuite les inconvénients du pouvoir absolu ; et au bout de vingt-cinq ans il ajouta un chapitre à sa *Politique sacrée* ».

« Fénelon, né vingt-quatre ans après Bossuet, toujours témoin des abus du gouvernement de Louis XIV, était au contraire incliné vers le libéralisme. »

III

Ses préoccupations de catholique et de Français, l'abbé Dupanloup les porta au tombeau de son cher saint, dans le pèlerinage de Savoie où mon père l'accompagna. A son retour il s'arrêta à Grenoble et donna à la conférence de Saint-Vincent-de-Paul un sermon de charité qui attira un immense auditoire. Ce fut un discours très éloquent. Mon père, qui avait jadis entendu l'abbé Dupanloup à Saint-Roch, put juger du développement. ou plutôt de la transformation de sa manière oratoire. Le disciple des Frayssinous et des Mac-Carty s'était affranchi du genre académique et pompeux de ses maîtres. Il gardait encore leur cadre, mais dans ce cadre apparaissaient ses dons personnels : la précision, le relief, la grandeur, avec un charme de simplicité où il relevait la familiarité par la distinction. Sa grande puissance c'était l'accent vibrant qui venait de l'âme et allait aux âmes. Il en eut la preuve ce jour-là même.

A ce sermon on remarquait la présence inaccoutumée d'un homme que sa position de journaliste officiel classait parmi les adversaires des idées religieuses, et que sa vie privée aurait d'ailleurs suffit à en tenir éloigné. A genoux sur le pavé de l'église, après le sermon il pleurait.

C'est que la voix qui venait de s'élever dans la chaire de Notre-Dame était celle qui avait fait tressaillir son âme d'enfant. M. H. Fissont était un ancien élève des catéchismes de Saint-Hyacinthe.

L'abbé Dupanloup ne l'avait point oublié ; oubliait-il jamais un seul de ses enfants non plus que le moindre détail concernant leurs âmes. Il nous raconta qu'Henri Fissont, à douze ans, descendant d'un somptueux équipage et escorté d'un grand laquais, l'avait abordé à la sacristie de Saint-Hyacinthe en lui disant : « Monsieur l'abbé, je viens ici pour faire ma première Communion, mais je dois vous prévenir que je ne crois pas en Dieu.

— C'est bien, mon petit ami, soyez tranquille, nous arrangerons cela. » Et il passa à un autre.

Le petit homme fut renversé avec son équipage et son athéisme ; il avait compté faire un grand effet.

Il prit le parti de s'asseoir sur les bancs du catéchisme, dont il subit l'attrait irrésistible ; et l'année suivante il fit une très bonne première Communion.

Depuis lors, l'abbé Dupanloup l'avait perdu de vue ; il le retrouvait pauvre journaliste de province, vivant et faisant vivre de sa plume une sœur malade, comme lui absolument ruinée.

Son dévouement fraternel lui interdisait de fonder une famille, et trop faible pour vivre seul, il cherchait vainement dans une liaison irrégulière le repos d'un métier odieux à qui n'y portait, comme lui, ni conviction ni passion. Ce manœuvre littéraire était un causeur charmant et un artiste de grand vol, qui avait un moment partagé à ce double point de vue les succès de Litz.

Mais il était fatigué de son art comme de sa plume. Ce qu'il aimait, c'était après son labeur du jour de causer le soir avec quelques amis sur des sujets élevés, et, mieux encore, d'aller seul au loin dans la campagne portant un livre qu'il lisait et méditait tour à tour ; et ce livre était presque toujours un livre religieux ; car la lutte était ininterrompue entre son âme restée croyante et sa vie entraînée dans un sens contraire à sa foi.

« Je vais vous demander une chose bien étrange, dit l'abbé Dupanloup à ma mère, après une longue conversation avec son ancien élève, c'est de recevoir chez vous le journaliste de la préfecture. »

C'était étrange en effet ! On s'était étonné de voir M. Fissont à l'église, on s'étonna bien plus de le rencontrer dans un salon légitimiste et clérical ; car il y vint, et, présenté à ma mère par l'abbé Dupanloup comme un de ses anciens condisciples de Saint-Hyacinthe. « Oh ! Madame, s'écria-t-il, que ne pouvons-nous revenir à cet heureux temps et nous asseoir encore sur les bancs du catéchisme. » Son âme était dans ce cri. Ma mère comprit que Dieu avait sur lui des vues de miséricorde, et, dès lors, il fut accueilli à La Combe comme un ami.

Sa conversion devait tarder encore toutefois. Des liens difficiles à rompre l'enlaçaient. L'abbé Dupanloup avait au suprême degré le tact de ce qu'il a appelé le moment de la maturité d'une âme. Il sentit qu'il fallait attendre celle-ci, attendre sans la perdre de vue, et en la soutenant contre elle-même. Désolé de l'abandonner, il chercha à qui la confier et ce fut au saint prêtre qu'on appelait à Grenoble le « bon curé ».

Le *bon curé*, c'est-à-dire l'abbé Gérin, archiprêtre de la cathédrale de Grenoble, était un de ces hommes qui rendent sensible à tout un peuple la sainteté et la paternité du sacerdoce.

C'était le curé d'Ars du Dauphiné ; comme lui il luttait contre le ciel et faisait reculer la mort. Sa prière avait alors des accents de poésie céleste. Un jour, penché sur le berceau où allait expirer l'unique enfant d'une mère au désespoir : « Mon Dieu ! s'écria-t-il, vous savez que je n'ai pas l'habitude de vous disputer vos anges ; mais accordez-moi celui-ci. » L'enfant fut sauvée, on disait ressuscitée.

La vie du bon curé avait aussi sa légende. Les anges ne venaient-ils pas l'accompagner, quand il allait à travers les frimas et les orages visiter au loin les mourants ; et une nuit où il s'était égaré ainsi au milieu des bois, ses compagnons célestes s'étaient passé de main en main un flambeau mystérieux qui avait guidé ses pas. Voilà ce que l'on racontait à Grenoble, un peu bas cependant pour ne pas blesser l'humilité du saint curé et le rendre plus attentif encore à cacher les faveurs surnaturelles dont il était comblé. Mais vainement cherchait-il à donner le change ; on affirmait que l'argent se multipliait entre ses mains pour ses aumônes, et que lorsque le temps ne suffisait pas à son zèle, il était affranchi de ses lois par un privilège analogue à celui des saints glorifiés. Ainsi avait-on constaté que le même jour, à la même heure, aux deux extrémités de la ville, il avait réconcilié avec Dieu deux pécheurs impénitents qui allaient rendre le dernier soupir.

Quand on voyait dans les rues de Grenoble passer ce prêtre, appesanti sous le poids d'une précoce vieillesse, les pauvres, les malades, les enfants se précipitaient au-devant de lui et souvent l'enveloppaient. Il relevait alors sa tête courbée et son âme apparaissait dans la flamme douce de son regard, dans l'inexprimable tendresse de son sourire ; elle apparaissait plus encore dans la bonté inépuisable qui accueillait toutes les souffrances, toutes les demandes, même les plus importunes. L'abbé Dupanloup témoin de ce spectacle, dit : « Ce prêtre est un saint ». Ce saint devint son ami. C'est à lui qu'il remit son âme. On voyait alors le bon curé et l'abbé Dupanloup, comme plus tard l'évêque d'Orléans, traverser la grande salle, les bras enlacés et aller à la chapelle où celui qui était la lumière de tant d'âmes, trouvait pour la sienne, disait-il, des lumières incomparables. A ces lumières surnaturelles se joignaient des lumières théologiques. Le bon curé confessait son pénitent en latin, et tissait en quelque sorte ses exhortations avec les textes de saint Paul, dont il avait une connaissance approfondie et une merveilleuse intelligence.

Puis ils causaient longtemps sur la terrasse. La nuit les surprit plus d'une fois dans ces communications célestes d'où le bon curé sortait radieux en s'écriant : « Ah ! qu'il fait bon approcher un tel homme, un homme qui comprend le prix des âmes ! » De son côté, l'abbé Dupanloup, subjugué par la sainteté qu'il avait vu resplendir dans le bon curé, disait un jour à ma mère : « Telle est ma vénération pour lui que, si dans une circonstance grave, je le trouvais d'un autre avis que le mien, je dirais : c'est moi qui ai tort et c'est lui qui a raison. » Il le dit en effet au moment décisif d'une œuvre où il avait mis son labeur avec des angoisses de père. Il s'agissait d'une âme en grand péril. Le bon curé donna sur elle une décision que l'évêque d'Orléans désapprouvait. « Si ce n'était l'inspiration d'un saint, dit-il, ce serait une absurdité. » Il la maintint cependant et tout fut sauvé.

C'était dans l'automne de 1861, le bon curé était revenu une dernière fois à La Combe ; il avait eu encore avec l'évêque un de ces entretiens où leurs deux âmes se fondaient l'une dans l'autre. Après son départ, Mgr Dupanloup, les larmes aux yeux, avoua à mes parents qu'il craignait de ne pas le revoir ; et comme on se récriait, car ni l'âge, ni la santé du bon curé ne semblaient justifier ce pressentiment : « Oui, reprit l'évêque avec une solennité étrange, mais il reçoit depuis quelques mois de telles lumières et des grâces si extraordinaires que cela me fait peur pour la terre... » Quatre mois après, le bon curé était mort.

CHAPITRE V

I. Premières études sur l'éducation intellectuelle des femmes. Mlle de Virieu et son entourage. Ses idées sur ce sujet. — II. Aperçu de la vie de Mlle de Virieu. — III. Il constate la nécessité du développement intellectuel pour certaines âmes.

I

Un trait caractéristique de l'abbé Dupanloup, c'était avec son respect pour les idées de ses maîtres, une initiative intellectuelle et une droiture d'âme, qui lui donnait le besoin de conquérir sur chaque sujet une lumière personnelle ; et cette lumière orientait son action.

C'est ainsi qu'il fut amené à étudier une question jusqu'alors étrangère, il le croyait du moins, à son ministère de directeur des âmes ; la question de la vie intellectuelle qui convient aux femmes ; l'intérêt d'une enfant la souleva dans son esprit.

Il s'agissait de la petite fille qui avait été à La Combe sa première sollicitude. Elle arrivait à l'âge de l'éducation, et l'on comptait sur l'abbé Dupanloup pour en tracer le plan. Cette demande à laquelle il avait dû s'attendre, le trouva néanmoins très indécis. A l'imagination ardente de cette enfant, pouvait-on donner la même nourriture qu'à l'esprit si naturellement équilibré de sa mère ?

Cette question individuelle souleva la question générale de l'éducation des femmes, c'est-à-dire du développement intellectuel qui convient à leurs facultés et à leur vocation. Sur ce point, l'abbé Dupanloup en était encore au dix-septième siècle, mais hésitant entre les doctrines de Fénelon et les expériences de Mme de Maintenon, qui concluent en définitive à fortifier dans les femmes le sens moral et à rétrécir l'horizon intellectuel.

En discutant cette question, sur laquelle l'abbé Dupanloup reconnaissait très humblement qu'il n'avait pas de lumière décisive, n'ayant pas d'expérience personnelle : « Vous pourrez en causer avec Mlle de Virieu que nous attendons », lui dit mon père.

Mlle de Virieu n'était pas une inconnue pour l'abbé Dupanloup. En arrivant à La Combe, il avait voulu s'arrêter à Grenoble, où nous étions venus l'attendre, pour voir notre vieil évêque Mgr Ph. de Bruillard. Le soir, mon père lui proposa de le présenter dans le salon d'une amie de Mme Swetchine, Mlle de Virieu. Il accepta par condescendance pour mon père, tout en lui faisant remarquer que, vu sa règle invariable de se coucher à 9 heures, la soirée se réduisait pour lui à une demi-heure.

Il entra : c'était un de ces vieux hôtels, comme on en retrouve encore dans quelques provinces, vaste, paisible, un peu obscur, témoin en quelque sorte immuable des générations qui s'y succèdent.

Introduit dans un grand salon très simplement meublé, l'abbé Dupanloup fut fort étonné d'y voir une nombreuse famille groupée autour d'un établi de menuisier, à partir duquel se développait un système de tables irrégulières couvertes de dessins, de statues ébauchées, d'ouvrages à l'aiguille ; de livres et de journaux grand ouverts. C'était un peu désordonné, mais très pittoresque et très vivant.

Assise devant l'établi, une artiste qui n'était autre que Mlle de Virieu, ébauchait une vaste composition sur un grand panneau de chêne. A la vue de l'abbé Dupanloup, elle se leva pour le recevoir, son outil à la main, un gros torchon noué autour de sa longue robe noire. C'était une femme de soixante ans environ, avec une taille élevée, un port majestueux, et un costume à part, on ne pouvait dire étrange, car il était si bien adapté à sa personne qu'il en faisait pour ainsi dire partie. On n'aurait pu se la figurer mise comme tout le monde, tant elle était elle-même. Dès le premier abord, l'abbé Dupanloup sentit qu'il était en face de *quelqu'un*.

Cette impression augmenta encore quand la conversation se fut engagée. La parole de Mlle de Virieu était, comme sa personne, d'une simplicité qui aurait pu donner le change sur la profondeur et l'envergure de son esprit. Un peu lente d'abord, parfois même hésitante, elle avait une remarquable précision, et sans viser jamais à l'effet, elle était éclatante de lumière. Quelque sujet que l'on abordât d'ailleurs, cette femme éminente s'élevait à tout sans faire un effort, et surtout sans faire un retour sur elle-même.

Auprès d'elle, on ne peut dire dans son ombre, s'abritait une femme plus jeune dont la parole jaillissait avec le regard en éclairs éblouissants. Ce que Mlle de Virieu avait en force virile, Mme de Chabons l'avait en élancement. A peine enveloppée d'un corps diaphane, son âme semblait ne pas tenir à la terre, et prendre sans cesse son essor vers de radieuses visions. Rien de plus différent que ces deux femmes si unies toutefois et autour desquelles s'était formé un groupe d'élite où circulait une forte sève intellectuelle.

L'abbé Dupanloup retrouvait dans ce salon de province la grande conversation de quelques rares salons de Paris, mais sur un diapason différent. Ce n'était pas le monde, avec ce qu'il mêle de factice et de mobile au contact des esprits. On était moins au courant de la nouvelle du jour, mais on avait approfondi les questions qui sont de tous les temps. Cette solidité d'esprit et cette sûreté de connaissance révélaient à l'abbé Dupanloup une culture intellectuelle plus sérieuse que celle des femmes du grand monde parisien.

Aussi s'oublia-t-il à causer et à observer ; à 11 heures, il était encore dans ce salon où, suspendu à ses lèvres, on écoutait le récit de sa lutte avec M. de Falloux, pour le décider à accepter le ministère. Une pareille exception à son règlement était chose grave et comptait dans sa vie.

« Avez-vous beaucoup de femmes semblables

dans votre pays ? » dit l'abbé Dupanloup à mon père en revenant chez lui à cette heure insolite.

Non, elles étaient rares partout. Il put s'en convaincre quand il les revit à La Combe où elles faisaient partie du cercle de famille. La personnalité toujours si naturellement maîtresse de Mlle de Virieu mettait partout son empreinte. En un instant, son atelier de sculpture était organisé dans la grande salle, on se groupait autour de la table, où tout en ébauchant une figure de Vierge ou en jetant des animaux fantastiques autour des rinceaux d'un cadre monumental, elle conduisait la conversation, c'est le mot, dans les régions où chacun se trouvait à l'aise. La même femme qui parlait philosophie avec de Maistre et mathématiques avec Ampère, s'intéressait aux moindres détails des choses domestiques, et se plaisait à la société des femmes les plus humbles, pourvu qu'elles fussent vraies. Le factice, le faux, voilà ce dont sa nature avait horreur. « Ces jeunes femmes n'ont donc pas pitié des pauvres yeux d'artiste qui les regardent, » disait-elle en sortant d'un salon où s'étalaient des toilettes tapageuses, et elle soutenait que fausser le sens du beau en y substituant le culte de la mode, c'est préparer un abaissement moral ; car il y a une corrélation entre la pureté du goût et celle de l'âme. Aussi insistait-elle toujours pour que l'on formât le tempérament esthétique des enfants en éloignant d'eux les choses laides comme les choses viles, pour les faire respirer dans une atmosphère élevée.

Elle voulait mettre le beau dans l'âme des enfants, mais elle voulait surtout y mettre le vrai ; et aux premières questions de l'abbé Dupanloup sur l'éducation des filles, elle protesta contre *les lois somptuaires* qui leur interdisent les études sérieuses, si utiles pour donner la solidité d'esprit dont elles manquent trop souvent. Comme Mme de Maintenon, elle voulait faire des *filles raisonnables*, et l'étude du latin lui paraissait une excellente gymnastique pour développer les forces de la raison.

« Mais à ce régime, ne craignez-vous pas aussi de faire des pédantes ? lui objecta l'abbé Dupanloup en invoquant M. de Maistre.

— Monsieur l'abbé, il y a des pédantes de cuisine et de lessive ; dans ma Gascogne, il y a même des pédantes de canards gras, vous voyez que l'ignorance ne remédie à rien. »

La conversation dès lors engagée fut reprise plusieurs fois, l'abbé Dupanloup, toujours armé de M. de Maistre, cherchait à reconnaître la loi de l'éducation des femmes en déterminant leur vocation. « La femme est faite pour l'homme, sans doute, lui répondit Mlle de Virieu ; mais avant d'être faite pour l'homme, elle est faite pour elle-même et pour Dieu. » Cette parole fut le trait de lumière qui éclaira la conversation, et on peut dire le point de départ de l'étude que fit dès lors l'abbé Dupanloup de cette question nouvelle. A cet esprit si ouvert et si sincère, un mot suffisait quelquefois pour révéler un point de vue dont il s'emparait fortement.

L'élévation de l'être moral par la culture intellectuelle lui apparut dès lors comme le premier but de l'éducation féminine, sans préjudice toutefois de l'application à en faire dans la famille. Mais au-dessus de ce but d'utilité, il y a un droit et un devoir, « celui de développer chez les femmes ce que Dieu y a mis, par cette seule raison qu'il l'y a mis et que les femmes comme les hommes lui doivent compte de leurs facultés et de leurs talents ».

II

La femme éminente qui soutenait cette thèse, était pour l'appuyer un puissant argument. L'abbé Dupanloup, frappé de cette personnalité si grandement simple, voulait connaître le milieu où elle s'était développée. On lui raconta les épreuves qui avaient trempé dès l'enfance la fille du défenseur héroïque de Lyon, rejoignant sa mère sous un costume de paysanne, et échappant avec elle à la mort qui les menaçait en France, pour connaître en Suisse toutes les détresses de l'exil. Dans cet exil, l'artiste s'était révélée. Trop pauvre pour acheter des crayons et du papier, avec un morceau de charbon elle esquissait de vastes scènes sur les murs de la cuisine où elle préparait le repas des siens. Le peintre Gérard s'écria, en voyant les dessins de la jeune fille : « Ah ! que n'ai-je le don de composer comme elle ! » Si elle fût restée pauvre, elle serait devenue célèbre, a-t-on dit souvent ; mais revenue en France, rentrée en possession de sa fortune et devenue maîtresse d'elle-même, le dévouement l'avait disputée à l'art. Son frère et sa sœur en mourant lui avaient légué leurs enfants orphelins. Elle se donna à tous et spécialement à l'un d'eux, que son enfance maladive semblait condamner à une vie d'infirme. Elle lui refit une santé et lui prépara un avenir ; mais par quel prodigieux labeur et par quelle abnégation ! Pour faire cette éducation elle-même, et dans les conditions exceptionnelles qui lui étaient imposées, elle arrêta l'essor de son talent, et l'art ne fut plus que l'accessoire dans sa vie qu'elle avait rêvé de lui consacrer.

En réalité, le beau qui avait saisi son âme se réalisait dans sa vie sous une autre forme que celle de l'art ; ou plutôt l'art lui avait servi d'échelon pour s'élever à cette mission surnaturelle et on peut dire, à cet apostolat, car le rayonnement de son âme dépassa le cercle de sa famille. Combien d'âmes fortifiées, illuminées, portées, par la sienne l'ont appelée leur mère, et lui donnent encore ce nom dans le secret de leur prière aussi fidèle que leur reconnaissance.

III

Ce que l'art avait été pour Mlle de Virieu, l'étude le fut pour Mme de Chabons, dans les épreuves ininterrompues qui avaient commencé pour elle avec la vie. L'abbé Dupanloup écouta avec émotion le récit de cette jeunesse confinée dans une solitude sans compensation pour son cœur, et qui eût été le désert, si Dieu et les livres n'y eussent fait pénétrer un rayon. Guidée par ce rayon, à quelle hauteur s'était élevée cette femme qui devait emporter sur ses ailes tout un essaim d'âmes prédestinées à servir et à honorer l'Eglise. L'abbé Dupanloup le comprit, et dès lors il se rendit un compte plus exact de la différence qui l'avait frappé tout d'abord entre la culture des femmes de Paris et de celles de province. Chez les unes, la vie intellectuelle est un luxe de plus dans leur vie ; pour les autres, c'est l'horizon et la lumière de cette vie ; donc un besoin. « Je ne m'en étais pas rendu compte à ce degré, disait avec sa sincérité habituelle l'abbé Dupanloup à mon père. Leur âme, même indépendamment de leur devoir d'épouse et de mère, réclame cette culture quand elles en ont l'aptitude. »

Cette aptitude, il la trouva développée chez plusieurs femmes qui gravitaient dans l'orbite de Mlle de Virieu. L'une d'elles, Mme du Perron, l'étonna par la vigueur de son esprit tourné tout entier vers l'étude de la religion. « C'est une tête de théologien, disait-il, quelle force a la piété ainsi nourrie de doctrine. »

Mais la piété n'aurait-elle pu suffire à équilibrer de telles âmes ? Au fond d'un salon brillant où l'abbé Dupanloup faisait une rapide visite, il aurait pu trouver la réponse à cette question, dans le regard de deux grands yeux qui semblaient chercher avec angoisse. Ce regard trahissait le tourment d'une âme affamée, à laquelle on avait refusé la lumière ; et des abîmes s'y étaient creusés. Sa piété s'était anéantie, et sa foi même, sans racine dans son intelligence, avait été entraînée dans ce naufrage. L'abbé Dupanloup arriva à ce moment suprême ; tout était à relever dans cette âme, il l'entreprit, et il y parvint. Cette âme régénérée s'éleva jusqu'aux sommets de la piété : elle y puisa le courage de supporter le martyre où devait s'achever sa vie. Ce fut la première œuvre que l'abbé Dupanloup accomplit sur cette terre du Dauphiné, où il devait en accomplir tant d'autres. Mais elle lui fit en quelque sorte saisir sur le fait ce qu'il vit si souvent se reproduire : le péril des facultés sans aliment et sans direction, et la nécessité de nourrir l'intelligence pour équilibrer l'âme.

Dès lors un sillon nouveau s'ouvrait pour lui dans le vaste champ de la direction des âmes.

CHAPITRE VI

I. Retour à Paris. Méditations sur la mort. — II. L' « Ami de la Religion ». Lettres à Albert du Boys. — III. Mort de sa mère. — IV. Vie nouvelle née du sacrifice. L'évêché d'Orléans.

I

« Grande tristesse de quitter ma mère. » C'est ainsi que s'ouvre le Journal de La Combe où tant de fois l'abbé Dupanloup, et plus tard, l'évêque d'Orléans, épanchera son âme dans quelques mots d'une concision vibrante et qui seront de cette âme toute une révélation.

Cette tristesse, il l'avait ressentie bien avant l'heure de son départ pour La Combe et de ses adieux à sa mère. A l'entrée du printemps et dans le mouvement précipité des affaires, un pressentiment solennel l'avait saisi. Il était allé se réfugier à Issy, pour y méditer sur la mort, dans le silence d'une retraite. Pendant deux mois, cette idée de la mort domina toutes ses intentions à l'autel et ailleurs. « Dans le dessein de Dieu, a-t-il écrit plus tard, la mort de ma pauvre mère était le premier but de toutes ces prières. » Il lui resta de cette retraite ce qu'il appelait un grand sentiment de mélancolie chrétienne. A La Combe, ce sentiment se mêlait à ses admirations si vives pour les beautés alpestres. Dans son pèlerinage de Savoie, les souvenirs ravivés du passé y ajoutaient une reconnaissance attendrie pour les bienfaits de Dieu. Ces impressions successives le préparaient à subir le choc d'une terrible douleur.

A mesure qu'il se rapprochait de cette douleur, sans l'appréhender toutefois, la note de son âme s'accentue. Après son sermon de Grenoble, il revint à La Combe où « je passai, dit-il encore, quelques jours en paix et en tristesse dans cet incomparable lieu ». Pressé de le quitter par une sorte d'agitation intérieure, il avança son départ au 1er septembre, et « sa dernière prière dans la chapelle fut un *Te Deum* récité avec une profonde et excessive tristesse ».

Après son retour à Paris, rien n'indiquait, dans ses premières lettres, que cette impression eût été justifiée ; rien si ce n'est peut-être le saisissement extraordinaire qu'eut sa mère en le revoyant : « C'était un transport de joie comme à mon retour de Rome en 1832, à en mourir ; tout son cœur éclatait. » L'amour qui remonte vers le ciel a de ces élans et de ces pressentiments.

Cependant la vaillante femme déploya une artivité de jeunesse dans un déménagement, qui de la rue du Cloître la ramenait avec son fils à l'ombre de Saint-Sulpice, le point de départ de toutes les grâces qui avaient fixé leurs deux vies.

II

L'abbé Dupanloup avait été de suite ressaisi par le labeur des affaires religieuses et du ministère sacerdotal. Une grande lutte s'ouvrait, ou se rouvrait pour la liberté d'enseignement. Afin de la soutenir par la presse, il achetait une feuille exclusivement ecclésiastique, l'*Ami de la Religion*, qu'il transformait en feuille politique et religieuse. Il voulait en faire l'organe du parti catholique au beau et court moment où le parti catholique, fort de tant d'hommes éminents, n'avait pas vu encore éclater dans son sein les divisions qui devaient l'affaiblir et attrister l'Église.

C'est ce qu'il écrivait à mon père dans des lettres dont voici quelques fragments :

Bien cher ami,

Vous me faites des beautés et des douceurs de l'automne à La Combe une description vraiment cruelle : oh ! qu'il a bien fallu le devoir impérieux pour me faire quitter ce paisible et incomparable séjour ! Et du reste, j'ai vu dès les premières heures de mon retour à Paris que c'était bien la Providence qui m'y avait ramené. Une affaire dont je vous parlerai à la fin de cette lettre même si demain la termine se serait manquée par un retard.

Je voudrais, en ce moment, vous donner quelques nouvelles et c'est si difficile. Je regrette de n'être pas convenu avec vous d'un vocabulaire. Dès que j'aurai une voie sûre, je vous en enverrai un, car alors je pourrai tout vous dire.

Quant à ce moment, la première position est de tous points à M. de Falloux : il n'y a qu'une voix.

M. Dufaure a singulièrement grandi aussi.

M. Molé devient le chef de la rue de Poitiers, dont M. Thiers demeure le pied et la langue.

Changarnier marche avec eux.

Cavaignac ne sait pas où aller, depuis son déplorable discours.

Lamoricière hésite avec lui.

J'ai cherché trois fois Veuillot. Il est venu hier : nous ne nous sommes pas vus. Je lui ai écrit ce matin. J'aurai, je pense, sa réponse avant de fermer cette lettre.

La situation, en somme, est fort tendue et intenable ; mais nul n'en sait l'issue, et nul même ne voit la transition possible au mieux : on s'attend chaque jour à la violence.

Je suis établi rue Cassette, 13, dans un vrai nid de moineaux à l'abri des émeutes.

Si vous veniez à Paris pour la première communion de Netty, vous verriez la paix dont je jouis. Mais La Combe m'a gâté pour tout et pour dix ans.

Notre affaire est conclue. Je vous envoie cette lettre à l'Episcopat qui vous expliquera tout.

Il est possible que dans la dérive universelle, cet organe redevienne un centre puissant de direction religieuse, de *principes* et de *conduite.*

Nous nous y mettons tous et signons nos articles : MM. de Ravignan (sa Compagnie y a consenti), de Falloux, de Montalembert, de Champagny et moi... et plusieurs autres.

Nous commençons avec 1.500 abonnés. Dès ce moment, dans la mesure où vous jugerez votre concours convenable :

1° Faites-nous des articles : tout ce que vous ferez paraîtra sur-le-champ ; 2° Ayez-nous des abonnés et envoyez-moi leur liste, noms et adresses *exactes ;* pour 3 ou 6 mois, ou un an. Ils recevront le journal dès le 15 octobre.

Plus vous nous aurez d'abonnés laïques et ecclésiastiques, mieux ce sera. Nous ne demandons d'argent à personne, mais des *abonnés*.

Veuillez communiquer tout ceci à M. de Larnage et à M. C. de Bournet, afin qu'ils exercent la même propagande dans la Drôme et l'Ardèche. Du reste, je suis maître et propriétaire du journal sans dépendre ni d'actionnaires ou de société aucune.

Cher et bon ami.

Envoyez-moi votre article sur le Jury : si absolument il ne nous allait pas, je le porterais à l'*Univers* ou à l'*Union*, selon vos ordres ; et cela aurait bien bonne grâce de votre part et un peu de la nôtre. Mais nous le mettrons très probablement. Nous tenons beaucoup à quelque chose de vous.

Multipliez vos bonnes observations : nous tâchons d'en profiter de suite, comme vous voyez.

Dites bien à Mme du Boys que je pense souvent à elle devant Dieu, et j'ai même rêvé à Netty et à Félix la nuit dernière : quand j'ai reçu votre lettre ce matin, cela m'a fait rire. Du reste, je suis absorbé par le travail que nous donne notre succès vraiment étonnant et consolant.

Ce 28 octobre.

Bon et cher ami,

Votre très bon article paraîtra demain avec un chef-d'œuvre de Champagny.

Je vous enverrai bientôt tous les noms d'un dictionnaire : copiez d'abord tous les noms des apôtres et des 7 diacres comme ils sont dans l'Evangile de saint Matthieu, chapitre x, et dans le chapitre VI des Actes des Apôtres ; et puis vous placerez dans le même ordre les 19 noms importants que je vous enverrai, ou que vous m'enverrez, et notre dictionnaire sera fait.

Ma tête et ma chère mère vont un peu mieux. Priez bien encore pour elle.

Ce 20.

Bon et cher ami,

J'accepte le dictionnaire que votre lettre contient. Complétez-le avec les noms que je vous ai indiqués. Bugeaud, Thiers, Ch. Albert, le roi de Naples, M. Guizot, de Broglie, etc..., etc... Il vous suffira de les envoyer dans l'ordre des noms imprimés aux livres que je vous ai indiqués.

On m'écrit de Gaëte que le Pape, le soir, lit l'*Ami de la Religion* aux cardinaux qui se réunissent chez lui. C'est une grande consolation que d'en porter de loin quelqu'une à de telles douleurs.

Faites toujours prier pour ma pauvre mère. Sa maladie se prolonge d'une manière bien inquiétante.

Nous marchons sur 4.000 abonnés. Continuez à nous aider en *cette grande œuvre* que l'Eglise, c'est-à-dire le Pape, les Evêques, ont évidemment bénie et adoptée.

Tout à vous bien fraternellement en Notre-Seigneur, avec les vœux de bonne année les plus tendres pour vous et les vôtres.

Mon cher ami,

Merci, merci de votre très bon article. Deux nous auraient fait très grand plaisir : avec vous nous ne dirons jamais : C'est assez.

Ce 18. Je reprends ma lettre, interrompue par les affaires et par mes douloureuses préoccupations.

Je vous assure que je bénis bien Dieu du repos si doux et si fortifiant que vous m'avez donné à La Combe. C'est à ce séjour que j'attribue ma résistance actuelle à des fatigues vraiment au-dessus de mes forces. Enfin il faut se remettre entre les mains de Dieu et marcher.

Merci de votre second article : ils vont immédiatement paraître.

Il y a eu hier chez M. de Falloux un dîner bien

singulier : L. Napoléon, M. de Pastoret, M. de Saint-Priest et quinze autres légitimistes, M. Molé, M. Thiers, des évêques : l'Université. Tout le monde, excepté Proudhon.

Du reste, M. de Falloux accroît chaque jour sa position. *Le Péril* est que L. N. ne se laisse donner un ministère de gauche POUR LES ÉLECTIONS.

L'*Ami* vous dit bien trois fois par semaine le fond des choses. La politique en est sûre, et est généralement estimée des hommes du métier.

Notre commission de l'Enseignement est prodigieuse, M. Thiers inouï. « Je veux donner TOUTE L'INSTRUCTION PRIMAIRE AUX CURÉS. *Il faut pour être Instituteur primaire une humilité et une abnégation qu'un laïque n'aura jamais. Il faut un prêtre, un religieux.*

« *Le curé se résigne : le laïque ne se résigne pas.*

« *Vous faites des anticurés dans vos Ecoles normales : vous faites des curés de l'athéisme et du socialisme.* »

Tout cela est textuel. Avouez que le morceau est précieux. Cela ne peut être livré à la publicité.

III

Un mot de ces dernières lettres révélait, au travers de ces vives préoccupations religieuses, le renouvellement de ses inquiétudes filiales.

Le 8 novembre, sa mère avait été frappée d'un coup soudain qui la mit de suite en grand danger. « Les saints et le ciel l'appelèrent, » écrit son fils dans le récit trempé de larmes où l'on entend à chaque ligne l'accent de la tendresse filiale mêlé au dévouement sacerdotal, ce qui donne à ce sentiment une beauté à part.

Dès lors, et pendant trois mois quel drame, que ce sacrifice pressenti, disputé et accepté. D'abord ce fut un saisissement de douleur quand son malheur lui apparut ; puis son énergique nature se releva et voulut faire reculer la mort. Tout ce qu'il y avait en lui de puissance d'amour et de puissance de foi s'était ramassé dans un suprême effort. Il court à tous les sanctuaires, réclame toutes les intercessions ; les pèlerinages, les neuvaines se succèdent. « Jamais je n'ai autant prié pour rien ni pour personne. Ma faiblesse y succombait, je tombais en vraie défaillance. » La mort avance toutefois, il le voit ; et de son angoisse croissante jaillit une lumière qui, un matin, l'arrache haletant de son lit, pour le jeter à genoux au pied du lit de sa mère, à laquelle il demande pardon de ce qu'il appelle ses froideurs et ses négligences, ses duretés inconscientes. Oh ! bien inconscientes, car il l'a tant aimée, mais il se rend compte maintenant de ce qui a manqué à son dévouement filial, pour répondre à la plénitude de cet amour maternel, dans lequel il voit l'image transparente de l'amour divin.

L'un comme l'autre, lui a tout donné et dans quelle mesure !

Remontant alors le cours du passé jusqu'à Saint-Sulpice et de là à Saint-Félix, il s'arrête saisi à cette première page de sa vie.

« Ce qui se décida dans le conseil de Dieu à Saint-Félix doit me tenir en adoration toute ma vie, et en tendresses d'action de grâces.

« Je sens par avance que ce sera pour moi,

pour mon cœur, le sentiment le plus vif et le plus doux de l'éternelle vie.

« Dès à présent, c'est ce sentiment seul qui me fortifie et me console. »

Ce sentiment grandit avec sa douleur, le transfigure, et élève son âme dans une région où elle restera désormais. Et quand il a donné à sa mère les derniers secours et les dernières consolations, quand il a récité à travers ses sanglots les prières des agonisants, dont « il sent à chaque parole qu'elle est vraie, qu'elle s'accomplit », il tombe à genoux auprès de la dépouille de sa mère, le *Te Deum* éclate de son cœur désormais envahi, on peut dire embrasé, par cette reconnaissance pour les bienfaits de Dieu, qui sera la grâce spéciale, la force, la lumière de sa vie. Le trait de cette grâce a été creusé et fixé par son sacrifice.

Ce sacrifice fut terrible néanmoins. « Mon enfant, écrivait-il cinq jours après à ma mère, priez pour moi, j'ai perdu ma mère. C'est un coup affreux. Je n'ai pas un doute sur son bonheur actuel : je vous en dirai quelque jour les raisons. Et cependant je suis anéanti. C'étaient les racines les plus profondes de ma vie en ce monde. Je me sens déraciné. Demandez bien ses prières à votre bon mari, à votre pieuse mère et gardez-la toujours, si vous pouvez. » Quelques jours après, il envoyait à ma grand'mère les pages auxquelles nous avons emprunté quelques fragments, en lui disant : « C'est la plus grande preuve de ma tendresse, de mon affection et de mon respect pour vous. »

IV

Oui, ce mot de déracinement qui était sorti comme un cri de son cœur, ce mot-là exprimait tout. Il était déraciné pour être replanté dans un autre sol. La mort de sa mère partage sa vie. Avant elle il a vu disparaître M. Borderie, puis, un à un, les maîtres de sa jeunesse. Avec elle, tout se brise de ce passé dont il va encore chercher un écho à Versailles, dans la famille de Moligny. Mais à Paris, M. Debeauvais excepté, les amis qui l'entourent sont les amis de l'avenir, les futurs compagnons d'armes du militant évêque d'Orléans.

Sa vie appartient désormais tout entière aux labeurs de cet avenir ; mais son cœur reste à l'amour filial du passé, à ce pur et austère amour qui le pénètre jusqu'à ses dernières fibres. Aussi les années passeront-elles sur lui sans l'affaiblir. Il est mêlé à toutes les pensées de l'évêque.

« Ma mère, M. Borderie, je ne rêve qu'à eux. » Il avait soixante-quinze ans, et il était au bord de la tombe quand il laissait tomber cette parole de ses lèvres.

En eux a été son unique amour. Des amitiés lui restent, d'autres lui viendront, tendres, vives, fidèles ; il donnera beaucoup à toutes, mais ne se donnera tout entier à aucune. Le flot puissant, refoulé dans son cœur, déborde sur l'Eglise et sur les âmes. Ici-bas il n'y a plus pour lui que la paternité surnaturelle. Le prêtre survit seul et l'évêque a été sacré par cette douleur.

Car sans le savoir, ce sacrifice n'était que l'amère préparation à un sacrifice d'une autre sorte mais qui devait être sanglant, et, comme le premier, il fut longtemps et énergiquement disputé.

En écrivant à ma grand'mère, l'abbé Dupanloup lui confia l'assaut qui lui était livré pour lui faire accepter l'évêché d'Orléans.

« Priez pour moi : on m'assassine. Depuis quatre jours, je soutiens une lutte contre mes meilleurs amis qui veulent me forcer à aller à Orléans.. Priez tous pour que Dieu me délivre de cet abîme. »

Pendant la maladie de sa mère, l'abbé Dupanloup avait lutté contre Dieu ; ici il croyait ne lutter que contre les hommes, en réalité c'était encore contre Dieu qu'il luttait en se retranchant, pour refuser l'épiscopat, dans le ministère si fécond qu'il lui faudrait abandonner. Mais une seconde fois il fut vaincu : il dut immoler sa liberté, les attraits de son cœur pour l'apostolat des âmes, et surmonter son invincible éloignement pour les labeurs et les responsabilités de l'épiscopat.

Il accepta.

Deux mois après, M. de Falloux, revenant de Rome, s'était arrêté à Grenoble pour donner deux jours à mes parents. Dans le salon de ma mère, où l'année précédente l'abbé Dupanloup avait raconté avec tant d'émotion sa campagne pour forcer M. de Falloux d'entrer au ministère, celui-ci exposait à son tour toutes les péripéties de la lutte qu'il avait soutenue pour faire de l'abbé Dupanloup l'évêque d'Orléans. Puis il ajouta avec sa grâce inimitable : « Il m'avait ôté de ma place ; je l'ai mis à la sienne. »

CHAPITRE VII

I. Retour à La Combe. — II. M. de Larnage et son œuvre des épileptiques. — III. Il expose à l'abbé Dupanloup ses projets, ses hésitations. — IV. Mlle de Virieu et M. de Larnage. L'abstention politique.

I

Ses amis comprirent ce qu'avait été son sacrifice, et ce qu'était toujours sa douleur filiale, quand ils le virent revenir à La Combe, courbé et comme écrasé sous son double fardeau.

On l'attendait avec émotion et on était au complet pour le recevoir. Il poussa une vive exclamation en reconnaissant auprès de ma mère celui dont il lui disait jadis, en la rencontrant dans le préau de Saint-Hyacinthe : « Ah ! mon enfant, c'est donc vous qui avez un si excellent frère. » Ce frère était là : et dans l'homme fait on eût retrouvé le charme irrésistible de l'enfant, son œil limpide et son radieux sourire. Quoique jeune, sa haute taille était un peu courbée, comme par l'habitude de se pencher vers ses enfants qu'il présentait alors à l'abbé Dupanloup, tandis que Félix montrait à ses petits-cousins le parapluie inséparable du nouvel évêque, et qu'il leur disait tout bas : « Nous irons le cacher demain. »

Au milieu des premières effusions de ce retour, ma grand'mère, en s'adressant à l'abbé Dupanloup, hasarda un timide Monseigneur. « Ah ! Madame, ne prononcez pas ce mot-là, ou je repars de La Combe, » s'écria-t-il. Puis gravement, tristement, il parla de ce redoutable fardeau, et des répugnances en quelque sorte insurmontables qu'il avait dû vaincre pour le subir. « J'étais tellement à bout de courage, ajouta-t-il, que je suis allé en chercher à Ars. Car jamais je n'ai reçu sur mon âme de plus vives lumières qu'en me confessant à ce saint curé. Je lui confiais donc tous mes gémissements, qu'il écoutait en fixant sur moi ces yeux vifs et clairs, seuls vivants dans ce corps anéanti. Tout à coup, il se lève et me serre dans ses bras. en me disant avec ses larmes plus encore qu'avec son filet de voix tremblotante : « Ah ! mon ami, que vous êtes heureux !... » Cela ne ressortait guère de tout ce que je venais de lui exprimer. J'étais étonné, presque froissé. « Eh ! oui, mon ami, je vous dis que vous êtes « heureux, répéta-t-il. Regardez dans le calen- « drier, il y a tant d'évêques qui sont devenus des « saints et de grands saints, mais de pauvres « curés, on n'en trouve que cinq... » Cela me fit sourire ; et en réalité c'est la première parole de consolation qui ait eu prise sur moi. »

En dépit de ces graves pensées, les enfants retrouvèrent l'abbé Dupanloup d'autrefois. La grande allée retentit encore de cris joyeux où son nom était mêlé, et le soir, sur la terrasse, un petit auditoire attentif et vibrant se formait autour de lui, pour entendre raconter une histoire de voleur, qui avait été méritée par un bon devoir ou un chapitre de catéchisme récité mot à mot sans une faute ; et quand c'était sans une hésitation, alors l'histoire était longue et tragique, une de celles qui font très peur.

La petite bande envolée, on voyait l'abbé Dupanloup reprendre sa marche silencieuse sous les arbres de la grande allée, seul avec Dieu et son bréviaire, s'arrêtant parfois pour redire tout haut un texte dont le trait l'avait pénétré. Qui plus que lui a réalisé cette vie intime du prêtre avec son bréviaire, et par le bréviaire avec l'Ecriture sainte qui est sa lumière, et avec la prière de l'Eglise qui est sa force. C'est dans cette lumière qu'il méditait les grands devoirs de l'épiscopat, et avec cette force qu'il s'y préparait.

II

Parfois dans les sentiers par où les allées se rejoignent, l'abbé Dupanloup rencontrait un autre promeneur solitaire : c'était son ancien élève de Saint-Hyacinthe, plongé lui aussi dans une silencieuse méditation. A quoi rêvait cet homme jeune et heureux de tous les bonheurs qui peuvent combler la vie de famille ?

Ce bonheur qu'il goûtait si vivement ne lui suffisait pas. Tout en aimant, comme on aime rarement sur la terre, sa femme, sa mère, sa sœur, ses enfants et les enfants de sa sœur qui avaient vraiment deux pères, il aimait une autre famille dont la pensée le poursuivait. C'est pour elle qu'on le voyait s'arracher aux conversations les plus intéressantes, ou se refuser aux parties joyeuses que lui proposaient ses enfants, et aller s'enfermer seul pendant de longues heures, penché sur sa table de travail.

« Ah ! mon oncle, vous allez encore nous quitter pour écrire à vos épileptiques », s'écria un jour, avec un accent de reproche, sa nièce qui avait sur lui des droits de fille aînée.

Elle avait dit vrai. C'était pour répondre aux pauvres malades, auprès desquels il continuait une œuvre traditionnelle dans la famille de Larnage. Et le même soir, en voyant un paquet de vingt lettres amoncelées sur son bureau : « Que fait donc votre secrétaire au lieu de vous débarrasser d'un semblable travail, lui demanda sa nièce avec une certaine impatience. — Il fait ce dont je le charge, lui répondit-il, et je ne le charge pas de cela. »

Il lui dit cela très doucement, mais avec une sorte de tristesse comme si, dans cette boutade d'enfant, il avait reconnu l'écho de tant de blâmes jetés à son œuvre ; cette œuvre qui lui était chère et sacrée, n'aurait-elle pas dû le savoir, mieux que personne, elle l'enfant élevée si près de son cœur ?

Devenue tout à coup songeuse, elle se reporta par la pensée au jour d'animation extraordinaire, qu'on appelait à Tain le jour des malades. Pauvres gens ; il en venait par toutes les routes, dans tous les équipages, depuis le pâle enfant des Cévennes à cheval sur le cou de son père, jusqu'à la mystérieuse étrangère qu'une chaise de poste à quatre chevaux amenait à l'entrée de la ville où on lui portait sa tasse de gallium. Elle le buvait avidement sans lever son voile, puis le postillon fouettait les chevaux, qui disparaissaient dans un flot de poussière.

Alors quel spectacle que celui du jardin de Tain, où elle était parvenue à se glisser, échappant à la surveillance qui l'en tenait éloignée. C'était un de ces jours limpides où les brises de mai portent aux flots du Rhône les parfums du printemps. Sous les arbres en fleurs une foule étrange de tout costume, de toute langue, se pressait autour de celui que tous invoquaient et bénissaient. Les uns avec le cri de cette douleur qui, restée longtemps muette, fait tout à coup explosion ; d'autres avec la joie de l'espoir qui renaît, ou l'ivresse du bonheur reconquis ; car il y avait là des malades soulagés, d'autres guéris auprès de ceux, hélas ! pour qui le remède était demeuré impuissant. C'était sans doute un de ces infortunés vers lequel son oncle se penchait, lui disant des paroles qu'elle aurait voulu entendre, car ces paroles faisaient descendre un rayon sur ce visage ravagé par la souffrance ; et quand le doux consolateur releva la tête, il lui apparut transfiguré. Tout le ciel était dans son sourire.

Ce sourire, elle le revoyait, aujourd'hui.

A cette nièce de treize ans, qu'il traitait déjà en jeune fille, il parla, et avec quel accent, de ces pauvres malades « que je trouve souvent, disait-il, dans le désespoir et près du blasphème. Eh bien, Dieu m'a donné d'aller à leur cœur et de m'en faire aimer. Leur refuserai-je l'aumône d'une parole, qui souvent leur fait autant de bien que le remède auquel ils attachent un dernier espoir. Quand je pense que chacune de ces lettres, que tu me reprochais tout à l'heure, va porter la consolation dans une famille désolée, que peut-être en la recevant un désespéré tombera à genoux et bénira Dieu. Vois-tu, mon enfant, je ne sacrifierais à aucun prix la moindre partie de ce labeur. » Puis attachant sur sa nièce son regard chargé de tendresse : « Tu le comprends, n'est-ce pas, toi qui me comprends toujours. »

Oui, elle l'avait compris ! et il y eut là pour son âme d'enfant toute une révélation. Jusqu'alors ce second père lui était apparu comme un être à part, dont la tendresse était une protection toute-puissante. Il avait tant de ressources dans l'esprit pour résoudre les difficultés de la vie, et tant de dévouements répondaient partout à son appel. A cette heure elle saisit le secret de cette force douce et de ce charme irrésistible qui était en lui. Elle l'avait aimé avec enthousiasme, elle le vénéra.

Courant alors se jeter dans les bras de sa mère, elle lui dit tout en larmes : « Je ne le connaissais pas. »

III

L'abbé Dupanloup, lui, le reconnaissait. C'était bien l'âme ardente et pure, qu'il avait vu s'ouvrir aux leçons du catéchisme et aux joies de la première Communion, l'âme qu'il avait dès lors caractérisée d'un mot : « une rare puissance d'aimer », cette puissance il la retrouvait avec un trait de grandeur qu'y ajoutait la charité.

Son ancien élève lui revenait avec la confiance de jadis, et, dès leur première conversation, il demanda à l'abbé Dupanloup de résoudre la grande question qu'il se posait à cette heure décisive de sa vie.

Pour cela, il lui fit suivre les étapes successives de cette vie, depuis l'heure, où, au lit de mort de son père, il s'était trouvé à seize ans seul héritier d'une race dont les générations successives avaient accumulé un trésor de sainteté et de charité. Vrai Larnage par toutes les fibres de l'âme, il avait subi l'attraction à laquelle avaient cédé ses trois oncles, et aspiré à se faire Trappiste. Avec sa mère et sa sœur qui restaient sans autre protecteur que lui, l'œuvre des épileptiques le retint. Cette œuvre traditionnelle s'empara de son cœur ; il lui fit dès lors dans sa vie une place qu'il aspirait à élargir encore. Mais dans quelle mesure le pouvait-il, le devait-il ?... Insensible aux blâmes du monde, il ne l'était pas aux inquiétudes d'ailleurs très fondées des siens, car pour remplir cette mission qui était peut-être une vocation, il y avait de grands obstacles à vaincre. Le père de famille ouvrait sa demeure à une classe de malades repoussés comme un danger de leur propre foyer. Il acceptait des charges qui absorbaient son temps, enchaînaient sa liberté, et déjà pesaient sur sa fortune. Que serait-ce s'il donnait l'essor à son zèle en agrandissant son œuvre, et l'on ajoutait : sur quels secours compter pour cette œuvre s'adressant à une infortune délaissée et ignorée ?

Oh ! bien ignorée même du prêtre. Les questions de l'abbé Dupanloup le lui prouvaient une fois de plus, et aussi son étonnement quand il lui apprit que dans la France seule il y a une moyenne de 200.000 épileptiques.

Etablir cette douloureuse statistique avait été son premier labeur, car avant de réclamer pour les épileptiques une place au soleil de la charité, il fallait constater le fait de leur existence, non à l'état d'exception rare, mais en tant que formant une classe nombreuse et distincte. C'était une province inconnue de la souffrance qu'il voulait révéler à la charité, et dont il s'était fait l'explorateur. Aussi avait-il de cette souffrance et de ses besoins une conception personnelle qu'il exposa avec feu à l'abbé Dupanloup.

Pour lui un mot exprimait tout : *l'épileptique est le lépreux du dix-neuvième siècle* : aussi redouté et plus délaissé que le lépreux du moyen âge, l'hôpital et l'église se ferment devant lui comme l'atelier. Quand la famille le cache ou le repousse, aucun asile où il puisse se réfugier pour demander du travail et du pain, le pain du corps et celui de l'âme. Seul de toute la grande famille des affligés, il n'a encore ni hospice, ni église, ni apôtre ; souvent, quand il est pauvre, il erre sans foyer, sans asile et sans Dieu.

Lui rendre Dieu, oh ! toute son âme était dans ce cri, où se résumait l'inspiration de son œuvre.

Car il savait ce qui s'amasse de misère morale dans ces vies oisives et vagabondes, et au fond de ces âmes où la foi s'anéantit dans le désespoir. J'en ai trouvé que la misère et l'abandon avaient ramené à une sorte d'état sauvage, et alors, a dit plus tard l'abbé Dupanloup, il ajouta cette admirable parole : *C'est là mon œuvre de la propagation de la foi.*

La première assise de cette œuvre c'était l'œuvre médicale : il la trouvait incomplète. Le remède liquide ne pouvait se prendre que deux fois par an ; il parvint à lui donner une forme solide qui permit de le conserver et de le transporter. Déjà chimiste, il dut se faire élève pharmacien pour résoudre ce problème. Cette étude acharnée remplit les premiers hivers de son mariage qu'il passait à Paris.

Le traitement des épileptiques se trouva dès lors transformé. L'efficacité en fut doublée, comme aussi le concours des malades et les labeurs de l'œuvre

Mais cette œuvre elle-même le désespérait en le ravissant. Quand il avait soigné, consolé, relevé ses malades qui s'attachaient à lui avec une tendresse farouche, il fallait les rejeter dans une vie errante, sans qu'on pût les faire admettre dans un hôpital, si ce n'est dans les hospices de fous.

Il avait des larmes dans la voix en confiant à l'abbé Dupanloup cette souffrance constamment renouvelée, et le dessein qui avait jailli de cette souffrance. Il voulait que l'épileptique eût un sanctuaire où il pût trouver Dieu, puis un asile où il pût retrouver une famille. Une grande œuvre se superposait dans sa pensée à l'œuvre qu'il avait reçue de ses pères, ou plutôt cette œuvre en serait l'épanouissement, le couronnement. Dieu lui donnerait-il de l'accomplir ? Il ne se posait pas cette question, mais lui demandait-il de l'entreprendre ?

C'était près de la chapelle, dans la lumière du grand horizon alpestre que l'abbé Dupanloup recueillait cette confidence. Lorsque nous le rejoignîmes, l'émotion de l'abbé Dupanloup se contenait à peine. Il s'approcha de ma grand'mère qui d'un regard avait tout compris. « Voilà, Madame, lui dit-il, en lui montrant son fils, voilà un fils digne de sa race... et... aussi de sa mère. » Alors, avec sa grâce originale : « Que voulez-vous, Monsieur l'abbé, lui répondit-elle vivement, le bon Dieu a fait l'homme à son image, moi j'ai fait mieux que le bon Dieu. »

IV

« J'ai toujours eu la passion des grandes âmes, » a écrit Mgr Dupanloup.

Il y avait là une grande âme, et dans cette âme une grande pensée déposée par Dieu ; c'est-à-dire mieux qu'une aspiration généreuse : une vocation. L'abbé Dupanloup inclinait de plus en plus à le croire. Cependant il ne se hâtait pas de l'affirmer. Avec cette prudence et cette raison maîtresse, qui chez lui gouvernait les mouvements parfois si vifs de sa sensibilité, il étudiait longuement, profondément ce qui dans cette âme, dans cet esprit, dans cette vie se trouvait en accord ou en lutte avec ce vaste dessein.

A ce moment Mlle de Virieu arriva à La Combe, où l'avaient doublement attirée, disait-elle, la présence de l'abbé Dupanloup et celle de M. de Larnage. Au premier, elle apportait les notes qu'il lui avait demandées sur l'éducation des jeunes filles ; au second, elle voulait communiquer ses plans de fondation d'écoles, de reconstruction d'église, deux œuvres où elle mettait sa fortune, son cœur, voire même son talent, car tout en discutant avec mon oncle le devis des réparations à faire dans son église, elle sculptait les panneaux de la chaire qu'elle comptait y faire placer.

« Ecouter des gens qui savent ce qu'ils font et ce qu'ils disent, » cela charmait toujours l'abbé Dupanloup : aussi prenait-il un vif intérêt, et parfois une part active aux conversations d'abord techniques de ces deux interlocuteurs.

Des questions d'administration, d'architecture, voire même de construction, on s'éleva bientôt à de hautes questions d'économie charitable et sociale. Sur ce nouveau terrain, Mlle de Virieu déployait une capacité virile faite de justesse et de ferme bon sens. Mais le plus artiste des deux c'était mon oncle. A lui les larges vues, les conceptions grandioses et cependant pratiques, car il avait pour les réaliser des idées aussi originales que ces conceptions elles-mêmes. Il savait largement utiliser les petits moyens, et ses plans se combinaient avec cette justesse où l'on distingue les esprits qui créent des imaginations qui rêvent.

Quel temps que celui où une pareille capacité est condamnée à rester stérile pour son pays et qu'attendre d'un pays dont les forces vives s'anéantissent dans une abstention qui est une désertion ? Après de telles conversations, c'était le gémissement de l'abbé Dupanloup qui trouvait un écho très vif chez Mlle de Virieu. La fille du défenseur de Lyon élevait le devoir de servir la France et l'Eglise au-dessus des répugnances politiques et des ressouvenirs amers d'un parti. Avec quelle énergie elle protestait, elle aussi, contre le verdict qui faisait de l'oisiveté pour la jeunesse légitimiste la forme nécessaire de la fidélité. D'ailleurs, en dehors des carrières par lesquelles on s'inféode à la politique du gouvernement, il y a celles qui sous tous les régimes servent en France la cause supérieure de l'ordre et de la justice. C'étaient celles auxquelles l'abbé Dupanloup cherchait à ramener quelques-uns des jeunes déserteurs de la génération nouvelle, libres des engagements personnels, qui avaient commandé l'abstention à la délicatesse de leurs pères ou de leurs frères aînés. Mon père était de ceux qui avaient sacrifié une carrière brillante, pour rester fidèle au serment qu'il avait prêté à la dynastie vaincue. L'honneur le lui avait commandé ; mais cet honneur commandait-il à son jeune beau-frère de rester à l'écart de toutes les fonctions publiques, même des fonctions municipales qui lui étaient offertes, pour continuer la tradition de son père ? L'abbé Dupanloup n'hésitait pas à dire : l'honneur ne commande rien de pareil : son devoir est d'accepter la mairie.

CHAPITRE VIII

I. Mgr Dupanloup atteint de la cataracte. — II. Visite à Tain chez M. de Larnage. — III. Arrivée de Monseigneur à La Combe avec l'abbé Gratry. Promenades dans la montagne. — IV. La loi de 1850. — V. Pèlerinage en Savoie. Ses impressions dans la montagne. — VI. La confirmation de Netty. Monseigneur adopte La Combe comme lieu de repos.

I

Le 28 avril 1850, nous venions, ma mère et moi, d'avoir à Saint-Hugues la messe du *bon curé*, lorsque mon père entra dans l'église, la figure bouleversée, et dit à ma mère assez haut pour que je l'entendisse : « Monseigneur a la cataracte. »

Nous restâmes tous les trois un moment prosternés, et quelle prière jaillit de nos cœurs !...

Quelle prière et quel cri d'angoisse ; aveugle ou demi-aveugle, lui !... l'homme des labeurs sans trêve, pour lequel l'inaction, ou même l'action affaiblie et entravée serait un supplice contre nature ! Rentrés précipitamment à la maison, nous lûmes et relûmes la lettre qui venait d'apporter cette nouvelle ; elle était d'un calme qui contrastait avec l'émoi de nos cœurs.

Le 26 avril 1850.

« Vous voyez, mon cher ami, que je suis condamné à emprunter pour vous écrire le secours d'une main étrangère ; j'ai un œil *cataracté* et presque perdu, et l'autre très fatigué. Je suis entre les mains des oculistes et des médecins. Il me faudrait La Combe et votre bonne amitié. Je suis bien décidé, au plus tard cet automne, que j'aille à Rome ou non, à vous faire une petite visite. Si votre chère fille n'est pas confirmée, elle le serait alors par un évêque qui en éprouverait une grande consolation. »

Ce calme, ma mère l'admirait comme nous, mais elle se l'expliquait mieux que nous. Initiée à la vie spirituelle de l'évêque, elle savait quelle illumination soudaine s'était faite pour l'abbé Dupanloup au lit de mort de sa mère, et comment, à la vue des miséricordes de Dieu sur son passé, l'action de grâce l'avait jeté, il disait précipité, dans l'abandon. L'abandon était depuis lors l'attrait dominant de son âme ; il y rapportait tout le travail de sa sanctification, travail acharné, comme l'a si bien dit son historien. Le jour de son sacre, il avait résumé toutes les impressions de la cérémonie en disant : « Je me sentais comme un homme abandonné à Dieu. » Sous la menace de la cécité, comme sous la main du prélat consécrateur, il restait cet homme abandonné à Dieu.

Cependant une opération, croyait-il, pourrait sauver son œil ; et pour la tenter avec plus de chance de succès, il songea à aller se mettre entre les mains d'un habile spécialiste de Genève, le Dr Maunoir. Une correspondance active s'établit aussitôt entre lui et mes parents ; mon père l'aurait accompagné à Genève, ma grand'mère s'offrait à aller l'y rejoindre pour lui servir d'infirmière, La Combe aurait été le lieu de la convalescence. Ce projet fut abandonné devant l'avis formel du Dr Récamier, qui jugeait l'opération impossible à cause du tempérament congestif de l'évêque.

C'était, pour le présent et l'avenir, lui enlever sa meilleure chance de salut. La Providence, qui l'avait fait évêque de vive force, et jeté malgré lui dans les luttes religieuses, voulait-elle donc le relever de son poste ? Il put un moment se le demander ; mais non, il fallait qu'il y restât l'homme abandonné à Dieu. Evêque et défenseur des libertés de l'Eglise, il devait accomplir cette double tâche et bien d'autres, en triomphant chaque jour de l'obstacle qui entravait son action, et attendre de Dieu la force qui se retirait de lui.

Ce fut l'épreuve décisive qui le fixa dans le milieu surnaturel d'où procéda son action. L'évêque d'Orléans, demi-aveugle, et sous la constante menace d'une cécité complète, devait reconstituer son diocèse et remuer le monde.

Contre notre espérance, au lieu de venir à La Combe pendant l'été, il s'installa à La Chapelle, pour être plus à la portée des oculistes de Paris ; mais il se réservait de passer à Rome une partie de l'hiver, et pressait mes parents de s'y rendre avec lui : « Que je serais heureux, écrivait-il à mon père, si je pouvais confirmer Netty à Saint-Pierre. Pourquoi ne nous donnerions-nous pas cette consolation ? » Nous n'étions malheureusement pas libres de le suivre, et il nous promit de s'arrêter à Tain en allant à Rome. C'est alors que nous le vîmes avec le triste voile étendu sur l'un de ses yeux.

Cet œil était complètement perdu, l'autre s'obscurcissait ; il se sentait descendre dans les ténèbres. Avec son esprit précis et ferme, il avait tout réglé pour cette redoutable éventualité. La Combe devait avoir alors une large part dans sa vie : « Si je perds mes yeux, dit-il à mes parents, je compte beaucoup sur les vôtres. »

Mais après cet épanchement, il ne revint plus sur ce qui lui était personnel, et ne s'occupa que des âmes.

II

L'œuvre qu'il avait faite à La Combe portait ses fruits à Tain. Mon oncle, devenu le maire de Tain, était en pleine popularité et en pleine activité. Il entraînait les esprits, multipliait les ressources ; et tout en faisant exécuter des travaux d'utilité qui transformaient l'aspect de la petite ville, il l'avait déjà dotée de deux maisons d'école catholiques en attendant un orphelinat, un dispensaire et un hospice. Il montra à Monseigneur les fondations déjà faites et la place de celles qu'il préparait ; il lui montra aussi le dessin d'une chapelle qu'il voulait établir dans son jardin, pour en faire le premier foyer de l'apostolat des épileptiques, car cette œuvre dominait toujours ses pensées.

On apporta à Mgr Dupanloup une petite Marie de deux ans qu'il bénit avec ses deux frères, Raymond et Vincent. A son retour de Rome, il bénit aussi la médaille attachée à un berceau encore vide, mais où allait bientôt reposer une enfant destinée à avoir une place à part dans l'âme de l'évêque et dans les souvenirs de La Combe ; elle devait s'appeler Magdeleine. Ce second passage fut encore plus rapide que le premier. Nous pûmes toutefois constater le bienfait du séjour à Rome pour la vue si menacée de l'évêque. Son œil déjà voilé au départ avait repris de la transparence et de la force ; il espérait dès lors pouvoir le conserver. « C'est l'effet du repos, lui disions-nous. — Mais surtout, reprit-il, celui des prières que tant d'amis et de pieuses communautés ont eu la charité de faire pour moi. »

III

En partant de Tain, Mgr Dupanloup avait parlé de revenir à La Combe, et, à défaut de Saint-Pierre, d'y donner à la petite fille de jadis le sacrement de Confirmation. C'était son désir et notre espoir, mais pourrait-il le réaliser, accablé qu'il se trouvait, au retour de Rome, par les affaires accumulées pendant tout l'hiver. D'ailleurs, La Chapelle était là avec ses ombrages et sa solitude relative. Ce séjour ne pourrait-il dispenser l'évêque d'Orléans des vacances que l'abbé Dupanloup prenait chaque année au loin, et presque toujours dans ses chères montagnes ? Cette question qu'il se faisait à lui-même, nous tenait en suspens. Depuis plusieurs jours, Félix et Paul allaient au-devant du facteur pour apporter la lettre tant attendue d'Orléans. Elle arriva enfin, et chose rare, dès lors, écrite de la main de l'évêque, qui voulait garder le secret de ses projets. Il annonçait son arrivée pour le courant de septembre, et fixait au 2 octobre, fête des saints Anges gardiens, le jour de la Confirmation. C'était à ma mère qu'il écrivait, et il ajoutait en terminant : « Je suis bien aise que vous n'ayez personne ; je fuis les hommes, mais non votre bon frère et M. Gérin. » Cette note de tristesse passa un peu inaperçue dans l'explosion de la joie générale. Les petits y prenaient part comme les grands ; toutefois au bout d'un moment, la figure réfléchie de Félix s'assombrit : « Oui, il reviendra, dit-il en soupirant, mais évêque et accompagné d'un grand vicaire, ce ne sera plus notre abbé Dupanloup d'autrefois. »

A quelque temps de là, par un soir d'orage et d'obscurité sans étoiles, on entendit dans la cour un bruit de voiture mêlé à celui d'une tempête de vent et de pluie, la porte du salon s'ouvrit ; c'était Mgr Dupanloup qui ne s'était pas annoncé pour se donner la joie d'apparaître sur la terrasse où il voulait surprendre et rassurer son petit compagnon de jeux ; mais la pluie, les chemins défoncés et une série de mauvaises voitures (il n'était pas encore question de chemin de fer), tous ces incidents d'un voyage traversé et prolongé avaient dérouté ses calculs. « Il avait, disait-il, manqué son entrée. »

Il le disait avec cet accent à la fois joyeux et attendri, cet accent paternel que l'on reconnaissait si bien, et auquel les vieilles murailles de La Combe rendaient leur écho d'autrefois. Le revoir à La Combe, en effet, c'était tout autre chose que de l'entrevoir en passant et à Tain. Quand sa main chercha pour le bénir le jeune front qu'il venait confirmer, le sentiment de la grâce attachée à ce retour saisit toutes les âmes ; c'était le don de Dieu pour la terre et pour le ciel.

D'ailleurs, Félix pouvait se rassurer : c'était bien l'abbé Dupanloup d'autrefois avec sa soutane noire et, oh bonheur ! le vieux parapluie que l'épiscopat n'avait pas rajeuni ; et si ce n'était le gland d'or qui se laissait entrevoir à son chapeau plié sous son bras, rien ne dénonçait en lui l'évêque d'Orléans. Ce fut bien mieux encore quand le lendemain, en arrivant à la chapelle, il enleva le coussin rouge qu'on avait placé sur son prie-Dieu, et fit emporter l'aiguière préparée pour lui ; puis remerciant d'un sourire le jeune prêtre qui allait l'assister, il s'habilla seul et ne voulut pour lui servir la messe que son petit enfant de chœur de jadis. Aussi avec quelle joie grave Félix vint se mettre à genoux au pied de l'autel et répondit de sa voix harmonieuse : *Ad Deum qui lætificat juventutem meam.* Quant au grand vicaire de Monseigneur, on n'aurait pu le mieux choisir, pour concilier à l'institution les sympathies qui ne pouvaient se refuser à l'homme et au prêtre. C'était l'abbé Gratry, qui venait de sacrifier à une brillante mais douloureuse polémique avec M. Vacherot, sa position d'aumônier de l'Ecole normale. Dans la pensée de Mgr Dupanloup, l'épiscopat devait être attentif à toutes les luttes pour la vérité, et solidaire de tous les dévouements dont elle avait été l'objet. Aussi avait-il appelé de suite l'abbé Gratry à Orléans, en lui donnant le titre de vicaire général honoraire.

Très honoraire en effet ; personne de moins apte que l'ancien aumônier de l'Ecole normale à l'administration diocésaine et cela dans la plus faible mesure. L'abbé Gratry était jeune encore, et de frêle santé, très aimable quoique distrait, à la fois réfléchi et spontané, il avait des élans de cœur et des jets d'esprit, des coups d'aile de penseur et tour à tour des naïvetés d'enfant... ou de poète. Tout cela s'harmonisait en lui par une grâce originale qui dès l'abord subjugua les habitants de La Combe, grands et petits. A ceux-ci comme il savait parler du bon Dieu, et quels enseignements restés toujours un bienfait et une lumière, il déposa dans l'âme de la jeune confirmante ! Ce disciple de Platon était un prêtre d'une piété ardente, et sa vie d'intimité avec Dieu était le sanctuaire où s'élaboraient ses grandes idées. De là sa philosophie qui se colorait de poésie et se terminait en prière : c'est ce qui faisait dire à Monseigneur : « En philosophie, l'abbé

Gratry a presque du génie. » Il eut bientôt des auditeurs enthousiastes, mon père, très familier avec les spéculations métaphysiques, et le nouveau précepteur de Félix, l'abbé Rey, dont La Combe s'honore d'avoir abrité la jeunesse, en déplorant toutefois de n'avoir pu modérer les excès de travail qui devaient l'épuiser si rapidement. Ma mère se joignit à eux. A sa manière d'écouter, à ses questions intelligentes, l'abbé Gratry discerna bien vite la rare capacité philosophique de celle dont il disait : « Jamais je n'ai rencontré une plus noble créature. »

Le lendemain, après le déjeuner, on était resté debout appuyés contre le billard de la grande salle ; l'abbé Gratry avait exposé sa théorie du procédé dialectique, puis s'élançant de la philosophie dans la poésie mystique, il décrivait le vol de l'âme vers Dieu, dont ce procédé était l'image. Tous écoutaient, même ceux qui, comme ma grand'mère, se croyaient incapables de gravir les sommets, et qui étaient ravis de s'y trouver portés. On était encore suspendu à cette parole, quand Monseigneur, qui avait disparu depuis le déjeuner, reparut dans la grande salle, son parapluie à la main et aux pieds des souliers à clous que deux ans auparavant il avait confiés à la garde d'Isabeau et qu'il venait de retrouver à leur place habituelle, comme s'il les avait quittés la veille. Son équipement indiquait ses intentions, il avait hâte de revoir les sommets et d'y conduire l'abbé Gratry, persuadé qu'il allait l'enthousiasmer d'abord, mais aussi le vivifier pour des travaux futurs que sa fragile santé mettait en question. D'ailleurs, l'abbé Gratry, interrogé sur ses facultés de marcheur, avait évoqué le souvenir d'un grand exploit de sa jeunesse dans les collines d'Alsace ; et, avec une satisfaction visible, Monseigneur l'avait proclamé de suite un homme vaillant. Force était de se conduire en conséquence. Cependant l'abbé Gratry remarqua timidement que les beautés alpestres se dérobaient ce jour-là sous des brouillards prématurés : « Mon ami, nous retrouverons la sérénité sur la hauteur, » lui répliqua l'évêque. Que pouvait opposer le métaphysicien à cet argument ? On partit ; Monseigneur marchait en avant, la tête nue, les cheveux soulevés par le vent du glacier, qui entraînait les brouillards le long du torrent comme des flocons de neige. De temps en temps on l'entendait pousser une exclamation joyeuse ; il avait reconnu un vieux châtaignier, une grange, un toit de chaume, un pic qui émergeait des brouillards. Aussi, que lui importaient les chemins détrempés et les prairies ruisselantes ! Cela importait beaucoup à l'abbé Gratry qui se fût bien gardé toutefois de mêler une note discordante aux admirations de l'évêque. Mais refroidi par l'humidité, et d'ailleurs très occupé du sauvetage de sa chaussure trop parisienne, le pauvre philosophe ne regardait guère qu'à ses pieds, et ne rompait le silence que pour s'informer habilement de l'heure probable du retour ; lorsque par une de ces surprises fréquentes dans nos Alpes, un coup de soleil vint brusquement balayer le ciel et déchirer les brouillards. La gorge de Saint-Mury apparut alors sous les derniers feux du soleil couchant, avec sa couronne de cimes aériennes et ses pentes de verdure, que les promeneurs avaient descendues jusqu'au torrent. Entre ce torrent et la montagne, une prairie baignée de rosée étincelante formait un étroit vallon, de belles vaches y paissaient en agitant leurs clochettes rustiques, dont le son aigre se mêlait au bruit sourd des eaux écumantes.

Et in reducta valle mugentes prospectat erran tes greges.

C'est mon père qui avait cité ce distique d'Ho race. Cette fois, l'exclamation de l'abbé Gratry fit écho à celle de Monseigneur. Etait-ce la montagne ou Horace qui la lui avait arrachée ? Quant à Monseigneur, c'étaient les deux à la fois : « Oui, il semble qu'Horace a vu ce que nous voyons, » répétait-il. De fait, rien ne manquait à l'exactitude du tableau, pas même le berger debout sur un mamelon et dont le regard s'était détourné de son troupeau, pour se fixer sur les promeneurs avec un étonnement naïf : « Ah ! ce naturel, cette vérité, cette poésie, voilà, reprit Monseigneur, ce qu'on veut enlever à la jeunesse ! » et un nuage passa sur son front ; mais ce fut court. Virgile, évoqué après Horace, y ramena la sérénité en confirmant le parallèle si souvent établi par l'évêque, entre le charme de la nature alpestre et la simplicité de l'art antique. « D'ailleurs, nous faisait-il remarquer, Virgile est le fils de la nature ; il ne s'en est pas seulement inspiré ; il l'a décrite avec une exactitude encore frappante après dix-neuf siècles, parce qu'il en a saisi les traits immortels, même dans les détails... Voyez, ajoutait-il, en nous montrant une chaumière, ne dirait-on pas que Virgile a vu la légère fumée s'élever de ce toit de chaume à l'heure où les ombres descendent des montagnes : *Et jam summa procul villarum culmina fumant.*

Les ombres étaient depuis longtemps tombées des montagnes, et enveloppaient la plaine quand les trois promeneurs arrivèrent à La Combe, ruisselants de sueur et couverts de boue. Monseigneur était rayonnant : « Malgré le triste temps, écrivit-il le soir même dans son Journal, je trouve La Combe plus que jamais un lieu incomparable. »

Mais le lendemain, après le déjeuner, Monseigneur chercha vainement l'abbé Gratry ; ne le trouvant ni dans sa chambre ni dans la grande salle, il le soupçonna de s'être égaré dans les petits bois à poursuivre quelque problème de métaphysique. « Peut-être le retrouverons-nous, » dit-il en partant, mais on ne le rencontra pas, et, le lendemain, force fut bien au Parisien fourvoyé dans les Alpes, d'avouer que, la veille, son absence à l'heure du départ n'était pas tout à fait fortuite. Habitué qu'il est à s'élancer directement vers les étoiles, en vertu du procédé dialectique, le candide penseur ne peut s'expliquer ce besoin d'ascensions terrestres qui tourmente l'évêque, il s'excuse de ne pouvoir le suivre, prétextant son travail... sa santé. Ce mot fait bondir Monseigneur : « Mais, mon ami, c'est précisément pour votre santé que je veux vous arracher à votre table de travail et vous faire respirer cet air incomparable. »

Et il représentait à son ami qu'une seule course n'avait pu lui révéler les innombrables beautés de nos montagnes et la variété de leurs aspects. Aujourd'hui, c'est une région absolument nouvelle qu'il veut lui faire explorer. A bout d'arguments pour se défendre, l'abbé Gratry, dans sa détresse, laisse alors échapper la funeste parole dont l'écho le poursuivra tout le reste de sa vie : *Mais, Monseigneur, toutes les montagnes se ressemblent.*

Un tollé général accueillit cette réponse. Monseigneur disait ce blasphème. Poète et artiste, l'abbé Gratry n'avait pas le sens des montagnes ! Quel étonnement pour l'évêque, quelle déception surtout ! c'était presque une atteinte portée à sa foi. Toutes les grandes âmes sont restées candides par quelque endroit : Mgr Dupanloup croyait à l'irrésistible séduction qu'il subissait lui-même, celle des Alpes ; mais jugeant dès lors l'abbé Gratry inconvertissable, il l'abandonna à la dialectique et il partit avec nous pour Crébarnou.

IV

Il ne fallait pas moins que Crébarnou, pour le dérober à l'écho des luttes religieuses qui le poursuivait jusqu'à La Combe. Le matin même, mon père lui lisait un journal et nous l'avions entendu s'écrier : « Ah ! les malheureux, ils ne comprennent donc point qu'ils nous feront jeter par la fenêtre. » C'étaient ceux que Léon XIII appelait naguère les intransigeants du bien, qui lui avaient arraché cette exclamation douloureuse. Ils l'arrachaient aussi à son repos en le forçant à défendre contre des catholiques la loi d'enseignement conquise sur les libres penseurs. Amer labeur, pour lequel l'évêque s'était enfermé plusieurs heures avec l'abbé Gratry et mon père. Après le déjeuner, un exprès emportait à Grenoble un volumineux paquet pendant que l'évêque allait chercher l'apaisante solitude des hauts sommets.

Par moment il aimait à revenir sur les épisodes de sa campagne alors si incriminée. Un jour il nous racontait comment, lorsqu'un vote de la loi ne dépendait plus que de M. Thiers, celui-ci y mettait pour condition que les Jésuites en seraient exclus. L'abbé Dupanloup ne faiblit pas. « Pendant une heure, nous disait-il, ce fut entre lui et moi, non pas une discussion, mais un duel, où M. Thiers avait déployé les ressources prodigieuses de sa dialectique. Je finis par m'adresser à son âme, et lui prenant les mains : « Vous qui « êtes un homme d'honneur, lui dis-je, comprenez donc que vous ne pouvez demander à l'Eglise d'abandonner les Jésuites ; c'est lui demander de faire une bassesse. Elle ne peut le « faire sans se déshonorer. » M. Thiers se rendit, subjugué par cette loyauté, cette fermeté. En sortant du Conseil on l'entendait répéter : « Il est très sincère, cet abbé Dupanloup, très sincère. »

Pauvre évêque, après avoir tant combattu pour l'Eglise, il était accusé de l'avoir trahie. Encore s'il ne se fût agi que de lui ; mais la cause, la chère cause de l'enseignement chrétien, qui était la cause des âmes, celle de la France et de l'Eglise, ce déchirement des forces catholiques venait la compromettre, reculer la victoire chèrement acquise, et les positions conquises par dix ans de luttes sur le terrain de la liberté.

V

Au moment de son départ pour La Combe, accablé par les tristesses du présent, les prévisions douloureuses de l'avenir, il avait senti le besoin d'un viatique pour son âme. Il était allé le chercher comme toujours dans sa chère Savoie, et le tombeau de saint François de Sales avait été son premier et bienfaisant pèlerinage.

Puis il en avait fait un autre seul à pied (1), retrouvant après tant d'années les sentiers qu'il avait suivis avec sa mère jusqu'au coteau de La Puya où le temps semblait avoir respecté tous ces souvenirs. Il reconnut le vieux bois de châtaigniers, les chaumières semées dans la prairie, et, un peu à l'écart, celle de la vieille Françon, où il s'attardait à jouer avec la chèvre de la bonne femme, pendant que sa mère l'attendait dans la chapelle de Notre-Dame Auxiliatrice, où il allait la rejoindre à l'heure du soleil couchant. Aujourd'hui c'était lui, l'enfant de jadis qui revenait évêque ; et repassant d'un coup d'œil cet intervalle

(1) Son journal complète ici le souvenir des confidences qu'il fit à mon père.

de trente années : « Comme la confiance renaît là toujours, disait-il, dans la vue claire de la bonté de Dieu, et dans le souvenir présent de ses incroyables bienfaits ! »

Dans ses courses alpestres, la grâce de ce pèlerinage se prolonge, se renouvelle. Il faut avoir connu de près Mgr Dupanloup pour bien comprendre ce que la montagne a été dans sa vie d'homme et de prêtre. Le cadre de son enfance d'abord, mais aussi la beauté qui avait éveillé son âme, et où cette âme lasse des obsessions du monde, de ses passions, de ses bassesses, venait apaiser sa soif de grandeur, de sérénité et de vérité. La solitude de son cabinet ne lui eût pas suffi. Il fallait le grand horizon à sa pensée, à ses souvenirs, à sa piété même ; car après l'autel, c'est à la montagne qu'il retrouve Dieu de plus près, la lumière pour le travail, et la présence sensible des âmes qu'il a aimées.

Aussi le voyons-nous braver les frimas prématurés de l'automne pour ses ascensions quotidiennes. Dans l'air pur des glaciers, il n'allait pas seulement rafraîchir sa tête brûlante, et ranimer la lumière toujours vacillante de son œil ; il allait y chercher pour son âme le *locum refregerii et pacis*, ainsi que nous le trouvons écrit sur son Journal, que contrôlent et complètent nos souvenirs. Car tous les soirs, il rend compte sur ce Journal de la promenade du jour, mais il la trouve toujours trop rapide ; et surtout il en voit finir la série trop tôt. Le 1er octobre il écrit : « Prélong, col délicieux, soleil, solitude !... toutes ces courses admirables... mais il y faut donner le temps... pour se reposer, voir, goûter tous les détails de ces incomparables lieux. »

Après le repos sacré de l'autel, et celui de cinq heures quotidiennes de prière, dont la place était à jamais gardée dans sa vie, le repos de la nature avec Dieu et ses souvenirs, ce repos-là lui était aussi nécessaire, et lui avait trop manqué depuis deux ans. Son action deviendrait moins féconde faute de ce repos qui était un retour à ses sources. Il se disait cela en revenant de Prélong dans la soirée du 1er octobre ; et quelques mots recueillis par mon père, et écrits dans son Journal témoignent qu'alors comme toujours, il méditait et consultait Dieu, avant de se décider à régler sa vie.

VI

Le ciel descendit dans la petite chapelle de La Combe le 2 octobre, où l'évêque d'Orléans allait confirmer l'enfant, qu'avait ranimée onze ans auparavant la première bénédiction de l'abbé Dupanloup.

La cérémonie commença vers 8 heures : Monseigneur monta à l'autel, assisté de l'abbé Gratry et de l'abbé Rey ; Félix et Raymond, habillés en enfants de chœur, étaient à genoux sur les marches de l'autel, et derrière eux, autour de la jeune confirmante, ses parents, le bon curé et quelques amis, qui étaient pour elle un prolongement de la famille.

Tous étaient émus et l'évêque plus que tous.

Pour la première fois, il avait pris la parole dans la chapelle. Comme l'ange de Dieu il appelait la paix sur la demeure de ses amis, *pax huic domo*, et sa voix s'éteignit dans les larmes. Ce jour-là en effet, le don de Dieu s'était consommé pour cette demeure comme pour les âmes. La Combe était définitivement adopté par celui qui avait résolu d'y planter sa tente. Et partant deux jours après, il écrit sa décision d'y revenir tous les ans.

La plaine et le demi-repos de La Chapelle ne suffisaient ni à son âme ni à ses yeux malades. Il résolut donc de faire dans sa vie une part au repos, et de prendre ce repos à La Combe après un pèlerinage en Savoie.

Tout l'avenir de La Combe, et ce que ma mère appelait sa vocation, était fixé par cette décision.

CHAPITRE IX

I. Retour en 1852 avec l'abbé Gaduel. — II. Visite à Grenoble. M. Gaduel et les classiques latins. — III. Promenades avec M. Gaduel à Saint-Jean et à Sainte-Agnès. Extraits du Journal de Monseigneur. — IV. Retour par la Savoie, Einsiedeln et pèlerinage à Besançon au tombeau du cardinal de Rohan. Ses impressions. — V. Voyage d'Albert du Boys à Frohsdorff. L'abstention.

I

Mgr Dupanloup ne devait plus être désormais pour La Combe un visiteur de hasard ni de passage. Il avait choisi le lieu de son repos dans ce nid de la montagne, où tout était à lui et pour lui.

Trois vies fondues en une seule s'y étaient fondues dans la sienne. Il apporterait à La Combe son travail, ses œuvres, il y amènerait ses collaborateurs, il y appellerait ses amis. Pourquoi pas ?... A toutes les époques et même en l'absence de mes parents, ne trouverait-il pas son foyer fidèlement gardé par Isabeau, « la fée de La Combe », disait l'évêque, dépeignant ainsi d'un trait la frêle créature qui glissait sans bruit et presque inaperçue dans la vieille demeure, à laquelle un dévouement de quarante années l'avait vraiment identifiée.

Il était donc bien décidé à revenir pendant l'été de 1852 ; mais comme toujours et malgré nos instances, après être arrivé par un excès de travail à ce point où la fatigue congestionnait de nouveau sa tête et son œil. Aussi déclina-t-il la requête de la Société de Saint-Vincent de Paul, de Grenoble, dont mon père, une seconde fois, s'était fait l'interprète.

« Quant au sermon que vous me demandez, hélas ! j'achève mes tournées, mes visites et mes prédications pastorales, et je vous avoue qu'il ne me reste de force que juste ce qu'il en faut pour jouer avec Félix au bout de la grande allée et monter à Crébarnou à âne. »

Il s'arrache aux accablements d'Orléans, puis à ce tourbillon de Paris qui le ressaisit toujours au passage, en rendant plus ardente son aspiration vers la solitude et la paix de la montagne, loin de la foule et du monde.

Le 22 juillet, il est à Grenoble. « A 2 heures, écrit-il, départ pour La Combe, joie du retour en ces belles montagnes... ces beaux arbres si touffus. »

La joie ne fut pas moindre à La Combe, quand les clochettes des bœufs attelés devant la voiture se firent entendre au tournant des rampes. Un moment après, Monseigneur débarquait dans la cour, et on déballait tous les objets familiers, qui accompagnaient l'évêque comme jadis l'abbé Dupanloup : son vieux sac de voyage plein de livres, sa lorgnette, le portefeuille de M. de Talleyrand, contenant ses papiers et son bréviaire, mais de plus le chapeau à gland d'or qui, jeté sur le billard, était destiné à essuyer toute la poussière de la grande salle, jusqu'à ce que le départ, ou une visite de cérémonie à faire, rappelât son existence et la nécessité de le substituer au parapluie seul requis à La Combe pour protéger la tête de l'évêque.

Cette pauvre tête en feu, avec quels délices il la baignait le soir dans la brise rafraîchissante qui venait du glacier.

« Monseigneur, voilà de l'air tout neuf, de l'air qui n'a servi à personne, ce n'est pas comme l'air de Paris. »

Celui qui interpellait ainsi l'évêque n'était autre que son compagnon de voyage, l'abbé Gaduel, vicaire général d'Orléans, lui aussi !... Il avait jusqu'alors un peu disparu dans l'ombre de l'évêque ; mais introduit dans la conversation par cette exclamation originale, il y prit dès lors une part active. Avec un esprit très fin, son air de bonhomie, il nous raconta maintes histoires provençales, auxquelles son accent marseillais donnait toute leur saveur. Monseigneur, qui était déjà initié, encourageait la verve de son vicaire général, et les enfants, comme on nous appelait encore, riaient de bon cœur, mais pensaient tout bas aux étoiles de l'abbé Gratry.

II

Le lendemain, Monseigneur retrouva la grande allée, « ce palais de verdure et de fraîcheur, disait-il, où Dieu est si grand et si bon ».

Au-dessus des deux allées superposées que l'on comprend sous cette commune appellation, mon père avait fait tracer pour l'évêque une petite allée abritée par le feuillage des deux autres contre le soleil couchant. Il y avait dès le matin introduit Monseigneur, et à 6 heures, alors que les derniers rayons du soleil pénétraient obliquement dans les grandes allées à travers le voile frémissant de leurs grands ombrages, il eut la joie de voir Monseigneur se réfugier dans la petite allée, son allée désormais. L'évêque y récita son bréviaire après avoir écrit ou dicté soixante lettres dans la grande salle. Il en fit autant le lendemain ; ce qui ne l'empêcha pas d'appeler dans son Journal ces deux journées des journées de repos.

Après avoir liquidé ses arriérés de correspondance et de fatigue, venait le tour d'une liquidation de conscience. En arrivant à La Combe, il avait fait à ma mère sa question ordinaire : « Mon enfant, attendez-vous bientôt le bon curé ?

« C'est que c'est comme l'histoire de Barbe-Bleue, s'il ne monte pas, il faut que je descende : j'ai besoin de lui pour mon âme. »

Le curé ne pouvait-il de sitôt monter, je ne sais, toujours est-il que la pluie ayant succédé à la grande chaleur, Monseigneur en profita pour descendre, et déjeuna chez l'évêque de Grenoble.

M. Gaduel, remplacé par mon père auprès de l'évêque, resta à La Combe pour travailler, et dans les intervalles il vint causer avec nous, ou plutôt traiter devant nous *ex professo* la question brûlante du jour, la question des auteurs classiques que Mgr Gaume et l'*Univers* travaillaient à proscrire de l'éducation chrétienne. La conversation fut reprise le soir avec Monseigneur, et M. Gaduel développa toute son argumentation à partir de ce dilemme : ou les auteurs classiques seront abandonnés par l'Université ou ils seront conservés. Or s'ils sont abandonnés et remplacés par des auteurs chrétiens, voilà des adversaires, ou tout au moins des ignorants de la religion qui expliqueront l'Evangile et les Pères. Ils n'eussent pas fait des païens avec Virgile ; avec nos saints livres profanés et faussés, ils feront des hérétiques ou des libres penseurs. L'Université au contraire conservera-t-elle les auteurs classiques, voilà les études des petits séminaires vouées à une infériorité nécessaire : d'où une barrière nouvelle élevée entre l'éducation chrétienne et l'éducation universitaire. Donc il faut conserver les auteurs anciens soigneusement expurgés.

Cette thèse stratégique, en quelque sorte, avait reçu plusieurs fois l'approbation que Monseigneur donnait chaleureusement à tout ce qui lui paraissait juste et utile dans la pensée des autres.

Mais pour lui, la question se posait autrement. Ce qu'il voyait avant tout, là comme partout, c'étaient les âmes : les âmes à élever vers le bien, par le beau. Car, s'il voulait nourrir les enfants de la plus pure substance du génie antique, c'était moins pour en faire des hommes de parole et de plume, que pour en faire des hommes d'un goût pur et élevé, capables de saisir en toutes choses ce rayon de beauté qui est le reflet de Dieu, et qui ennoblit l'âme à son contact.

Cette doctrine de Monseigneur, mon père la confirmait par un retour sur ses impressions de jeune homme, et, avec sa candeur ordinaire, il racontait à l'évêque comment, dans plusieurs circonstances où certains périls cachés n'eussent pas alarmé sa foi, c'était son goût du beau qui l'avait préservé, en gardant pour ainsi dire les abords de son âme. Ce que mon père avait appris par sa propre expérience, ma mère l'avait compris par une intuition d'amour maternel, et elle avoua doucement à Monseigneur qu'elle faisait tous les jours cette prière : « Mon Dieu, gardez à mes enfants l'âme et le goût purs. »

III

Le lendemain, Monseigneur avait hâte de reprendre son vol vers les montagnes. C'est en vain que l'abbé Gaduel, relevant sa tête un peu projetée sur son épaule gauche, et aussi les massives lunettes qui ombrageaient son petit œil noir, demande si à l'aide d'un très bon télescope on ne pourrait pas voir de loin les montagnes d'une manière tellement distincte que l'on serait dispensé de les aller voir de près. M. Gaduel semblait placé auprès de l'évêque comme une preuve certaine que si la lettre ne tue pas l'esprit, l'esprit ne vivifie pas la lettre. Mais si le rigide logicien ne sent pas, comme Monseigneur, le besoin d'aller contempler ces hautes montagnes de près, il connaît son devoir de suivre son évêque partout, « comme le diacre saint Laurent, mon patron », lui dit-il. Et il s'embarque vaillamment, muni d'un énorme bâton de houx ferré : car on pouvait rencontrer des ours, des loups, même des serpents. En vue de ces dangers non pas certains ni probables, mais possibles, il était prudent de se mettre en état de défense. Ce diapason d'héroïsme ne se soutint pas longtemps. Le Marseillais, avec sa bonhomie fourrée de malice, reparut bientôt dans le théologien lorsque, montant la côte abrupte du mas Lary, il entama des histoires provençales ou sulpiciennes, s'arrêtant aux endroits les plus palpitants, debout devant Monseigneur, le doigt levé comme pour lui imposer l'attention... et le repos.

Quant à Monseigneur, il jouissait de retrouver la haute montagne à une si faible distance de notre demeure, ce qui en faisait pour lui le grand charme. La Combe est en effet posé au premier étage des Alpes et au-dessous des pics aigus de Belledonne, au pied desquels les glaciers de la Cytre et de Freydane semblent dormir dans leur blancheur immaculée. De ces glaciers jaillissent deux torrents qui déchirent les montagnes et forment les deux gorges de Saint-Mury et de La Combe.

C'est là que soit sur un versant, soit sur un autre, Monseigneur trouvait à toutes les heures la fraîcheur du torrent et l'ombre de la montagne ; celle aussi des châtaigniers séculaires qui couvrent les pentes de Saint-Mury.

Entre ces deux gorges s'étagent les sommets qui furent visités tant de fois par l'évêque : Les Rivoires, Crébarnou, La Cochette et enfin Greppa, dont les troupeaux de Provence broutent le fin gazon. Au delà commence la région des sapins, et plus haut encore les rochers nus avec leurs lacs glacés où viennent boire les chamois.

Tel était le théâtre ordinaire des excursions de l'évêque. Ce jour-là il était question de remonter le cours du torrent pour présenter à M. Gaduel les hameaux de La Combe situés sur les rives de ce torrent. Mais mon père prétendait montrer du nouveau à l'évêque : après avoir traversé le torrent sur le pont du Martinet, au lieu d'en remonter le cours, on le laissa sur la gauche pour gravir laborieusement la pente assez rude du mas Lary.

Quand on toucha enfin le faîte, sur l'autre versant de la montagne, on vit émerger de la verdure, dans un creux de la vallée, un clocher du douzième siècle, celui de la petite église de Saint-Jean-le-Vieux.

C'était une découverte pour Monseigneur, et tout le charma dans ce coin de paysage encore inconnu : les vergers, les chaumières, ces braves gens. « On ressent dans ces lieux, écrivit-il le soir même dans son Journal, on ressent l'impression d'une paix profonde... De là on s'étonne de l'agitation de la terre et des villes... je me représentais tant de familles bénies de Dieu qui avaient vécu là tranquilles. *Beatus ille qui procul negotiis.* »

Pauvres paysans de Saint-Jean ! Pendant qu'ils se pressaient à la porte de leur église pour recevoir la bénédiction de celui qui leur paraissait si grand, pouvaient-ils se douter qu'il enviait leur obscurité et le calme de leur petite vallée, qu'il venait y oublier Paris et cette grande vallée des passions humaines, où il faudrait bientôt se replonger, mais après s'être imprégné de silence, de paix, d'air pur et de hautes pensées, de tout ce qui devait le soutenir dans les labeurs dont le mot d'ordre était de plus en plus pour lui : indulgence et patience.

Ma mère et moi nous n'avions accompagné Monseigneur que jusqu'au mas Vanier où ma mère avait des malades à voir. Mais quand il revint le soir avec son expression souriante et attendrie, nous comprîmes que ce que nous appelions la grâce de la montagne l'avait ressaisi. Il était alors plus paternel encore pour les enfants qui étaient allés à sa rencontre, puis il s'était hâté de descendre à la chapelle, après avoir quitté ses fameux souliers de montagne. Prosterné sur son prie-Dieu, près de la fenêtre ouverte, la tête baignée dans l'air du soir, qui faisait vaciller la petite flamme de la lampe allumée devant le tabernacle, il restait là immobile jusqu'au dîner : souvent il fallait que Félix allât timidement lui dire tout bas : « Monseigneur, le second coup a sonné. » Réveillé de sa prière, il se levait alors et faisait une petite croix sur le front de cet enfant chéri, par lequel il se laissait ramener au milieu de nous.

Un autre jour, malgré un temps couvert, nous partîmes dans une direction opposée. Après avoir franchi les eaux magnifiques du torrent de Sainte-Agnès, nous fûmes arrêtés par la pluie. Une grange bien connue nous servit de refuge. Mon père nous y fit une lecture de P.-L. Courier, dont Monseigneur a noté l'intérêt aussi bien que la douceur de ce repos sur le foin embaumé. Le soleil nous fit interrompre ce repos, nous étions au pied de la montée de Sainte-Agnès. Ce village et celui de Saint-Mury se font vis-à-vis, sur les deux versants de la gorge qui porte leur nom. L'un pauvre, au revers, dans l'ombre, éclairé par de courts rayons de soleil ; l'autre tout baigné de lumière, sur la pente dorée de belles moissons, commandé au pied même de Belledonne par les poétiques ruines du vieux château du Fey, se prolonge par une série de hameaux jusqu'à la gentilhommière relativement moderne de Lavilardière. De ce point extrême on embrasse d'un côté les profondeurs austères de la gorge, et de l'autre, par une large échappée, les riantes perspectives du Graisivaudan.

C'est là que nous allions nous diriger, l'occasion étant favorable, pour inaugurer les services d'un petit âne qui nous suivait et qui jusqu'ici n'avait servi qu'à M. Gaduel. Enfin l'évêque céda aux instances de mon père, il fit l'ascension de sa monture qui d'abord parut médiocrement flattée de l'honneur qui lui était échu, puis, résignée à le subir, releva la tête et partit bravement. Monseigneur, avec son esprit pratique, s'arrangea de suite pour tirer un double parti de ce pacifique animal, et comme il en abandonnait absolument la direction à son petit conducteur, il s'établit, son parapluie d'une main et de l'autre son bréviaire, qu'il se mit à réciter aussi paisiblement que s'il eût été agenouillé sur son prie-Dieu épiscopal. Nous le rejoignîmes au haut de la montée où il mit pied à terre, très satisfait de cette expérience. Désormais, l'âne de Monseigneur devint une institution.

M. Gaduel avait disparu depuis un moment ; nous l'aperçûmes de loin en grand colloque avec un paysan auquel il parlait de son salut. Ils cheminaient très amicalement, lorsque M. Gaduel remarqua sur le chemin un trou peu apparent, mais profond. Il observa qu'un animal, un enfant et même un homme fait pouvait s'y engager la jambe et se la casser. Tout en faisant cette démonstration à son compagnon de route, il avisa une grosse pierre qu'il alla chercher et qu'il déposa dans le trou avec grand soin, s'assurant qu'elle le bouchait complètement, en la recouvrant de terre à l'aide de son bâton ferré. Pendant ce travail, le paysan était stupéfait, enfin : « Oh ! Monsieur le curé, s'écria-t-il, comme vous avez de la charité... de la charité !... »

Le bon M. Gaduel était tout heureux de cette rencontre inoffensive et qu'il avait rendue féconde. Je crois qu'à partir de ce moment, la pensée de faire de l'apostolat nomade le réconcilia avec les courses de montagne.

En revenant à La Combe, Monseigneur retrouva ses lettres, ses journaux, l'*Ami de la Religion.* Il fallait se remettre au travail. Il fallut aussi subir le lendemain la visite d'un jeune vicaire, lecteur et disciple de l'*Univers*, qui, en présence de l'évêque, du bon curé et de M. Gaduel, trouva à propos de *s'affirmer*, selon un terme consacré. Il lança une virulente tirade sur l'ingratitude de cinquante évêques de France envers M. Veuillot. Monseigneur sourit tristement : « Ces pauvres enfants sont incapables de résister à cet enseignement, à ces articles de chaque jour, » nous dit-il, après le départ des visiteurs, et il retourna s'occuper de l'*Ami de la Religion.* Car cet incident lui démontrait une fois de plus la nécessité d'un journal modéré et grave pour le clergé.

Cette note de douceur s'accentue encore dans son Journal qu'il rouvre au retour d'un pèlerinage fait avec mon père à Notre-Dame de l'Ozier et à l'abbaye de Saint-Antoine. Il revient ravi des beautés artistiques de la vieille basilique cistercienne, mais attristé de son abandon, et troublé des révélations faites par ses archives : « Voilà donc les temps qu'on nous vante, » dit-il à mon père, qui en sa qualité d'historien est plus cuirassé que l'évêque contre la vision des maux du passé. Mais ce qui repose la tête et le cœur de l'évêque, c'est la montagne, c'est cette pure beauté que rien n'altère et qu'il va chercher de nouveau dans ses lieux de prédilection.

De retour d'une de ces excursions, il écrivait : « Il y a eu sur les bords de ce torrent des passages incomparables... un surtout... le charme ne peut aller plus loin. Comme Dieu est présent en ces beaux lieux ! Quelle consolation de le sentir si près et soi si loin du monde et des passions humaines ! Quelle paix ! et puis cet aimable enfant (Félix). Et au retour, délicieuse marche solitaire aux derniers rayons du soleil... en priant... »

Et un autre jour :

« Fini les disputes... Beaucoup supporter... Le silence pour Dieu bien gardé est la plus digne réponse... Quel bel ordre dans cette grande nature ! quelle sublime harmonie résulte de toutes ces créatures jetées çà et là... en désordre apparent et qui toutefois forment un tableau si parfait... ces arbres, ces bosquets, ce torrent, ces ruisseaux de toutes parts, jusqu'au fond de la vallée... ces troupeaux paissant au penchant des grands coteaux verdoyants... ce beau ciel, le souffle des vents, les rayons du soleil à travers tout cela. Puis les neiges éternelles aux derniers sommets... et nous errants solitaires... et la présence de Dieu si sensible... Bréviaire et chapelet au sommet du coteau dans cette vallée sublime et tranquille... Douce et sainte prière... joie et confiance en cette bonne sainte Claire, long et sublime regard sur cette grande vallée des misères humaines. »

IV

Le jour du départ était arrivé. J'allais rejoindre ma grand'mère à Aix, avec mon père, qui accompagnait Monseigneur et devait le suivre à

Annecy et à Menthon. Une voiture découverte nous emporta à travers la vallée étincelante de soleil. Monseigneur coucha à Chambéry et s'arrêta le lendemain une heure à Aix pour la passer avec ma grand'mère. Il nous quitta vers 2 heures. Le soir, à table d'hôte, on s'occupait beaucoup de son passage. Un prêtre, notre voisin, exprima le regret très vif de n'avoir pu au moins l'entrevoir. Il parla de lui avec un air de connaissance et un accent d'affection enthousiaste, qui me le rendit très sympathique. Le soir je demandai son nom à ma grand'mère. C'était l'abbé J. Morel.

Monseigneur avait poursuivi sa route avec mon père qui, de moins en moins, parvenait à se passer de vivre auprès de lui. A Annecy, la même hospitalité les attendait à l'évêché. Mgr Rendu les reçut avec une cordialité qui chez lui s'unissait à un esprit très actif et très cultivé. Il avait contribué à développer dans les prêtres de Savoie les fortes études théologiques, auxquelles se prêtaient la solidité de leur esprit. « La science, nous l'avons », disait-il à Monseigneur en lui parlant de cette Savoie, que tous deux aimaient et représentaient avec une personnalité si différente. Mgr Rendu devait accompagner ses hôtes à Menthon, où il était fort apprécié et recherché. On était convenu de partir de suite après le dîner de midi. « Jusque-là, j'ai affaire », dit Mgr Dupanloup à M. Gaduel, et il sortit seul, sans vouloir être accompagné même par mon père.

A midi, point d'évêque d'Orléans, un quart d'heure, une demi-heure se passent : enfin il arrive, mais trempé de la tête aux pieds et avec cet air réservé qui arrête les questions sur les lèvres de ses amis. Le dîner et la course de Menthon s'achevèrent sans qu'on soit revenu sur l'incident du matin. Mais le soir, sur la terrasse de Menthon, où mon père se trouve seul avec lui, l'évêque lui fait sa confidence ou comme il lui dit : sa confession.

Il lui conta alors qu'ayant quatre heures devant lui, il avait voulu retrouver près d'Annecy une chaumière où il allait souvent boire du lait, et surtout un bois où, étant enfant, il s'était égaré avec une jeune tante, grande lectrice de Rousseau, et avait été obligé de passer la nuit. Or il s'était égaré une seconde fois ce matin même dans un taillis épineux d'où il n'était sorti qu'à grand'peine, ses mains, son parapluie déchiré, et sa soutane trempée par la rosée. Ce qu'il y avait de plus grave, c'est que son chapeau d'évêque avait disparu, et impossible de rentrer dans ce fourré d'épines pour aller le rechercher. Heureusement, près de la chaumière qu'il avait retrouvée, un paysan était là qui labourait : « Je l'appelai, dit Monseigneur, et lui fit la singulière ouverture que voici : Mon ami, pouvez-vous aller à la ville m'acheter un chapeau de curé et me le rapporter ? » Le brave homme hésita un peu, puis il se décida à partir et revint au bout d'une heure, me rapportant un très beau chapeau qui me va très bien et qui n'est pas trop cher. Après l'avoir payé et récompensé : « Ce n'est pas tout, mon ami, lui ai-je dit, j'ai perdu dans ce bois un chapeau d'évêque ; cherchez-le, il sera pour vous et il y a dessus pour 90 francs d'or. » Le paysan, commençant à se douter que ce n'était pas un curé ordinaire, resta stupéfait pendant que ledit curé se hâtait de regagner l'évêché avec le chapeau savoisien qui fut longtemps son chapeau de voyage. Il n'en était que mieux à l'abri de cette curiosité qui déjà commençait à le poursuivre et qui devait être bien autrement persécutrice quelques années plus tard.

Deux jours après, Monseigneur prenait la route d'Einsiedeln et mon père, rappelé à La Combe, résista héroïquement aux instances de l'évêque pour l'accompagner dans ce pèlerinage, où il devait trouver une grâce qui le fixa. Nous en eûmes les échos dans ses lettres et dans ses conversations dont j'ai noté bien des fois les accents émus. « C'est le palais de la prière, nous disait-il d'Einsiedeln : C'est vraiment le ciel, on y touche. Là on entend les accents de la Jérusalem céleste, ou plutôt des âmes militantes, gémissantes et confiantes... j'éprouvai une consolation incomparable à jeter là mon âme au milieu de ces âmes, de ces prières...

« Puis les impressions de la nature s'ajoutent à celles du sanctuaire, j'allai après dîner dans ces hauts et saints lieux, élever, reposer et rassasier mon âme... en chantant toujours : c'était délicieux... La paix, la paix, la patience, le silence. Il n'y a que cela de bon, je le crois. Oh ! les hommes, les hommes ! »

Il y a quelque chose de saisissant à voir cette grâce d'élévation sereine s'emparer de cet athlète, que Dieu prépare à tant de combats, en lui faisant toujours plus ardemment aspirer à la paix. On suit en quelque sorte les progrès de cette grâce à travers toutes les impressions de ce voyage, témoin cette page que nous détachons de son Journal.

« Départ le lundi 23 à 10 heures. Dernier regard sur Einsiedeln, pluie sur la hauteur, puis beau temps à Schwytz. Doux et paisible bréviaire, seul à l'ombre près du B. au milieu de cette belle et majestueuse nature. Dîner tranquille auprès de ce beau lac, puis incomparable course jusqu'à Lucerne. Rien ne se peut de plus admirable. Au milieu de ces grandes scènes de la nature où Dieu est si bon et si grand, les hommes et leurs tristes passions disparaissent.

« Tout ce qu'ils peuvent et font n'est rien ; l'âme est si élevée, si remplie d'admiration et d'attendrissement que leur triste souvenir et leurs amertumes n'y ont plus de place. On ne comprend pas qu'en des lieux pareils il y ait des passions... »

Le dernier trait de cette grâce le frappa à Besançon, devant le tombeau d'un de ses protecteurs les plus chers, le cardinal de Rohan. Là comme à Annecy, comme dans les montagnes de La Combe, il revit son passé, ce passé si cher dont le souvenir présent et vibrant l'accompagne et le soutient jusqu'à ses derniers jours.

« 27, Besançon. — Cardinal de Rohan... Souvenirs de La Roche-Guyon, si pleins de douceur, de noblesse, de pureté, de grâce, de Dieu. Puis de Courcelles... Douceur inexprimable de repasser ces chers souvenirs... près de ce village si digne et si tendre... Annecy, *mon lac*, puis Saint-Sulpice et ma première Communion, puis la petite communauté et le duc de Rohan venant m'élever, m'ennoblir... ouvrir à mes regards, à mon cœur de si doux, de si nobles horizons... avec ces émotions, ces pensées qui ne se définissent pas... que Dieu fut bon pour moi en m'envoyant ces hommes excellents dont la bonté fut pour moi la sienne... Première entrevue à la première Communion... puis au séminaire, puis en vacance de troisième... Puis M. Borderie. Courcelles... En présence de ces doux souvenirs... que tout ceci n'est rien. *Quand on a reçu tant de biens de Dieu, on peut bien recevoir quelque mal des hommes*. Il y a même une grande douceur à recevoir le tout en silence... Je ne pouvais pas m'éloigner de ce marbre... La foudre éclatait... Il me semblait que j'aurais été trop heureux de mourir dans ce doux et profond sentiment de reconnaissance envers Dieu. »

Ce fut là le point final de ce voyage après lequel il dit son *Te Deum* accoutumé mais *ex fide et imo corde*, et il y ajoute : *pro veritate et justitia ad mortem usque certemus*. C'est qu'il pressentait que le moment des grandes luttes approchait. Le 1er octobre, il écrivait à mon père : « Nous marchons à l'Empire, c'est-à-dire à l'abîme. »

V

Mon père, de son côté, lui confia le dessein que lui avait inspiré l'annonce du voyage triomphal du prince qui allait devenir Napoléon III. C'était d'aller porter au fils de saint Louis en exil l'hommage d'une fidélité qui était une vertu de race, mais aussi de chercher dans ce pèlerinage un espoir pour l'avenir de la France, une lumière pour diriger celui de ses fils.

M. Mollière, ami de mon père, devenu celui de Monseigneur, l'accompagnait dans ce voyage. Grenoble se pavoisait pour recevoir le président de la République, lorsque mon père partit pour Frohsdorff. Quarante ans auparavant, Grenoble assiégé acclamait la nouvelle du départ de l'Empereur et du retour des Bourbons, et un enfant de dix ans, échappé à la surveillance de sa mère, partait à pied pour Paris, où il voulait être le premier Dauphinois à complimenter Louis XVIII. Tout l'homme était dans cet enfant qui avait respiré cet amour du roi que les hommes actuels ne comprennent plus. Car l'Etat, c'est-à-dire une abstraction, remplace cette personnification de la patrie que l'on appelait le roi. Grande fut l'émotion de mon père lorsqu'en arrivant à Frohsdorff il revit la fleur de lys, le palais de l'exil et le roi auquel il avait gardé la fidélité de son premier serment. Ce fut avec une émotion plus grande encore qu'il put saluer pour la première fois la fille de Louis XVI dans ce nouvel exil.

Il passa plusieurs jours à Frohsdorff, accueilli avec effusion par le comte de Chambord qui l'entretint longuement à plusieurs reprises, et même le consulta, car il lui demanda pour la réorganisation de la magistrature un travail important. Néanmoins, malgré le prestige qu'exerça sur lui cette personnalité royale, dont la bienveillance augmentait encore le charme, mon père eut le courage de la vérité ; il parla avec force contre l'abandon des carrières imposées aux légitimistes, il osa prédire au prince les maux qui en résulteraient pour sa cause et pour le pays ; il le supplia au moins de faire pour les fonctions municipales et gratuites la même exception que pour les carrières militaires, il lui parla de mon oncle, du bien qu'il faisait dans son pays en étant maire et conseiller général. « Il est sur une pente bien glissante, » répondit le prince. Son mot d'ordre était absolu ; mais sa confiance invincible dans sa destinée commençait dès lors à s'appuyer sur des motifs mystiques plus que sur des raisons politiques. Cet ensemble de dignité, d'absolutisme et de douceur, de noblesse chevaleresque et d'illuminisme, laissait déjà entrevoir ce qui manquait à ce caractère et à ce jugement, pour apporter le salut à la France.

La fusion était aussi subordonnée à la question du drapeau. En résumé, mon père quitta Frohsdorff le cœur subjugué, mais l'âme inquiète, et bien loin de partager les illusions dont se grisait l'entourage du prince.

A Vienne, il eut avec M. de Metternich une longue conversation qui acheva de l'éclairer sur la situation de l'Europe, et il revint se disant que le prince entrait dans une voie où il se perdait et perdait le trône, ce qui livrait la France à l'Empire. Or l'Empire mettait Rome et la liberté de l'Eglise en péril. C'est le sombre pronostic qu'ils échangeaient avec Mgr Dupanloup et l'un à l'autre se renvoyaient ce double écho :

Pauvre prince, Pauvre France !

CHAPITRE X

I. Retour en 1853 avec l'abbé Poirée. Les hôtes de La Combe. M. Revilloud, professeur d'histoire, et l'hagiographie. M. Cousin et les Carmélites. — II. Le château de Menthon. Mme de Menthon. Le baron d'Eckstein. — III. Visite du P. Lacordaire.

I

L'année suivante, l'état des yeux de l'évêque d'Orléans lui faisant devancer l'époque ordinaire de ses vacances, il arriva à La Combe le 26 juin, « avec un saint », nous avait-il écrit, un saint et un malade, l'excellent curé de Montargis, l'abbé Poirée qui avait épuisé ses forces au service de cette grande paroisse. Avec sa sollicitude ordinaire pour ses prêtres malades et son imperturbable confiance dans l'air vivifiant des Alpes, Monseigneur avait amené l'abbé Poirée et l'entourait de soins affectueux. Ainsi l'avons-nous vu agir maintes fois pour des prêtres infirmes, jeunes ou vieux qu'il amenait lui-même ou qu'il envoyait à mes parents, avec les recommandations les plus détaillées sur les soins nécessaires à chacun.

L'abbé Poirée, Orléanais pur sang, auquel la vue d'une prairie en pente donnait le vertige, n'était pas un compagnon pour les courses de l'évêque. Mais il se promenait paisiblement sur la terrasse ou dans la grande allée ; surtout, il faisait de longues stations à la chapelle, nous édifiant par la ferveur de sa prière et la sérénité de son âme au milieu de ses souffrances.

Monseigneur laissait donc M. Poirée sous la garde des infirmières de La Combe, et il reprenait la série de ses excursions alpestres suivi de mon père, son inséparable mais non pas son seul compagnon. Car un groupe d'amis commençait à se former autour de l'évêque, et c'était à qui aurait le bonheur de jouir de son intimité dans la montagne. C'était d'abord les Larnage dont la vie se fusionnait avec la nôtre, et qui ensemble ou séparément venaient partager le bonheur que sa présence nous apportait à tous.

Puis ma tante de Saint-Maurice, la sœur très aînée de mon père, qui lui avait servi de mère pendant les années de sa jeunesse. D'un esprit très ferme et très lucide, elle avait, comme mon père, un sens historique remarquable, un goût d'érudition servi par une admirable mémoire. Sa fille, la comtesse de Bernis, était au contraire portée vers les études de philosophie et de théologie. Et cette tournure d'esprit contrastait avec son expansion toute méridionale, qui la faisait prendre au premier abord pour un esprit tout en surface. Monseigneur aimait à interroger la mère sur l'histoire du Dauphiné, mais grande fut sa surprise quand il entendit pour la première fois la fille disserter sur les ouvrages ascétiques, tels que le *Château de l'âme* de sainte Thérèse ou le *Traité de la nuit des sens* de saint Jean de la Croix, et cela avec autant d'aisance et d'entrain que s'il se fût agi d'ouvrages de littérature moderne. La mysticité ne diminuait d'ailleurs ni l'amabilité de la femme du monde, ni l'activité de la mère d'une famille de dix enfants. Elle laissait même subsister chez la Dauphinoise un goût très vif pour les grandes courses de montagne. Elle y suivit quelquefois Monseigneur et se faisait suivre par ses enfants à mesure qu'ils en avaient la force.

Jules, son fils aîné, qui prenait d'assaut les glaciers et apparaissait tout à coup sur des sommets inaccessibles avant lui à tout autre qu'à des chamois, était alors un élève du collège de l'Assomption de Nîmes, où l'abbé d'Alzon avait, dans sa plus large étendue, mis en pratique la théorie du *vers rongeur* en remplaçant dans les études les auteurs classiques par des auteurs chrétiens. Il y avait deux ans que ce système fonctionnait. Au retour d'une de ces courses, Monseigneur interrogea mon jeune cousin sur ses classes et les auteurs qu'il traduisait. Nous fûmes très étonnés de lui entendre parler de Virgile et de Cicéron. « Mais je croyais que ces auteurs étaient abandonnés, objecta Monseigneur. — Oh oui ! sur les programmes, répondit gaiement le jeune alpiniste. Mais peu à peu on y est revenu. Aujourd'hui on donne seulement quelquefois à la fin de la classe une version des actes de sainte Makerine, ou d'une hymne de saint Grégoire ; mais à petite dose, pour dire qu'on n'y renonce pas. » Monseigneur sourit : la révélation de cet enfant terrible était bien le dernier mot de cette bruyante campagne contre les classiques. La thèse du *vers rongeur* n'avait pu survivre à l'expérience.

Avec Mme de Chabons et Mlle de Virieu, l'entente était complète sur ces questions et sur bien d'autres ; complète aussi avec le comte Ch. de Monteynard que son esprit philosophique et sa haute culture intellectuelle mettait si bien en harmonie avec sa famille d'adoption. Sa jeune femme, avec la solidité de Mlle de Virieu, avait le même goût que sa mère pour les choses de l'esprit. Rien de plus élevé que ces âmes si unies quoique si diverses, et qui vivaient dans les hauteurs avec la même noblesse de cœur et le même idéal intellectuel. Auprès d'elles s'abritait une jeune orpheline silencieuse, mais dont les grands yeux bleus avaient un regard singulièrement expressif et profond. On rencontrait aussi sous le toit hospitalier de Mlle Virieu, Camille de Bournet, un parent, presque un frère de ma mère et de mon oncle, dont la présence au milieu de nous était toujours une joie. Il y avait fête quand au retour de Jérusalem, de Tunis ou de Pétersbourg, ce voyageur, qui était alors une exception, venait causer des pays qu'il avait visités en chrétien, en observateur et en artiste, et cela en ne parlant jamais de lui.

Ce groupe d'amis se réunissait en hiver autour d'un professeur d'histoire, disciple d'Augustin Thierry, et son émule dans l'art de donner à ses récits la couleur et la vie. Mais il avait en outre les lumières de la foi pour résoudre les problèmes historiques. L'auditoire de M. Révilloud se reconstituait à La Combe pendant les belles journées où l'on discutait avec l'évêque les grandes questions qui nous passionnaient tous, on peut le dire, au même degré. Oh ! comme on voyait alors dans son horizon vaste et lumineux le passé de l'Eglise, sa mission historique, et les grandes figures des saints qui ont plané sur le monde. M. Révilloud rêvait une histoire des Pères du désert d'Orient. Monseigneur l'encourageait à y mettre la main de suite, pendant que M. de Montalembert écrivait les *Moines d'Occident*. L'hagiographie avait été de tout temps le grand attrait de l'évêque : connaître l'âme des saints et la faire connaître, sa grande préoccupation. Seulement il fallait des vies de saints où l'on trouvât cette âme. Et à part *sainte Elisabeth de Hongrie*, il cherchait encore les modèles de l'hagiographie qu'il rêvait.

Lui-même préparant alors la vie de Mme Acarie, était allé demander des documents au Carmel de la rue d'Enfer, et grand avait été son étonnement d'apprendre qu'en ce moment même M. Cousin détenait ces documents, et de trouver les Carmélites sous le charme de ce disciple de Hegel, qui était lui-même enthousiasmé des Carmélites de jadis et de celles d'aujourd'hui. « Ce sont des femmes supérieures, dit-il à Mgr Dupanloup ; il y en a une (il la lui nomma) dont j'aurais fait, si j'avais été ministre, un grand administrateur. »

Aussi cette vie de Mme de Longueville, élaborée dans le parloir des Carmélites, piquait vivement la curiosité de l'évêque, qui en apportait à La Combe un des premiers exemplaires avec les fameux documents dont il avait dit à M. Cousin : « Ils vous ont servi à faire la vie d'une femme faible ; je m'en servirai, moi, pour écrire celle d'une femme forte. »

Le livre de M. Cousin fut lu dans les granges de la montagne, et pour l'évêque ce fut la révélation d'un art nouveau. La vie des femmes faibles pouvait au point de vue littéraire servir de modèle pour écrire celle des femmes fortes. Il le comprit dès lors, et grâce à sa faculté d'assimilation si rapide, on retrouve l'influence de Mme de Longueville non dans la vie de Mme Acarie (car par un reste d'attachement aux amis de sa jeunesse, il avait cru pouvoir moderniser Boucher, le vieux biographe de la Bienheureuse, au lieu de se substituer à lui) mais dans l'introduction très étendue qui fait le plus grand mérite du livre. Là s'accuse une nouvelle manière de Monseigneur. Ce n'est plus le ton oratoire et la période académique de ses premiers écrits : c'est le ton même de sa conversation avec sa distinction suprême, parfois sa concision vibrante, et toujours un naturel parfait. En un mot, Monseigneur s'était trouvé lui-même. Cette introduction marque une période, ou comme on dirait en Allemagne, une évolution importante de son talent. L'accent et la grande allure du futur défenseur de la souveraineté pontificale apparaît ici pour la première fois.

II

« Me voici de retour, regrettant vos montagnes, vos lectures, votre esprit, votre cœur. » Ces lignes, les premières que Monseigneur écrivit à mon père, étaient datées du 25 juillet. Il était revenu trop tôt. Dès le commencement d'août, une congestion avait interrompu son travail et de nouveau menacé son œil. Les médecins lui ordonnaient un nouveau repos dans les montagnes, mon père, de son côté, insistait fortement. Le 15 août seulement, Mgr Dupanloup céda et partit. Il se rendit à Genève pour voir l'oculiste dont mon père lui avait déjà parlé, et le résultat de cette consultation fut qu'il ne fallait pas d'opération, mais du repos. Il nous revint donc la semaine suivante après avoir passé quatre jours à Menthon dont les châtelains étaient pour lui de nouveaux amis et d'ardents admirateurs. Mon père les avait rencontrés à Orléans et à son attrait pour eux s'était mêlée l'inquiétude secrète de trouver en eux des rivaux. C'était bien à cela qu'ils aspiraient quand, devant mon père même, à Orléans où il les avait rencontrés et malgré tout aimés, la châtelaine de Menthon décrivait à l'évêque son nid d'aigle, à la fois manoir historique et sanctuaire consacré par les souvenirs de Saint-Bernard, posé comme La Combe au penchant des Alpes, non pas comme La Combe au pied des glaciers, mais au-dessus d'un lac, et quel lac ! le lac d'Annecy, le lac de saint François de Sales, si cher aussi à l'évêque d'Orléans et qui lui rappelait tant de souvenirs d'enfance. Et avec quel charme irrésistible tout cela était dit ! Mon père fut entraîné, et au lieu de se défendre contre Menthon, il promit d'y suivre l'évêque, à condition que les châtelains de Menthon, à leur tour, accompagneraient celui-ci à La Combe. Depuis deux ans, Monseigneur les pressait de remplir cette promesse. Mais cette année encore, il nous donna très peu d'espoir que M. de Menthon pût s'arracher à ses occupations d'agriculteur, qu'il prenait très au sérieux, et que Mme de Menthon, beaucoup moins sédentaire de goût, décidât son mari, qu'elle ne quittait jamais, à se passer d'elle quelques jours. Il eût fallu un coup d'Etat que toute l'influence de Monseigneur désespérait d'obtenir.

Un après-midi que nous étions assises, ma mère et moi, près de la fenêtre du salon, grande fut notre surprise de voir apparaître à l'entrée de la terrasse une jeune femme qui évidemment venait de monter les rampes à pied, et qui était suivie par un enfant chargé de sa mince valise. En nous voyant, elle s'arrêta et, au regard interrogateur de ma mère, elle répondit d'une voix très douce : « Je suis Mme de Menthon... et j'ai bien peur... » Je m'étais figuré la châtelaine de Menthon imposante comme son manoir féodal. Et je la revois encore, telle qu'elle nous apparut la première fois, pâle, frêle, encore amoindrie par le geste qui serrait autour de sa taille les plis de son vêtement, âme transparente dans un corps presque diaphane.La vie semblait réfugiée dans ses grands yeux bleus pleins de profondeur et de lumière. Je ne sais quels mots furent dits de plus ; mais nous nous trouvâmes enlacées avec elle dans une fraternelle étreinte. Oh oui ! entre La Combe et Menthon il ne pouvait y avoir que la rivalité du dévouement à celui qui nous avait unies, et que nous devions aimer ensemble, tout en nous le disputant quelquefois. Car quel lien que d'être à ce degré ses enfants et ses disciples. Combien nous le sentîmes dès l'abord. Tout se rencontrait dans nos pensées comme dans nos âmes ; nous parlions la même langue, elle avec une élévation et une fermeté d'esprit, un trait vif et original, où se révélait peu à peu une femme supérieure. Sa petite main se levait souvent avec une autorité irrésistible dans un geste qui lui était familier. On comprenait l'espèce de domination qu'elle exerçait sur les âmes, et on la subissait. C'est du moins ce que j'éprouvais ; et dès lors cette amie qui eut une si bienfaisante influence sur ma jeunesse s'empara de mon âme.

La sienne avait reçu la forte empreinte de Mgr Dupanloup. Comme ma mère elle était un type de sa direction toute-puissante. Trois ans auparavant, quand Mgr Dupanloup vint à Menthon en touriste, conduit par l'évêque d'Annecy, il avait de suite discerné la souffrance de cette âme, qui était venue à lui avec un élan de confiance d'autant plus étrange qu'elle tenait davantage à garder intacte sa liberté. Il revint. Mais quand Dieu jetait ainsi une âme vers la sienne, l'évêque d'Orléans agissait par un procédé radical. Il fallut qu'elle remît entre ses mains sa chère liberté et qu'elle acceptât toutes ses décisions. Un grand combat se livra dans cette femme passionnée pour le monde intelligent qui existait encore à Paris, et qui était transportée dans une solitude des Alpes où pour se faire une vie intellectuelle elle avait abordé des études philosophiques et historiques dans lesquelles sa raison ferme et droite se faussait, et qui menaçait d'altérer sa foi.

A Monseigneur qui lui enlevait tous ses livres : « Vous allez anéantir mon intelligence, disait-elle. — Non, je la sauve, et c'est pressant ; car si vous continuez dans cette voie, vous la perdrez. » La dureté de cette parole était une épreuve décisive : elle y résista, elle obéit. Monseigneur la tint au jeûne quelques mois pour l'humilier et l'assouplir ; puis il lui redonna une nourriture, mais tout autre. Au lieu de la *Revue des Deux-Mondes*, des philosophes allemands, des romans, il lui mit entre les mains Bossuet, Pascal et Fénelon, il l'initia à l'étude de l'Ecriture. En même temps il l'appliquait avec les facultés de son esprit, au gouvernement de sa maison et du personnel de la vaste exploitation agricole de son mari. Le charme que subissaient les salons de Paris lui conquit les cœurs de tous les paysans. La charité s'alluma dans son âme et en fit jaillir des facultés ignorées. Elle se découvrit une aptitude étonnante pour la médecine. Elle s'adonna à la charité, elle devint le modèle des maîtresses de maison et des châtelaines. Elle avait renoncé à Paris et à Hegel, elle était domptée.

Monseigneur l'initia à l'amour des âmes et lui communiqua cette flamme de l'apostolat. Au lieu d'une femme du monde qui eût brillé dans les salons et se fût amusée à y faire de l'esprit, c'était le secours, l'appui, la lumière de tout ce qui se mouvait autour d'elle. En même temps il l'appliquait à de fortes études, car il commençait à concevoir cette pensée hardie, que si la femme a des qualités intellectuelles capables de se développer, ces facultés peuvent être fécondes, en dehors même de leur application à la vie de famille. Dans ce temps-là, c'était encore une hardiesse de combattre le préjugé qui s'attache à la femme auteur. L'évêque d'Orléans le fit résolument. Pour sa chère idée de la vie des saints à écrire, une âme de femme devait avoir des aptitudes spéciales. Il voulut essayer d'y utiliser Mme de Menthon. Ce fut une de ses premières expériences. Il la lança donc dans des études d'où devait sortir le beau livre des *Filles de Sainte Chantal*.

C'est ce qui se conclut à La Combe pendant les deux jours que Mme de Menthon y passa, et où elle jouit de Monseigneur avec plus de liberté et de loisir que ses devoirs de maîtresse de maison ne lui permettaient de le faire à Menthon.

De son côté, Monseigneur avait à La Combe une liberté inconnue à Orléans où son temps se comptait par minutes. Aussi commençait-on à le savoir, à venir l'y chercher, et lui-même y appelait des âmes auxquelles il avait besoin de se consacrer de plus près. Ce groupe spécial commençait à se former, et chaque année ramenait des personnes qui y avaient découvert l'évêque, et revenaient l'y chercher. « La Combe est un lieu de discrétion et de direction, » disait Mme de Ch... Et La Combe devint ainsi un lieu cher à des âmes qui pouvaient dire : « Oh ! La Combe, où la lumière et la paix ont passé sur moi ! »

Entre Menthon et La Combe, ce fut dès lors un échange qui s'étendit à ceux qui s'y abritaient. Mme de Menthon en quittant La Combe dont elle emportait les cœurs, nous promit d'y envoyer le vieil ami qui s'était incorporé à sa demeure par une hospitalité de trente ans. C'était le baron d'Eckstein. Il arriva quelques jours après, un peu à tâtons, car il n'y voyait presque plus, ce qui ne l'empêchait pas de tout admirer de confiance, et de vouloir être de toutes les promenades. Pendant qu'on s'efforçait à grand'peine de le tirer des mauvais pas, il répétait avec une conviction imperturbable : c'est adorable ! Ce beau et souriant vieillard avait en effet un enthousiasme de poète avec une candeur de savant. La vie réelle n'existait pas pour lui en dehors de son cabinet de travail où il élaborait un ouvrage, qui eût été gigantesque, s'il y eût fait tenir toute son érudition d'orientaliste, d'historien, d'exégète, etc... et le monde d'idées auxquelles il ramenait tous les faits. Jadis cette intelligence et cette science avaient fourni d'idées toute une école de jeunes gens, groupés autour d'une feuille hebdomadaire qui s'appelait la

Revue Européenne et qui devait être plus tard le *Correspondant*. Parmi ses disciples qui, comme Carné et Cazalès, le vulgarisaient, le développaient et surtout l'utilisaient pour la bonne cause et pour eux-mêmes, il y avait les faux disciples qui, comme Renan, le volaient. Le candide penseur ne voulait pas s'en défier, le monde lui paraissant aussi pur que son cœur. Mgr Dupanloup travaillait en vain à le remettre dans le vrai pendant une promenade sur le chemin du Martinet où la discussion était souvent interrompue par les difficultés de la route. Mais il préférait le terrain uni de la terrasse et de la grande allée. Et alors quel essor de verve originale dans sa conversation si variée. Après avoir répondu à des questions de mon père sur un point des religions orientales, il parlait des hommes importants qu'il avait connus, il les caractérisait d'un trait vif et original ou bien il caractérisait les systèmes des savants ou philosophes allemands, et soutenait contre Monseigneur la profondeur de Hegel, qui échappait aux Français. Dans son enthousiasme pour le génie de Kant, il disait d'une manière très germanique : « C'est la dentelle de l'esprit humain ».

Mais sur les questions de politique religieuse il se trouvait d'accord avec Monseigneur, et rien de plus brillant que la galerie des portraits qu'il traça au bout des deux allées, des hommes de l'école de l'*Univers*. Ma grand'mère, qui pouvait bien lui donner la réplique, dit comment à Aix, assise à la table d'hôtel, à côté de l'abbé Jules Morel, le virulent auteur de la *Somme du Libéra-*

lisme, elle avait reçu de lui la confidence qu'il élaborait ses articles et ses livres en absorbant de fortes doses d'opium. « Ah! dit le baron d'Eckstein, cela me donne une bien mauvaise idée... de l'opium. »

On se leva sur ce mot. A l'écart et dans l'ombre épaisse d'un gros tilleul, un homme jeune encore écoutait avec attention le baron, auprès duquel il se plaça pour prendre son bras et le guider. C'était encore un ami de Menthon, qui allait devenir celui de La Combe ; ami qu'il aurait fallu deviner à travers un silence qui eût été impénétrable sans une physionomie très douce et très intelligente : mais à la première parole qui s'adressait à lui, un éclat subit de rougeur trahissait une timidité qui allait jusqu'à la souffrance. M. Müller ne parlait pas, sauf dans les rares circonstances, où à la faveur d'un tête-à-tête on avait pu le rassurer et le saisir : alors c'étaient des merveilles d'érudition et d'observation que l'on découvrait en lui. Helléniste consommé, il était surtout artiste. Sa plume, fine comme un cheveu, traduisait les plus grandes scènes de la nature avec lesquelles étaient sa conversation, son intimité, sa vie. Pendant nos promenades, il disparaissait et on ne le voyait plus que le soir. Mais il revenait radieux. Comment avait-il pris le courage de venir ainsi chez des inconnus ? C'est l'évêque d'Orléans qui l'avait mandé à La Combe. Chez cet être dépaysé dans la vie réelle, il avait cru discerner les éléments d'une vocation sacerdotale qui donnerait une réalisation à ses facultés et un cadre à sa vie. Il acheva de s'en convaincre à La Combe et de l'en convaincre lui-même. Il fut décidé qu'il entrerait au grand séminaire d'Orléans.

III

Quelques jours après, mon père était allé passer la journée à Grenoble ; le soir, de la terrasse on entendit dans le verger deux voix qui se répondaient : c'étaient celles de Mgr Dupanloup et du P. Lacordaire, de passage à Grenoble.

Le Père venait faire à La Combe une de ces surprises qui devenaient plus rares depuis que Sorrèze l'avait absorbé. Grande fut la joie de tous, jusqu'au petit Paul qui, ayant été baptisé par lui, avait une part spéciale de son affection. Nous trouvâmes le Père un peu vieilli : un embonpoint de mauvais aloi s'était substitué à sa maigreur ascétique qui accentuait les traits de son visage. Mais ses yeux avaient toujours le même regard lumineux et parfois lançaient les mêmes éclairs. C'était d'ailleurs toujours ce charme extraordinaire, cette liberté, ce naturel, cette grâce et cette dignité suprême, mais surtout cette parole.

La soirée nous a laissé un grand souvenir. Les plus grandes questions furent traitées ; puis une discussion s'engagea entre le Père et le baron d'Eckstein sur la liberté testamentaire et le droit d'aînesse. Les opinions que M. Le Play devait plus tard soutenir doctrinalement, le baron d'Eckstein les appuyait sur la tradition. Devançant les travaux de Le Play, le vieil érudit fit un tableau des plus curieux des institutions basées sur des mœurs traditionnelles et de leur influence chez les peuples du Nord. Le Père, lui, défendait les idées modernes avec des arguments que je voudrais reproduire et cette audace qui était surtout dans la forme, mais qui séduisait la jeunesse, comme un écho de ses enthousiasmes et de ses illusions.

Ce fut la dernière soirée que le P. Lacordaire dut passer à La Combe. Le lendemain, vigoureuse campagne de Mgr Dupanloup, qui ne voulait pas le quitter, et lui proposa, avec son empressement ordinaire, de le suivre à la montagne.

Hélas ! le P. Lacordaire, sous une forme adoucie, exprimait l'avis du P. Gratry : « Qu'irions-nous chercher de plus beau que cette terrasse ? » dit-il, en souriant aux offres de l'évêque. Celui-ci revint à la charge : « On vous mettrait sur l'âne, mon Père. » Mais ce trait de dévouement ne toucha pas le cœur du Père. Au fond, il était de l'avis du P. Gratry, et, chose étrange, le grand orateur, comme le penseur poète, ne comprenait pas la nature. Mais de plus que le P. Gratry, le P. Lacordaire était antimusicien. Il racontait plaisamment ses angoisses quand il devait entonner un motet. Il avait dû se reconnaître incapable de chanter une grand'messe. « Sans quoi, ajoutait-il, mon idéal eût été d'être curé de campagne, avec un jardin où j'aurais eu des œillets et des laitues, et où j'aurais appris à de braves gens à bien aimer le bon Dieu. »

Sur cette journée si pleine d'intérêt avait passé une sorte de tristesse. Le P. Lacordaire partit le soir, et La Combe ne devait plus revoir ce cher et illustre visiteur.

CHAPITRE XI

I. Première visite de La Combe à Menthon et retour à La Combe (1854). — II. Les travaux de Monseigneur pour son diocèse. — III. Le petit séminaire de La Chapelle. Traité de l'*Education*. Les tragédies grecques au petit séminaire. — IV. Mgr Ginouilhac, évêque de Grenoble. Sa tournée pastorale dans les montagnes de l'Oisans. — V. Réception de Monseigneur à l'Académie française. Premier panégyrique de Jeanne d'Arc.

I

En 1854, ce fut La Combe qui alla rejoindre Monseigneur à Menthon et le chercher. Je vis pour la première fois ce vieux donjon suspendu entre le ciel et les eaux bleues du lac d'Annecy. Je priai dans la chapelle qui surplombe le rocher où s'imprima le pied de saint Bernard. A notre arrivée, dans ce noble et poétique cadre, debout sous la porte gothique où elle nous attendait, la chère châtelaine était comme une vision du moyen âge, et faisait rêver des vignettes d'un vieux missel. Mais nous ne fîmes qu'entrevoir Menthon : Monseigneur voulait n'y passer que deux jours pour venir le surlendemain à La Combe, et un désir de lui réglait tout.

Il revint donc à La Combe le 6 juillet. Nous y étions tous, sauf M. Rey dont le départ était un chagrin de famille. Mon père était bien près de trouver que Mgr Ginouilhac avait abusé de l'hospitalité de La Combe, pour y découvrir le trésor qui s'y cachait sous une impénétrable humilité. De ce prêtre de vingt-cinq ans, l'évêque de Grenoble avait fait de vive force un professeur d'Ecriture sainte à son grand séminaire. « Voilà comment on s'y prend pour mettre à leur place ceux qui en sont dignes, » avait répondu Mgr Dupanloup aux gémissements de mes parents, et de fait, il devait commettre trop de coups d'éclat de cette espèce pour ne pas approuver celui de notre évêque, tout en partageant notre chagrin et surtout le grand vide fait au milieu de nous. Et à quel moment? celui de la première Communion de Félix. Le petit ami de Monseigneur venait d'accomplir cette grande action avec une ferveur d'ange, et Paul, toujours plein d'une tendre déférence pour son frère aîné, le regardait avec une sorte de respect religieux.

En voyant ces deux têtes blondes inclinées sous sa bénédiction, un souvenir saisit Monseigneur : « Je frémis encore en pensant à cette affreuse lionne, s'écria-t-il. Comme il faut bénir Dieu. Non, on ne le remerciera jamais assez de pareils miracles de préservation. »

Le fait auquel Monseigneur faisait allusion remontait à quelques mois. Dans le jardin des plantes de Grenoble, où les avait conduits mon cousin Bournet, Paul et Félix se trouvèrent tout à coup face à face avec une lionne qui s'était échappée de sa cage. S'ils avaient poussé un cri, fait un mouvement, et surtout cherché à fuir, ils étaient perdus. Camille de Bournet se retrouva, ce jour-là, l'hôte intrépide du désert. Son sang-froid se communiqua aux deux enfants qu'il avait saisis par la main, les tenant un peu en arrière et restant là face à face avec la lionne qui s'était arrêtée et paraissait hésitante. Ce que fut ce moment, où il se demanda si la lionne allait se jeter sur l'un des enfants sur lesquels elle dardait ses yeux de braise ; jamais aucun des périls de ses voyages ne lui avait fait éprouver rien de pareil. C'est ce qu'il raconta à Monseigneur, car il était là à notre foyer, qui était depuis si longtemps le sien. Quant aux enfants, à cette question qui leur fut faite : « A quoi pensiez-vous à ce moment ? — Je pensais que j'avais mon scapulaire et qu'il me protégerait, répondit doucement Félix. D'ailleurs, j'avais lu dans *Robinson* que le regard de l'homme fascine les bêtes féroces, et je l'ai regardée fixement. » En disant cela avec un grand sérieux, il ouvrait tout grands ses yeux bleus si semblables à ceux de ma mère.

II

Monseigneur avait ramené à La Combe, avec les mêmes compagnons de voyage, le bon abbé Poirée, qu'il espérait toujours guérir, M. Sisson avec lequel il s'occupait de transformer l'*Ami de la Religion* en un journal quotidien. Je vois encore le futur directeur établi sur une branche d'arbre, pendant que M. Révilloud tenant à l'évêque les promesses de l'été précédent, lisait les premiers chapitres de son *Histoire des Moines d'Orient*.

L'hagiographie le reposait de la politique. Il l'écrivait à M. de Montalembert, et voulait qu'il en fût autant pour lui. La tribune lui était fermée ; il l'exhortait à se mettre tout entier à la *Vie de saint Bernard* en élargissant son cadre, et à faire de son introduction une histoire du monachisme et de son influence sur la société chrétienne.

En excitant les autres au travail, il s'y remettait lui-même avec ardeur. Evêque d'Orléans, il l'était à La Combe. Et avec quelle sollicitude, dans quels détails, sa correspondance de chaque jour l'apprenait à ses secrétaires et ses travaux distincts de cette correspondance, plus encore. C'était après la période de l'organisation administrative, celle de la rédaction des instructions à ses prêtres, documents admirables qui réglementaient dans le dernier détail et avec une largeur de vue et un sens pratique merveilleux, toute l'administration diocésaine et les œuvres qui s'y rattachent, sorte de code général qui est encore un monument admirable, peut-être sa plus belle œuvre.

Il était l'évêque d'un diocèse à renouveler, presque à recréer, tant la foi y défaillait, tant le clergé y était insuffisant en nombre et accoutumé à subir son impuissance. L'évêque l'avait de suite réveillé en lui demandant les éléments d'une enquête qui mettait à nu les maux des paroisses. Puis, ces maux reconnus, il avait tracé tout un plan de réorganisation du diocèse, des paroisses, des œuvres, des séminaires, du recrutement sacerdotal. Il embrassait tout, réglementait tout avec une capacité de législateur, et il entreprenait tout avec un zèle d'apôtre et une intrépidité d'homme d'action. Cette année même, une idée dominait tout pour lui, le poursuivait partout : la déchristianisation de son diocèse où 400.000 habitants ne font pas leurs pâques. « Et on veut qu'un évêque dorme tranquille ! » nous disait-il Pour convertir le diocèse, il fallait des prêtres : assez de prêtres et de vrais prêtres.

De là ses recherches incessantes pour en trouver. Que de lettres partirent de La Combe, pour aller porter ce cri de détresse à des diocèses plus riches. Que de démarches en outre de ses conquêtes personnelles pour lesquelles il déployait toutes les ressources de sa séduction. Aussi comme ses prêtres lui étaient chers ! que de sollicitude pour leurs santés ; que d'efforts pour élever leurs âmes, pour encourager leurs études, leur zèle, pour leur faire réaliser cet idéal qu'il a résumé dans un mot : « Pour être prêtre, il faut être né grand et le devenir. »

Cette année-là, il y eut une grande joie à La Combe ; ce fut un bref du Pape sur l'œuvre de Holzauser, qu'il avait établie dans son diocèse. Ce bref arriva à La Combe.

III

Mais surtout il s'occupait de l'Oratoire que l'abbé Gratry et le P. Pététot venaient de rétablir, et auquel il voulait confier son petit séminaire de La Chapelle. Cette question intéressait d'autant plus mes parents qu'ils avaient décidé que l'éducation de Félix se ferait à La Chapelle, sous les yeux et près du cœur de l'évêque. Cet enfant était transfiguré par sa première Communion. Monseigneur s'en occupait paternellement et plus d'une fois nous avons vu ses yeux se mouiller quand il rapportait à mes parents quelque trait nouveau de cette précocité d'âme pour les choses qui le ravissaient dans cet enfant. Paul aussi commençait à l'intéresser vivement. Il venait d'avoir sept ans. C'est le moment où l'âme s'éveille, où l'enfant, de l'âge d'innocence passe à l'âge de la responsabilité. Monseigneur attachait une grande importance aux premiers traits que l'éducation et l'influence du milieu gravent alors dans l'âme d'un enfant. Il aimait à redire : « Tout est important pour les enfants ; il faut s'occuper de tout depuis leur âme jusqu'aux cordons de leurs souliers. »

C'était d'ailleurs vers les enfants que le ramenaient alors ses préoccupations, et son action épiscopale. « Il y a deux choses qui peuvent sauver la France, écrivait-il dans sa préface à la *Vie de Mme Acarie :* le Carmel et les enfants, la prière et les œuvres d'éducation. »

Aussi c'était des enfants qu'il s'occupait, quand au retour de Saint-Mury ou du mas Vanier, nous le voyions rester en arrière, son chapelet à la main, pour chanter à demi-voix un cantique du catéchisme. Au retour il évoquait avec ma mère les souvenirs qui planaient sur sa pensée. Il n'avait rien oublié des 4.000 enfants auxquels il avait fait faire leur première Communion. « Vous souvenez-vous, lui disait-il, de Marie H... ou de... ? » Et alors c'étaient des récits circonstanciés avec des attendrissements soudains.

Ma mère non plus n'avait rien oublié de ce catéchisme de Saint-Hyacinthe. Elle aimait à en faire ressortir ce trait caractéristique qui était d'être non pas seulement un enseignement, mais une vie.

Monseigneur aimait à déposer ces souvenirs dans l'âme de ma mère, assez grande pour tout comprendre, trop humble pour jamais se douter du cas qu'il faisait de ses lumières dans les choses de Dieu et de la rectitude de son jugement.

Tout en préparant son livre sur le catéchisme, il continuait son ouvrage sur l'*Education* dont toujours les manuscrits ou les épreuves étaient communiqués à mes parents. A propos du chapitre où était traitée la question de l'éducation publique et de l'éducation privée, une discussion s'engagea entre Monseigneur et ses amis. Ceux-ci lui reprochèrent de juger trop exclusivement au point de vue du monde parisien et de proscrire d'une manière trop absolue, au moins jusqu'à un certain âge, le régime de l'éducation privée avec un précepteur. Monseigneur, frappé des arguments présentés à l'appui de ces réclamations, modifia et adoucit dans une certaine mesure les *Lettres à un père* qui parurent en effet dans l'année. La nécessité ou au moins la grande utilité de l'éducation publique était maintenue dans des limites et avec des explications qui justifiaient des exceptions.

Cette question de principe traitée, il allait entrer avec son troisième volume dans l'étude même de cette éducation publique, et cela au moment où joignant la pratique à la théorie, il s'occupait le plus activement de relever son petit séminaire de La Chapelle et de le mettre au niveau de Saint-Nicolas. Il nous parlait avec amour de ce beau lieu et de cette maison modèle, que son prédécesseur, Mgr Fayet, avait fait construire sur de vastes proportions et d'après un plan monumental.

Cette belle maison s'élevait au bord de la Loire au milieu d'un des plus beaux parcs de l'Orléanais. Monseigneur avait là ce qui lui manquait à Saint-Nicolas, un cadre admirable ; et il travaillait à y recruter un personnel capable de réaliser l'œuvre d'éducation qu'il rêvait dans sa largeur et dans sa perfection. Félix devait entrer à La Chapelle au printemps suivant : c'était donc avec un double intérêt que l'on s'initiait à La Combe aux plans et aux espérances de Monseigneur.

Un jour, c'était au bout de la grande allée, on parlait des divertissements qu'il convient de donner aux jours de congé et de fête. En été, les excursions, les pèlerinages avec les dîners sur l'herbe étaient d'anciennes pratiques pour Monseigneur. Mais l'hiver ! Après les jeux et les loteries, on avait les concerts et les spectacles. Le théâtre de collège ; sur ce sujet l'évêque posait un point d'interrogation. « Cela peut développer la mémoire, c'est vrai, disait-il ; je n'ajoute pas le goût, car les pièces de collège sont ou des pièces classiques tronquées, ou des pièces modernes détestables. » Quelqu'un faisait remarquer que le jeu d'acteur formait l'extérieur des jeunes gens, leur donnait de l'aisance dans le maintien. « Oui, mais vous ne savez pas à quel degré ces jeunes têtes peuvent s'exalter en jouant et en voyant jouer même des pièces honnêtes.

— Monseigneur, il y a un moyen de tout concilier, dit tout à coup mon père, faites jouer des tragédies grecques.

— Mon ami, vous avez une idée admirable, » s'écria l'évêque.

Et, dès ce jour, introduire la tragédie grecque à La Chapelle fut une chose résolue.

Sur tout cela, après avoir causé, on écrivait des notes et des lettres sous la dictée de Monseigneur ; on corrigeait aussi les épreuves de son volume. Il était cette année-là beaucoup plus sédentaire et pour cause. Au début de ses vacances, il avait visité le lac du Crozet, un lac voisin des glaciers ; il se fit dans cette course une petite blessure à la jambe, qui, sans lui imposer le repos complet, le força de renoncer aux grandes excursions durant la meilleure partie de son séjour. Alors il s'établit dans la grande allée, qu'il put bien appeler son palais, car c'est là qu'il passa ses journées. Et alors il écrivit dans son Journal :

« 17 juillet. Admirable journée, vent du Nord. Rien n'est plus beau que cette grande allée et que la petite allée d'en haut par ce soleil et ce vent frais. La paix y est profonde et splendide. C'est un palais de fraîcheur et de verdure au milieu des plus grandes scènes de la création. Dieu y paraît bien bon et bien grand. »

IV

Nos visiteurs ordinaires s'empressèrent autour de l'évêque sur la nouvelle très exagérée de son accident. Mgr Ginouilhac arriva en hâte, très fatigué lui aussi, car fidèle à sa promesse de ne pas laisser une paroises de son diocèse qui ne reçût sa visite, il venait de faire sa tournée dans l'Oisans, région réputée inaccessible. Cet acte de zèle pastoral rompait avec les traditions grenobloises. Il fallait remonter à deux siècles pour trouver le souvenir ou plutôt la légende d'un semblable événement. Aussi quel émoi et quelle allégresse parmi ces rudes montagnards ; que d'efforts et de travail pour se préparer à un tel honneur. Et alors avec sa verve méridionale, l'évêque se mit à nous raconter cette campagne apostolique qui avait bien eu ses heures difficiles. Car si ce n'était pas chose simple (alors surtout) de poursuivre les chamois dans les sentiers vertigineux de Venosc ou de Saint-Christophe, combien plus pour un évêque d'aller chercher ses ouailles au milieu des dangereuses ovations qui parfois semblaient mettre sa vie en péril. Etabli sur la plus haute monture du pays que l'on s'était disputé l'honneur de lui offrir, tous les chevaux et mulets du pays (et il y en avait jusqu'à cinquante) lui faisaient escorte sous un feu ininterrompu de pétards, de boîtes et de coups de fusils, qui semblaient à ces braves gens le suprême honneur rendu à l'Eglise. Impossible de leur demander de s'abstenir de tout ce bruit qui en effrayant les montures risquait de précipiter tout le cortège dans les précipices. Inutile aussi pour l'évêque de demander à mettre pied à terre dans les passages les plus dangereux. Toutes ses instances sur ces deux points furent mises sur le compte de son humilité qui voulait s'abaisser encore en descendant de monture, et de sa bonté paternelle qui voulait leur faire économiser les frais faits en son honneur. Aussi n'en fut-on que plus zélé pour l'établir sur le plus grand cheval surmonté d'une selle monumentale et les salves d'artillerie redoublèrent. Ces braves gens brûlèrent en conscience jusqu'à leur dernière pincée de poudre.

A son arrivée, l'évêque trouvait le village entièrement pavoisé : les femmes avaient pendu devant leurs maisons, les plus riches, leurs chaînes, leurs bijoux, leurs dentelles ; les plus pauvres, leurs châles et leurs humbles vêtements. Et alors quel esprit de foi, quel empressement sur les pas de l'évêque. Mgr Ginouilhac le redisait avec émotion.

Nous connaissions déjà l'évêque docteur ; l'apôtre se révélait en lui. L'évêque d'Orléans était ravi et ému de tout ce qu'il lui apprenait sur la foi profonde, les mœurs patriarcales de ces rudes pays, perdus entre ciel et neige derrière leurs remparts de rochers.

L'évêque de Grenoble nous dépeignit ensuite ce pays grandiose, et ses populations marquées d'un trait si original. Les habitants de Venosc en particulier avec leur génie des aventures servi par une éloquence et une hardiesse naturelles. Ceux qui s'enrichissent au loin, reviennent mourir au pied de leurs âpres sommets. On trouve là des hommes qui ont fait le tour du monde. Il en était un dans ce cas à Saint-Christophe. Il avait fait remeubler sa maison et acheter dix ânes, pour les mettre à la disposition de l'évêque, qui, logeant chez lui, remarqua sa tabatière. « Elle m'a été donnée par un prince de mes amis, » lui dit-il simplement, et il continua la conversation.

« Mon ami ! nous irons là, » dit Mgr Dupanloup à mon père.

Sa plaie s'étant cicatrisée, il alla non pas dans l'Oisans, mais à Crébarnou et à la forêt. Il eut encore quelques beaux jours et il en profita souvent pour visiter son plateau de Saint-Mury, où décidément il prenait ses habitudes. Quand il ne faisait pas une plus grande course, il partait à 3 heures, trouvait à 4 heures une ombre fraîche dans ce lieu privilégié, lisait et priait jusqu'à 6 heures, puis redescendait par les bois de châtaigniers où nous allions le rejoindre.

V

C'est en 1854 que Monseigneur fut élu membre de l'Académie française. Mon père ne pouvait manquer à sa réception, et le soir même, il écrivait à ma mère : « Tu verras et tu as peut-être déjà vu dans l'*Assemblée Nationale* le discours de notre évêque. Mais ce dont les journaux ne donnent jamais que très imparfaitement l'idée, c'est de la physionomie d'une telle séance. L'auditoire immense avait une sensibilité frémissante et sérieuse, toute différente de la sensibilité purement littéraire que j'ai remarquée dans la même enceinte à la réception de Sainte-Beuve ou de Victor Hugo. On voyait qu'il n'était plus question cette fois de faire de l'art pour l'art. On s'élevait avec l'orateur de la langue aux lettres, et des lettres au ciel. La dernière partie du discours roulant sur M. Tissot en devait être l'écueil, elle en fut le triomphe. Si une partie de l'auditoire a trouvé un peu philosophique les développements sur la grammaire et le dictionnaire, tous ont été sous le charme quand de sa voix douce et pénétrante et avec une sorte de franchise gracieuse, l'évêque a déclaré qu'il ne toucherait pas, en parlant de son prédécesseur, à ce qui divise, mais seulement à ce qui rapproche. Impossible de rendre tout ce qu'il y avait à la fois d'urbanité littéraire et de charité douce dans ces simples mots : « Pour commencer nos relations, Virgile même eût pu suffire. »

Cette appréciation était juste. Mgr Dupanloup

avait trouvé le ton d'un discours très personnel qui se rapprochait de la causerie plus que du discours académique. On pourrait définir une telle manière de parler et d'écrire : dans l'orateur, l'homme qui est lui-même ; lui-même avec une aisance et un naturel parfait, joints à une distinction suprême ; lui-même avec la souplesse, la grâce comme aussi avec cet accent qui était une puissance de son âme. Ce discours si français était aussi très épiscopal, le plus chrétien que l'Académie eût entendu jusque-là, sans en excepter les harangues de Fénelon et de Bossuet.

Quelques mois après, la grande manière oratoire de Mgr Dupanloup se faisait jour définitivement dans une occasion d'ailleurs bien propre à l'inspirer. Celui qu'on devait appeler le premier évêque de Jeanne d'Arc allait parler d'elle. Comme nous avions passé l'hiver à Paris, pour nous rapprocher de mon frère Félix, alors élève à La Chapelle, Monseigneur insista beaucoup en nous invitant aux trois jours de fêtes patriotiques et religieuses où il voulait renouveler la tradition orléanaise en l'agrandissant, et préparer en quelque manière le culte religieux de l'héroïne qu'il aspirait déjà à voir placer sur les autels.

Nous répondîmes à l'invitation : ce que fut le discours, et dans le discours la foi, le patriotisme, oserai-je le dire, le sens esthétique, on le sait : un pur chef-d'œuvre. Je n'oublierai jamais l'accent de cette parole, le coup d'œil de l'orateur, les frémissements qui couraient dans l'auditoire à certains passages : « Est-ce que parmi les juges je ne rencontre pas un évêque ?... Nous marchons vers

Rouen. » Et les larmes qui tombèrent de tous les yeux mouillèrent plus d'un visage bronzé par la guerre, quand le discours s'acheva dans le cri : « Je crois avoir vos cœurs, quand me donnerez-vous vos âmes, pour Dieu ? »

CHAPITRE XII

I. L'abbé Hetsch accompagne Monseigneur à La Combe en 1855. Ses idées esthétiques et philosophiques. — II. Visite de M. Paul Sauzet. — III. M. Hetsch, supérieur du petit séminaire. Le baptême du prince impérial. — IV. Voyage à Menthon avec Monseigneur. Chambéry. Saint-Félix. Pèlerinage solitaire de Monseigneur dans les Bauges.

I

Aux vacances de 1855, Mgr Dupanloup amena avec lui l'abbé Hetsch et il jouissait visiblement d'avoir trouvé à qui faire admirer comme il l'admirait lui-même, la montagne, « la montagne incomparable ». Cependant, tandis que l'évêque se félicitait d'avoir sacrifié aux splendeurs des Alpes les merveilles de l'exposition, l'abbé Hetsch avouait avec quelque confusion et beaucoup de grâce, qu'il n'avait pas été capable de ce détachement, il pensait peut-être « de cette indifférence ». C'eût été l'exposition de peinture qui l'eût invinciblement attiré. La nature pouvait-elle lui faire oublier l'art, ou même le suppléer, puisque l'art exprime la pensée de l'homme en face de la nature, et nous élève par cela même au-dessus d'elle, plus près de la pensée créatrice ? Et ici la parole réservée et un peu lente de l'abbé Hetsch s'échauffait par degré et devenait éloquente en transportant son auditoire sur un terrain jusque-là un peu délaissé à La Combe, celui des questions esthétiques.

Hegel et Mgr Dupanloup étaient comme les deux points extrêmes de l'itinéraire d'âme qui avait conduit l'abbé Hetsch du panthéisme à la foi catholique et au sacerdoce. Brillant lauréat de l'Université de Tubingue, il avait été envoyé en France pour une mission scientifique. La Providence fit qu'il y trouva la foi. Sa conversion longuement préparée résultait d'un travail d'esprit dans lequel on eût pu croire que se résumait le travail de toute une génération. Protestant de naissance, il appartenait à cette période intellectuelle qui voyait s'achever en Allemagne les expériences du rationalisme sur le terrain religieux. Quel en était le résultat ? Le protestantisme devait mourir et il se mourait en effet du principe posé par lui-même, du libre examen, c'est-à-dire de la séparation de la raison et de la foi. Mais le principe impuissant à transformer une religion, saurait-il du moins édifier une philosophie ? C'est à cette œuvre que s'étaient consacrés trois hommes, qui incarnent pour ainsi dire l'effort de la raison pour se passer de Dieu, et pour se poser à sa place en principe et critérium de la vérité. Mais il se trouve que pour avoir voulu identifier la vérité à la raison, on a détruit la certitude, c'est-à-dire la réalité de la vérité en elle-même ; scepticisme et négation, voilà la situation où Albert Hetsch trouvait ses contemporains et les plus intellectuels parmi ses coreligionnaires. Se réfugier dans les sciences, c'est-à-dire dans les faits pour se passer des idées, c'était le mouvement qui se dessinait alors avec netteté. M. Hetsch paraissait destiné à le subir, épris qu'il était des recherches expérimentales, les préférant à toutes les théories de Schelling, auxquelles son oncle avait voulu l'initier.

Mais dans ce naturaliste passionné, il y avait un artiste qui cachait des vers au fond de sa boîte de botaniste, et qui déposait sa charge d'échantillons minéralogiques pour aller rêver sur une cime aperçue de loin ou dans une église catholique ; celle de Fribourg, par exemple, où il éprouva un saisissement qu'il a regardé depuis comme une grâce d'en haut, et qui lui fit pressentir un monde inconnu.

Cependant voir le beau dans la nature et même dans les arts ne lui suffisait pas ; il aspirait à en trouver plus haut le principe et comme l'étoile rayonnante. Ce principe d'où procède toute beauté, devait être le point où converge toute vérité. Ce point doit exister : il existe. Les harmonies du monde visible ont leur corollaire dans les harmonies du monde invisible de la pensée, dans cette haute région où tous les faits se ramènent à des lois, et toutes les lois à quelques lois simples et hautes, qui elles-mêmes se synthétisent dans une loi supérieure et primordiale.

L'idée, ou plutôt l'idéal de l'unité apparut dès lors à ce jeune homme comme l'étoile de son âme, et il se promit de réaliser son idéal dans une synthèse qui serait l'œuvre de toute sa vie.

A partir de là, rien de plus curieux que l'histoire de cet esprit en quête de lumière, voulant tout embrasser et y parvenant, tant la variété de ses aptitudes et la facilité de sa conception favorisent ce rêve de science universelle. De degré en degré, ses conquêtes intellectuelles l'amènent à affirmer au nom de la science la nécessité de ce principe premier, de ce Dieu créateur sans lequel toutes les sciences manquent de leur clé de voûte.

D'autre part, de grands coups de lumière surnaturelle viennent éclairer et parfois devancer les conquêtes de ce persévérant labeur. Sur une cime de la forêt noire, il a comme une vision de cette vérité dont il cherche le chemin et les formules. Une médaille de la sainte Vierge, ramassée par son frère sur le chemin d'un pèlerinage, fut l'occasion d'un nouvel aperçu de la même vision dans l'horizon du dogme catholique. L'effort de l'homme s'ajoute pour le conquérir au labeur de l'esprit. Il sacrifie tout à ce labeur : une position brillante, une famille bien-aimée, le bonheur qui l'appelle. Il reste en France pour achever son étude ; et le catholicisme se trouve le terme nécessaire au bout de la voie qu'il a si consciencieusement parcourue.

Dès lors, les matériaux du livre projeté étaient en partie rassemblés. Mais l'œuvre se trouva réalisée d'une manière plus parfaite le jour de son abjuration ; et le sacerdoce y apporta quelques années plus tard son suprême couronnement.

Tous ces détails et d'autres semblables, nous les arrachions au silence dont il s'enveloppait, quand il s'agissait de lui, ou simplement de faire connaître ce qu'il savait. Monseigneur avait à son su jet des surprises toujours nouvelles. Un jour, par exemple, il le trouvait devant mon chevalet esquissant une tête de Raphaël, qui avait fait mon désespoir. Une autre fois, il le surprenait assis au piano et le forçait à évoquer ses souvenirs et son talent de jadis, car c'est avec un véritable talent qu'il exécuta l'ouverture du *Freischütz*. « Vous l'avez voulu, Monseigneur, » dit-il en s'excusant Ma grand'mère, musicienne remarquable, était ravie d'entendre traduire ainsi les auteurs classiques.

Tout cela faisait souffrir l'abbé Hetsch, car c'était une évocation de ce qu'il appelait sa vie mondaine. Il lui arriva un jour d'aller au bout de sa confusion : Monseigneur qui, sur certains sujets, avait gardé des ignorances de séminariste, nous confiait son embarras quand il était consulté sur les danses à permettre ou à interdire : « Je ne me fais pas une idée de ce que cela peut être, avouait-il avec candeur. — Monseigneur, répondit l'abbé Hetsch, j'ai été un bon valseur en mon temps ; si cela peut vous être utile... » Monseigneur éclata de ce bon rire franc et sonore auquel celui de mon père faisait si bien écho, et on en resta là.

Ce n'était pas toujours à l'artiste que nous tendions des pièges, l'érudit, le savant avait son tour et nous finîmes, je crois, par l'avoir complètement découvert. Ces découvertes confirmèrent Monseigneur dans le dessein qu'il avait voulu mûrir à La Combe de lui confier la direction du petit séminaire de La Chapelle. C'est pour l'y décider et l'y préparer qu'il l'avait conduit à La Combe, où l'abbé Hetsch jouissait avec étonnement de trouver Monseigneur au repos et causant autrement que sur un sujet défini d'avance, tous ses instants étant comptés.

Tous les jours, le maître et le disciple passaient ensemble dans le travail, la conversation et la prière, des heures dont M. Hetsch sortait radieux. « On ne connaît pas Monseigneur, s'écriait-il, quand on ne l'a pas vu à La Combe. »

A La Combe, et surtout dans la montagne. Lorsque l'abbé Hetsch vit pour la première fois se former une de nos caravanes alpestres, le petit âne légendaire marchant en tête, je me souviens de son enthousiasme. C'était pour une course au sommet de la forêt, après un grand coup de feu de travail, où tous nous avions été mis à contribution. « On était délivré », disait Monseigneur. Aussi, le lendemain, notre joyeuse caravane se formait après les deux messes, pour aller passer la journée entière dans la montagne. Nous nous enfonçâmes d'abord dans la gorge de La Combe, toute baignée de rosée avec sa couronne de noirs sapins et de neiges étincelantes. La voix du torrent se rapprochait et la voix de Monseigneur s'y mêlait, nous lisant un de ses livres de prédilection, les lettres de Fénelon au duc de Bourgogne. Il voulait tirer de là toute une doctrine sur l'éducation morale de la jeunesse, et ses commentaires se ressentaient comme toujours des besoins de l'âme ou de l'œuvre qu'il avait spécialement en vue. C'était M. Hetsch qu'il voulait ce jour-là initier aux idées de son cher maître. Puis ce fut le déjeuner dans le chalet construit à l'entrée de la forêt et un peu plus loin une station délicieuse dans le cirque de verdure appelé le Pré du Fourneau. Toutes les âmes vibraient de poésie. Alors mon père, avec son talent si pénétrant et si vrai, donna à quelques fragments de Lamartine une expression qui ravit Monseigneur. Celui-ci avait toujours un faible pour ce poète ami et commensal du prince de Rohan, et que lui-même il avait entendu jadis réciter à La Roche-Guyon ses premières méditations. Il y eut alors entre lui et mon père, ami aussi et allié par sa famille maternelle à celle de Lamartine, un échange charmant de souvenirs sur ce grand poète qui n'avait pas su être un grand homme. Mais la poésie ne détournait pas Monseigneur de sa pensée dominante ; il emmena M. Hetsch dans les profondeurs de la forêt pour y continuer la formation du futur supérieur de La Chapelle.

II

Au retour de cette promenade enchantée, nous trouvâmes au château M. Paul Sauzet, que ma mère y avait reçu inopinément ; car depuis longtemps, Monseigneur nous le promettait, sans pouvoir fixer une échéance à notre très vive attente.

En ce temps-là, un ancien ministre, c'était encore quelqu'un d'important. Aussi chacun fut charmé de la bienveillance qui, chez l'illustre vétéran, s'adressait à tous, et aussi de sa simplicité, qui allait même jusqu'au négligé de la tenue et du costume ; je ne dirai pas de son esprit, car l'esprit chez lui était toujours au ton des grands jours. L'orateur se retrouvait dans la conversation la plus ordinaire. Dès son arrivée, des calembours et des jeux de mots, faiblesses du grand homme, partirent à tout propos et dans toutes les directions. Mais ensuite la conversation prit sa grande allure. M. Sauzet se laissa rappeler par mon père le temps de ses grands succès oratoires qui avaient ému tous les barreaux de France. Le procès du *Carlo Alberto*, le procès des ministres surtout, son Austerlitz, dont il nous fit l'histoire avec un intérêt palpitant, et comme on était à table, mon père et M. Hetsch en larmes, le dîner en pleine déroute finit comme il put.

Quand M. Sauzet nous quitta, ce fut avec la promesse de revenir chaque année ; il tint parole.

Quelles belles, hautes et substantielles conversations il y avait alors entre Monseigneur et les visiteurs qu'attirait la rare fortune de le trouver au repos, comme aussi les amis qu'ils y appelaient pour le seconder dans ses luttes pour l'Eglise, ou ceux dont il dirigeait et stimulait les travaux, ou enfin ceux ou celles dont il conduisait les âmes vers Dieu.

III

L'hiver de 1856 nous ramena à Paris et à La Chapelle où nous trouvâmes mon frère Félix, comme ses condisciples, sous le charme de celui que tous appelaient le « bon Père Hetsch ». Trop bon quelquefois, trop enclin à faire prédominer la miséricorde sur la justice. Monseigneur, qui travaillait à former en lui le type de l'éducateur, voulait lui faire une main de fer sous un gant de velours. La vérité est qu'à La Chapelle on sentait beaucoup plus le velours que le fer. Mais cela faisait honneur au velours, et cette maison offrait le spectacle de 400 enfants menés par le cœur et l'enthousiasme des grandes choses. C'est que si l'abbé Hetsch manquait du don d'autorité ordinairement requis dans un supérieur, il avait à un rare degré le don d'influence, par lequel il assimilait en quelque sorte ses enfants à sa vie. En entrant, on était frappé de la dilatation du visage et de la politesse des manières. Quelque chose de sérieux, de ferme, d'élevé se lisait sur la physionomie des enfants, dont les regards s'allumaient si vite quand on leur parlait de patrie, de religion et d'honneur. Enfin on sentait partout le rayonnement d'une âme, celle du supérieur, douce, ardente, brillante et sans bruit comme une lumière. Tout l'abbé Hetsch est là. L'abbé Hetsch explique cette maison célèbre, où l'on était convié, tantôt à une fête d'Académie française et tantôt à une représentation du théâtre athénien.

Quelques semaines après la solennité littéraire de Philoctète, où Monseigneur avait paru radieux, une cérémonie d'une autre nature s'imposa à lui C'était le baptême du prince impérial. Nous guettions son arrivée, Paul et moi, de la fenêtre où, avec la constance et les forces résistantes de la jeunesse, nous restâmes debout pendant cinq heures, les yeux braqués sur le parvis de Notre-Dame, où venait successivement apparaître tout ce qui, de gré ou de force, devait faire escorte au triomphe de la dynastie impériale. L'évêque d'Orléans parut enfin, conduit dans un modeste coupé de louage qui dut s'arrêter comme toutes les voitures épiscopales à l'entrée de la place ; les évêques la traversaient à pied pour pénétrer par la petite porte de la rue du Cloître, pendant que les dames d'honneur de l'impératrice et les autres invitées étalaient leur grand voile et leur longue traîne devant le grand portail de la basilique où les déposaient les voitures de gala.

Nous n'avions vu que l'entrée et la sortie du cortège. Le lendemain, Monseigneur nous donna des nouvelles de la cérémonie et du dîner qui suivit. Partout, à l'église comme aux Tuileries, l'épiscopat n'avait semblé être là qu'à titre de décor. Jamais je n'oublierai le cri de l'honneur blessé qui sortit de l'âme de l'évêque en cette circonstance. Ce mépris de l'Eglise de France par l'Empire était pour lui un indice de plus, qui confirmait son éloignement pour ce régime et sa tristesse de voir une certaine presse entretenir les illusions du clergé.

« Fuyons, dit-il, allons chercher les hauteurs ! »

Les hauteurs, il en fut rappelé brusquement par les inondations de la Loire. Mais il revint le plus tôt qu'il put, sa santé très éprouvée lui faisant alors un devoir du repos.

L'abbé Hetsch l'avait accompagné ; mais il se refusait énergiquement au repos ; non pas que l'œuvre apologétique rêvée jadis l'occupât encore ; non, il l'avait immolée dans son cœur le jour où il avait accepté le fardeau du supériorat. C'était seulement ce fardeau qu'il se préparait à porter mieux encore, même après l'année de Philoctète.

IV

Après le 15 août, nous fîmes tous ensemble en voiture découverte le voyage de La Combe à Menthon, voyage dont le souvenir m'est resté délicieux. Sur la route, l'accueil de l'archevêque de Chambéry, qui nous attendait à déjeuner, fut d'une amabilité douce, simple et cordiale à la fois : c'était un homme des anciens jours que le bon cardinal Billet. On parla beaucoup pendant le repas d'une sorte de pamphlet religieux intitulé *Platon-Polichinelle*, qui avait été un des grands succès de cette période littéraire. Quelle ne fut pas la surprise du public, qui en avait enlevé de nombreuses éditions, d'apprendre que ce livre aussi savant que mordant était l'œuvre d'un prêtre caché dans un village reculé de la Tarentaise. En outre de ses tracts de propagande, l'abbé Martinet venait de publier le premier volume d'une théologie où il substituait la méthode historique à la méthode logique ; grand événement en Savoie et, à ce propos, grande dissertation à la table cardinalice, où l'Eminence parlait avec compétence de ce travail et avec orgueil de son auteur. Cette conversation remuait les fibres patriotiques de Mgr Dupanloup et les souvenirs de son passé.

Cependant, nous remontâmes en voiture. A

l'approche de Saint-Félix, tout le monde mit pied à terre. Monseigneur, tout ému, alla se prosterner dans l'église de ce joli petit village, à côté du baptistère et devant l'autel de Notre-Dame de Tout-Pouvoir. Il resta là abîmé dans une prière bien ardente, à en juger par les traces de larmes qui se voyaient sur son visage quand il se releva.

Nous repartîmes à 4 heures, et ce ne fut qu'à 9 heures du soir, à la clarté des étoiles, que Menthon nous apparut, avec son haut donjon dont l'ombre se projetait sur le lac.

Nous eûmes là quelques jours charmants. Le baron d'Eckstein nous lisait le matin sa polémique avec Henri Martin sur la religion des druides, et le soir, mes frères, renforcés par M. de Menthon, qui se prêtait à leurs jeux, engageaient le pauvre baron dans les aventures d'un colin-maillard où il avait à peine besoin de bandeau. Monseigneur regardait en souriant les ébats de la jeunesse et cette condescendance de la vieillesse. Il aimait notre joie et s'y associait, mais avec une note de mélancolie profonde que nous connaissions bien et dont l'objet était, avec sa santé si lente à se rétablir cette année-là, ce qu'il appelait dans son Journal « la triste affaire » : une nouvelle division dans le clergé et l'épiscopat provoquée par l'apparition de la brochure : l'*Univers jugé par lui-même*.

Il avait besoin d'échapper à la tristesse de ces luttes, que renouvelait chaque courrier : il partit un matin annonçant à ses hôtes qu'il allait faire une absence de trois ou quatre jours, sans dire le but de son voyage. Quatre jours après, il revint en effet, avec le visage qu'il avait eu à Chambéry et à Saint-Félix, un visage où se peignaient les douces et profondes émotions ressenties par son âme, avec quelque chose d'apaisé et d'attendri. Mon père eut alors la confidence du pèlerinage qu'il venait d'accomplir en suivant la trace de tous ses souvenirs d'enfance. Sa croix d'or cachée contre sa poitrine, il avait revu toute la chaîne de montagnes des Bauges où sa mère l'avait si souvent conduit quarante ans auparavant, pour y trouver un refuge à leur détresse morale, et une diversion à la souffrance de leur pauvreté matérielle. Citons, sans les altérer les notes prises par l'évêque dans ce furtif voyage : elles nous paraissent admirables dans leur simplicité et leur inachèvement.

« Départ pour les Bauges... Joie mélancolique de cette solitude et de cette recherche... Je ne connais pas assez les chemins, mais les bonnes femmes m'indiquent... Je trouve enfin ce lieu et ce doux souvenir.

« Mais tout était changé, abattu... rebâti... J'ai dit mon bréviaire de saint Grégoire le Grand avec une profonde douceur à l'ombre de ces châtaigniers. Puis bien prié et baisé la pierre de la petite chapelle... C'est un lieu admirable, d'où je repasse d'un coup d'œil toutes les bontés de Dieu.

« Quels lointains et ineffables souvenirs me tiennent là au cœur...

« Enfin, je découvre Saint-François (paroisse où mon oncle fut curé de 1803 à 1815)... Pauvre mère ! elle y alla pour la dernière fois, il y a quarante-sept ans, faire ses adieux à mon oncle...

Ce départ pour Paris dut attrister mon oncle... Mais ma pauvre mère se décida pour des motifs que je comprends. Et Dieu me menait là où il voulait... à Saint-Sulpice... pour ma première Communion et la suite... Nous partîmes, nous arrivâmes dans la fête de saint Denys... Ma mère venait ici avec joie. C'était le seul lieu et le seul souvenir dont je lui ai ouï parler avec épanouissement.

« Au fait, c'est le seul lieu où elle ait été heureuse en ce monde... aimée... accueillie. Son oncle, prêtre bon, compatissant, généreux, vif, spirituel, plein de foi... lui faisait grand bien à l'âme, au cœur. Elle lui confiait toutes ses peines... il savait tout... il la relevait, l'encourageait, la consolait...

« Bon bréviaire... *In te confirmatus sum ex utero*... Comme c'est vrai !... *In te contintio mea semper*... Voilà bien ce qui doit être... *De ventris matris meæ Deus meus es tu*. Puis, après avoir dit ces admirables paroles, j'ai commencé l'office de saint Euverte... mon saint prédécesseur.

« Voilà le miracle dans cette incroyable transformation : *de stercore erigens pauperem ut collocet eum eum principibus*. »

N'est-ce pas que ces phrases coupées rendent encore le son vibrant d'une grande âme ?

CHAPITRE XIII

I. Les visiteurs de La Combe : M. Dausse et le bon curé. Antoine Mollière. Xavier Gouraud. — II. Le Dr Gouraud. Une promenade sous l'orage. — III. Mgr Ginouilhac. Ses idées philosophiques et apologétiques. — IV. L'abbé Debeauvais.

I

Parmi les visiteurs ordinaires de La Combe, il ne faut pas oublier M. Dausse, qui, lui aussi, y apportait des découvertes hagiographiques, et tour à tour des cartes immenses couvertes de chiffres imperceptibles contenant les éléments statistiques d'une nouvelle théorie de l'endiguement des rivières. Le savant et le mystique planait au-dessus du vulgaire ; mais si l'Académie des Sciences rendait justice au savant, le mystique ne trouvait guère qui voulut le suivre sur les hauteurs, même parmi les Carmélites. Il nous charmait cependant quand avec sa voix chaude, son regard d'ascète il nous racontait ses voyages en Italie où, tout en étudiant le cours des rivières, il découvrait sur leurs rives des pèlerinages inédits ou des saints inconnus du reste du monde.

Il nous charmait plus encore quand il nous amenait un de nos saints à nous, tels que le P. Eymard, le fondateur de l'Adoration perpétuelle, ou le P. Laverlochère, le hardi missionnaire de la baie d'Hudson. Mais il avait surtout le secret d'enlever le « bon curé » à ses ouailles de Grenoble et d'arriver avec lui sans s'annoncer, et sans l'annoncer. C'était une fête pour tous, à commencer par Mgr Dupanloup. Alors quelles causeries embaumées de sainteté au bout des allées ou aux pieds de la Vierge du précipice. Le bon curé laissait déborder son âme en nous parlant de sa chère paroisse, de ses œuvres, de ses malades surtout et de ses industries pour les aborder à l'heure suprême. A l'un d'eux qui voulait le chasser et l'accablait d'injures : « Eh bien, mon ami, disait-il, doucement, après un moment de silence qui suivit ce flot de paroles, vous avez encore une belle voix. Vous deviez bien chanter dans votre jeunesse. — Oui, Monsieur le curé, répondit le malade étonné, oui : j'étais chantre au lutrin. » Et à ce souvenir son âme s'attendrit ; il était sauvé.

Dans une autre catégorie de ses malades, il recueillait souvent à leur lit de mort, le fruit de la station du P. Lacordaire auquel il ne cessait de rendre cet hommage. Après avoir confessé un de ces pécheurs que l'illustre Dominicain avait ébranlé : « Il me semblait, disait-il, que les fenêtres d'une maison fermée depuis cinquante ans s'ouvraient tout à coup. »

A ces amis dauphinois se joignaient des amis plus éloignés dont quelques-uns devinrent de fidèles habitués de La Combe. Tel était M. Antoine Mollière, de Lyon. Mon père et mon oncle l'avaient rencontré à Rome en 1841. Ils achevèrent ensemble leur voyage en Italie, et revinrent amis à toute épreuve pour quarante ans. Nature ardente et élevée, ouverte à toutes les grandes choses, M. Mollière était un causeur plein de verve et d'esprit. Les traits imprévus de sa conversation si variée et si loyale charmait Monseigneur. Ce qui le charmait surtout, c'était de trouver ces qualités primesautières et élevées dans des poésies, dont M. Mollière ne s'avouait l'auteur que dans la plus étroite intimité. Car il avait déserté la poésie et même l'art pour des travaux plus graves, et en outre de la critique littéraire où Monseigneur le poussait beaucoup, il poursuivait de grands problèmes d'esthétique et de philosophie sociale. Mais à la vue de certaines beautés alpestres, le poète reprenait ses droits. Il était encore au temps où la poésie entrait dans le tissu de la vie. C'était fête à la montagne quand mon père et lui lisaient à tour de rôle une tragédie de Corneille ou des vers de Lamartine ; mon père avec plus d'art des nuances, M. Mollière avec une verve qui enthousiasmait Monseigneur. Je le vois encore sur le plateau des Rivoires déclamant la tirade de Polyeucte partant pour le martyre. « Mon ami, lui dit l'évêque, secoué par l'émotion, vous avez eu des accents de grande éloquence ! »

Lyon nous envoyait aussi un de ses prêtres les plus aimables, l'abbé Dauphin, supérieur et fondateur du collège d'Oullins. Devenu directeur des chapelains de Sainte-Geneviève, il se trouva un peu retenu dans l'orbite impériale et nos rapports devinrent moins fréquents.

Mgr Dupanloup rencontra aussi à La Combe un jeune homme qui y était reçu comme un ami, presque un frère aîné de Félix, dont il partagea bien vite les sentiments de vénération filiale pour l'illustre évêque. C'était le fils du Dr Henri Gouraud avec lequel mon père avait fait ses premières armes dans le *Correspondant* de 1829, et dont le salon était encore à Paris un des centres où se réunissaient les représentants de cette école. Le jeune Xavier était le disciple de son père pour lequel il avait un culte très touchant mais très justifié. Ceux qui ont aimé cet homme d'un charme et d'une élévation si rares, d'un atticisme littéraire si délicat, et en même temps d'une bonté si parfaite, peuvent en témoigner.

Cet atticisme littéraire, non moins que cette sage et aimable direction paternelle, avait d'avance conquis Monseigneur, et en attendant d'aimer le père, il s'attacha au fils. Il comprenait à quel foyer s'était échauffée l'âme de ce jeune homme éprise de grandes choses. Xavier devint dès lors un des disciples enthousiastes de Monseigneur, et son fidèle compagnon dans les montagnes pour lesquelles son admiration faisait écho à celle de l'évêque. Cette année, il découvrait La Combe. Et son père qui avait la confidence de tous ses sentiments, écrivait au mien : « Vous achevez de poétiser l'âme de ce cher enfant, déjà si noble et si bon. » Lui nous lisait quelquefois des lettres de ce père bien-aimé, ces lettres qu'il allait attendre dans la cour où arrivait le facteur, et lire au fond d'un bois comme un amoureux. « Quand je quitte Paris, disait-il, je suis partagé entre le chagrin de me séparer de mon père et la joie de penser que je recevrai ses lettres. »

II

Monseigneur vint cette année-là faire un second séjour à La Combe. Cela allait entrer dans ses habitudes, à notre grande joie à tous. Celle de mon père toutefois fut troublée par la nécessité de rester quelque temps à Grenoble, pour organiser et présider le Congrès scientifique qui s'y réunissait. Le grand succès de son œuvre put à peine le dédommager d'un sacrifice qui était pour lui un arrachement.

Au sacrifice de perdre quelques jours de Monseigneur, se joignit pour lui le regret de ne pas profiter de la visite de son vieil ami, le Dr Henri Gouraud. C'était la première campagne de ce Parisien pur sang dans les montagnes. On aurait pu le reconnaître à sa chaussure analogue à celle du P. Gratry. Mais avec sa bonne grâce ordinaire, il répondit à ma mère qui se récriait en le voyant partir pour une excursion avec de fines chaussures de citadin : « Madame, est-ce qu'à La Combe il est d'usage de porter les souliers qu'on n'a pas ? » Il se mit pourtant en route avec plus de vaillance que l'abbé Gratry et plus d'aptitude à apprécier la beauté des paysages. Mais pour un noviciat d'alpiniste, l'épreuve fut rude.

En l'absence de mon père, l'ardeur de l'évêque n'avait pas son contrepoids ordinaire. Malgré des nuages menaçants, il entraîna sa bande de promeneurs. Le cher docteur (ainsi l'appelait-on à La Combe) faisait des merveilles d'agilité pour continuer une conversation très intéressante commencée entre l'évêque établi sur son petit âne, et lui qui se débattait dans un chemin pierreux envahi par les eaux. Pendant qu'on était à la grange du Boucheran, un coup de tonnerre suivi d'une petite averse passa inaperçu, grâce à la gaîté et à l'entrain du repas rustique. Quand on sortit, les avis, s'ils eussent osé se produire, auraient été pour le retour. Mais Monseigneur appela au conseil notre vieux jardinier, transformé en conducteur de l'âne : « Eh bien ! Jean, que dites-vous du temps ? » Le vieux paysan regarda finement l'évêque : « Oh ! il est beau, Monseigneur. »

Sur ce mot on partit. Mais bientôt un orage affreux éclata. On se hâta péniblement d'atteindre un col où l'on apercevait le toit protecteur d'une grange. Quand nous y arrivâmes, il n'était que temps, car les coups de tonnerre se succédaient avec cette rapidité et ces bruits stridents propres à la montagne, qui bientôt se mêlèrent à ceux d'une pluie diluvienne. Impossible d'entrer dans le bas de la grange ; il fallut escalader le mur et se blottir sous le toit sur une fort maigre couche de paille. Manteaux et châles eurent heureusement le renfort d'une couverture de voyage due à la prudence du docteur. La conversation continuait d'autant plus vive. Cependant à un certain moment, sous cet abri ouvert des deux côtés, les coups de tonnerre résonnèrent si fortement que la verve des interlocuteurs se calma tout à coup, et qu'un silence haletant succéda à l'entrain. Mais Monseigneur prit la parole : « Je vous dirai ce que saint François de Sales dit à ses religieuses, un jour que pendant un entretien spirituel éclata un violent orage : « Mes filles, le tonnerre « ne tombe que sur les grands saints ou sur les « grands pécheurs. Et nous ne sommes ni l'un ni « l'autre. » — Ah ! Monseigneur, quel danger pour ces pauvres religieuses que la présence de saint François de Sales ! Et nous...

Cependant nous ne fûmes pas foudroyés, quoiqu'un troisième assaut nous eut forcés de recourir à l'abri très relatif d'une autre grange abandonnée. Nous rentrâmes, horriblement mouillés. Les ombrelles étaient depuis longtemps traversées et déchirées et quand nous franchîmes le seuil de la maison, nous étions tous dans le plus lamentable équipage.

Nous avions une petite rancune contre la consultation du jardinier qui nous avait engagés dans cette équipée téméraire. Mais sur le reproche que je lui fis : « Ah ! Mademoiselle, me dit-il avec cette bonhomie fourrée de malice qui est souvent le trait des montagnards, Monseigneur avait si envie qu'on lui dise qu'il ferait beau temps ! »

L'évêque rit de bon cœur quand on lui dit ce trait de courtisan. Puis, gravement, tristement : « Ah ! comme on est trompé, dit-il, et comme il faut être reconnaissant aux amis qui vous disent la vérité. »

« Mais aussi ceci nous prouve combien nous manque le *Dux itineris*, » ajouta l'évêque qui avait décerné ce titre à mon père.

III

Enfin le Congrès s'acheva avec un véritable et utile succès. Mgr Ginouilhac s'y révéla comme un penseur par un admirable discours sur l'accord des sciences et de la foi, dont il devait reproduire et faire triompher les idées dans les délibérations de la commission *de fide* au futur concile du Vatican.

Il vint rejoindre mon père à La Combe et y développa avec sa maîtrise ordinaire cette thèse de la liberté que la religion doit laisser à la science. Il la voulait très large ; très large surtout celle des hypothèses nécessaires comme méthode scientifique. Il redoutait les périls d'un régime de compression théologique trop absolue. Et je me rappelle avec quel accent il s'écriait : « Ne recommençons pas la faute de Galilée. »

Pour apprécier Mgr Ginouilhac, il fallait l'entendre causer, ou plutôt disserter. La chaire n'était pas son fait. Une sorte d'émotion factice donnait à son débit un tremblement fatigant. Au contraire, l'entendait-on dans son cabinet, ou sur le banc au bout de la grande allée (où nous avons passé avec lui des après-midi si intéressantes) on le retrouvait simple et fort, ouvrant ce que Mgr Perraud devait appeler plus tard ses abîmes de science, exposant avec une clarté merveilleuse des idées qu'il appuyait et défendait par des textes qui semblaient écrits dans sa mémoire, tant il en avait la libre disposition. C'était d'ailleurs un esprit d'une grande modération, que l'on accusait même de timidité, mais qui, en réalité, fut toujours inattaquable.

Mgr Dupanloup l'admirait et l'aimait ; il avait en lui une grande confiance, confiance réciproque comme l'estime et l'affection, malgré une si complète différence de nature. L'un, le savant, l'homme d'études, arraché à son cabinet de travail pour lequel il se sentait fait. L'autre, l'homme d'action, qui ne faisait du travail que le moyen du bien pratique de l'Eglise et des âmes. L'un, le savant lucide et fort ; l'autre, l'orateur ardent et vibrant qui, avec un savoir ordinaire, avait une faculté de s'assimiler celui des autres et de le rendre vivant. Ainsi Mgr Ginouilhac fournit plus d'une fois à Mgr Dupanloup des documents auxquels celui-ci donnait une âme en les mettant en œuvre.

IV

Il y avait quelqu'un que ces hautes pensées et ces savantes conversations intéressaient peu et auquel les courses de montagne inspiraient une terreur prudente. C'était un prêtre arrivé d'Orléans à La Combe. A en juger par son regard étonné et même un peu effaré, on pouvait conclure qu'il pensait à sa santé. Constamment les doigts posés sur son pouls, on l'entendait murmurer : « J'ai le dessus, » ou : « j'ai le dessous. » Le dessus et le dessous sur quoi ? Il ne s'agissait ni de théologie ni de thèse sur les Pères de l'Eglise. M. l'abbé P... (c'est le nom de ce prêtre bourguignon qui était venu rejoindre Monseigneur) était en lutte constante avec une maladie insaisissable et innommée, mais toujours présente bien qu'elle ne se trahît par aucun symptôme extérieur.

Quand il arriva, il y trouva M. Debeauvais, curé de Saint-Jacques du Haut-Pas, ami intime de Mgr Dupanloup avec lequel il avait fait ses premières armes dans le ministère ecclésiastique. C'était une âme élevée, mais en même temps un esprit tellement brillant que l'on oubliait quelquefois en l'écoutant, ce qu'il y avait de haute et sereine intelligence, d'aspirations vraiment sacerdotales et de dévouement dans cet homme d'une amabilité si parfaite.

Ce fut bien plus fort quand M. P... arriva. M. Debeauvais nous donna, grâce à lui, une série de représentations du plus haut comique et vraiment innocentes, car le principal acteur ne se doutait pas qu'il était dans un rôle.

M. Debeauvais, lui, était dans le sien, car sous cette verve caustique se cachait un cœur ardent et profondément dévoué, qui s'était reconnu le pouvoir et donné la mission d'arracher l'évêque à ses préoccupations absorbantes, et le forcer au repos en l'obligeant à se distraire, à se détendre dans un de ces bons rires de leur jeunesse.

Cette année-là, le pauvre évêque avait de la peine à secouer l'obsession des prévisions douloureuses que son patriotisme et son dévouement à l'Eglise lui découvraient. Toujours opposé à l'Empire depuis la première heure, il avait vu avec douleur l'*Univers* précipiter le clergé aux pieds d'un homme qui se préparait à trahir l'Eglise. Les signes précurseurs de la guerre d'Italie ne lui échappaient pas, et il en redoutait déjà les funestes conséquences.

Un jour, où après la lecture du courrier, un nuage plus sombre encore qu'à l'ordinaire demeurait sur le front de l'évêque, l'abbé Debeauvais arriva à table avec les airs les plus significatifs de sa si expressive physionomie. Il préparait quelque explosion joyeuse. Tout à coup, il dit : « Monseigneur, vous êtes bien mystérieux avec vos amis. Il faut que les nouvelles leur arrivent par le bruit public.

— Quelles nouvelles, mon ami, répondit l'évêque, encore tout absorbé par ses préoccupations politiques.

— Mais est-il besoin qu'on vous le dise ? D'ailleurs, l'abbé P... qui garde si bien avec vous le secret...

— Mais je n'ai point de secret, réplique avec candeur le pauvre abbé.

— Comment, mon ami, vous dissimulez encore ! Vous nous croyez donc bien peu au courant de ce qui transpire dans le public.

— Mais quoi ? demanda avec inquiétude l'abbé P... dont la fourchette resta en l'air.

— Comment, vous le demandez. Vous voulez donc que je vous enlève la peine de le dire tout haut ? Hé bien ! oui. Nous le savons tous ici. Monseigneur avait parlé de se décharger sur un coadjuteur d'une partie de son fardeau. Ce coadjuteur est nommé.

— Qui donc ? s'exclama l'abbé P... tout ahuri.

— Mon ami, prenez-en votre parti. Oui, on sait ici que l'année prochaine, Mgr P... nous donnera sa bénédiction. »

Cette fois, l'effarement du pauvre abbé était au comble.

« Mais je vous assure, Monsieur le curé, que vous êtes mal informé. Non vraiment, je vous l'affirme ; je vous en donne ma parole d'honneur. Je n'ai rien su de cela. Monseigneur ne m'en a jamais dit un seul mot... Vous aurez mal compris... »

Cela devenait tragique. Monseigneur regardait son assiette avec une application soutenue. Tous nous avions bien de la peine à contenir un fou rire. Et M. Debeauvais, l'auteur de tout le mal, gardait seul un sérieux imperturbable. Après le dîner, Monseigneur voulut adresser à ce terrible homme un reproche qui se termina dans un accès de franche gaîté, seul remède à ses maux de tête. M. Debeauvais était arrivé à ses fins, et Monseigneur se laissait encore une fois soulager par cette amitié si dévouée sous sa forme originale.

Quelques moments après, l'évêque rejoignait l'abbé P... et pour lui donner une marque de sa confiance, il le chargeait d'un travail à sa portée, et en même temps lui disait quelques paroles affectueuses qui le comblaient de joie.

Ce n'était là d'ailleurs qu'un intermède dans ces conversations, qui reprenaient bientôt leur note élevée. Je me rappelle toujours celles de M. Debeauvais à la montagne où il accompagnait souvent Monseigneur.

Un jour, à Laval, nous fûmes reçus au presbytère, en l'absence du curé, par une bonne petite vieille, image visible d'une fée, qui se présenta à l'évêque en lui disant : « Je suis la tata. » M. Debeauvais prit à partie la tata et eut avec elle une conversation qui nous donna la comédie. Mais au retour il prit son vol, et je ne saurais oublier avec quel charme il nous parla de Rome et de l'épopée du martyre ; puis des hommes et des choses du jour qu'en vrai Parisien il connaissait si bien. Son esprit était accordé, quant aux opinions, à l'unisson de celui de Mgr Dupanloup, et cependant le Parisien pur sang de formation, de goûts et d'habitudes avait moins d'ampleur dans les idées, moins de profondeur et de poésie dans les sentiments. Cette haute mélancolie, cette fraîcheur d'impressions qui avaient résisté à l'épreuve de la vie chez l'évêque, avaient été chez son ami un peu émoussées ou au moins recouvertes par le vernis parisien. De là, entre eux ces divergences de points de vue résultant des différentes manières de sentir. M. Debeauvais comprenait la nature en Parisien qui aime trop Paris pour avoir cette soif de repos et de vastes horizons, qui tourmentait l'âme de Monseigneur, et qui lui faisait, du haut des montagnes, considérer Paris comme un antre. Cet antre, M. Debeauvais ne s'en serait pas passé pour toutes les beautés des glaciers, des sapins et même des lacs alpestres. Il venait s'y distraire l'esprit, et non s'y retremper l'âme. Aussi s'en prenait-il quelquefois aux Alpes des injustices de Monseigneur pour son cher Paris, le dépeignant qui éreintait son cheval de fiacre pour faire en un jour l'ouvrage de quatre et fuir plus vite à La Combe. C'était une vraie fête d'entendre Monseigneur aimé, analysé, dépeint par M. Debeauvais. Un jour, à des personnes qu'il accompagnait, il dit : « Monseigneur est comme le couteau de Jeannot qui coupe six pouces avant la lame. » Une autre fois, en le voyant nous mettre tous à l'ouvrage, pendant que mon père faisait des recherches pour lui : « Monseigneur, nous dit-il, est un grand alambic qui élabore la pensée des autres. » Et à lui-même, en combattant une parole sévère qu'il voulait adresser à une âme dont ils se préoccupaient tous les deux (car entre ces deux hommes si différents, tout était en commun) : « Vous savez, lui dit-il, tous les progrès de l'artillerie : vous en êtes au canon rayé. »

Le même homme nous disait avec une larme

dans les yeux en parlant de sa victime momentanée, le bon abbé P..., qui allait d'Aix à Allevard pour continuer à soigner sa santé : « Que voulez-vous, Monseigneur sent que M. P... l'aime et il a besoin d'être aimé. Ce bon abbé m'a dit l'autre jour avec émotion : « Venez le voir plus « souvent, je vous en prie. Il n'y a personne à « Orléans qui sache amuser un évêque. »

. . . .

. . . .

. . . .

ÉPILOGUE

Les derniers jours de Mgr Dupanloup

L'évêque d'Orléans est mort ! mort sous le toit de ceux qu'il appelait ses amis de cinquante ans, en vue des montagnes de sa chère Savoie, à laquelle il a légué son cœur. Il est mort dans cette demeure suspendue aux flancs des Alpes, où, prêtre, il avait médité et écrit une partie de son ouvrage sur l'*Education*, ou, évêque, il venait chaque année se reposer des luttes glorieuses de son épiscopat, parfois s'ensevelir dans une retraite austère ; et l'amitié même la plus intime devait alors respecter le silence absolu et la continuelle prière de ce grand serviteur de Dieu.

Car si sa vie extérieure et militante appartient à l'histoire, sa vie intérieure est le secret de Dieu et des âmes qu'il a menées à Dieu. Cette vie inconnue et souvent méconnue a été sa vraie vie. Il y a puisé jour par jour, on peut le dire, l'invincible courage et l'ardente lumière qu'il mettait au service de l'*Eglise*, de la *France* et des *âmes*, ces trois flammes de son cœur de prêtre, dont le foyer ardent et grandissant a toujours été *l'amour de Dieu.*

I

Il était arrivé à La Combe le 16 août. Quatre jours après, une attaque d'apoplexie foudroyait sous ses yeux un prêtre éminent, son collaborateur dévoué et l'un de ses amis les plus chers. l'abbé Guthlin (1). Ce fut pour lui une douleur poignante. Nous le reverrons toujours devant la porte de la maison, bénissant tout en larmes le cercueil du compagnon de ses travaux, sur le char rustique qui allait le transporter à l'église ; puis suivant péniblement le cortège funèbre jusqu'à une pente rapide que ses pieds infirmes se refusèrent à gravir.

Cette catastrophe avait porté un nouveau coup à sa santé déjà profondément ébranlée. Après son départ d'Orléans, il avait eu une seconde atteinte de la maladie qui, depuis un an, paralysait son activité physique, contrepoids si nécessaire de son activité intellectuelle. « Pauvre La Combe ! Il ne me reconnaîtra plus, » écrivait-il tristement

(1) Vicaire général d'Orléans, ancien professeur de philosophie au collège libre du Haut-Rhin, auteur d'un remarquable ouvrage sur le positivisme. Il a laissé en manuscrit une étude sur Pascal, dont la publication réalisera bientôt, nous l'espérons, un des derniers vœux de Mgr Dupanloup.

en nous annonçant son arrivée. Et sa vie de La Combe en effet allait y être bien changée !

Plus de ces ascensions joyeuses que l'on faisait jadis en entourant sa pacifique monture (1), d'où il nous jetait tour à tour une phrase de Fénelon ou un vers de Virgile ; plus de ces repos dans les granges rustiques, où, assis sur le foin parfumé, il se faisait relire Dante, Shakspeare et Corneille. Plus de ces journées passées à la forêt (2) en conversations entremêlées de lectures et de prières, et quelles conversations !... Alors tantôt il esquissait un plan d'ouvrage sur les feuilles blanches de son bréviaire, avec l'indispensable crayon taillé par les deux bouts, tantôt enfin il exhortait et dirigeait une âme dans un de ces *a parte* de la montagne que l'on était accoutumé à respecter ; tantôt il traitait de quelque grande affaire avec un étranger, venu pour l'entretenir à La Combe, et qu'il avait entraîné bon gré mal gré, jusqu'à la région des chamois.

Il fallut aussi renoncer à revoir ce plateau de Saint-Mury (3), où d'ordinaire, à trois heures, son petit âne le portait, pendant qu'ombragé du parapluie légendaire, il récitait vêpres et complies. C'est là que nous allions le retrouver le soir, après sa lecture spirituelle, pour revenir

(1) Depuis que la vieillesse avait diminué ses forces, Monseigneur, autrefois marcheur intrépide, se faisait porter aux montées par un petit âne et redescendait à pied.

(2) Une vaste forêt de sapins qui s'étend au pied des glaciers de la Cytre et de Belledonne.

(3) Près du village de ce nom, placé au pied du glacier de Belledonne.

avec lui à travers les châtaigniers, aux lueurs du soleil couchant. Heures précieuses et chères, où son âme se dilatait dans une intime confiance et une charmante gaieté, où son esprit planait sur les choses humaines et montait à celles de Dieu par des coups d'aile qui faisaient rêver de Bossuet. Souvent il s'interrompait pour admirer quelque grande perspective alpestre qui lui arrachait une exclamation éloquente, ou bien il s'arrêtait à considérer une fleur, un brin d'herbe, un filet d'eau coulant à travers la mousse ; car il était attentif aux moindres détails des œuvres de Dieu, et il vivait avec la nature dans cette douce familiarité qui n'appartient qu'aux enfants et aux saints. D'ailleurs, il avait le sentiment de se trouver chez lui et de se retrouver lui-même, au milieu de ces montagnes dont il connaissait chaque repli, chaque sentier, chaque hameau, je dirai même presque chaque cabane. Il avait ses prédilections et ses amitiés dans les vallées profondes de nos Alpes, où telle petite église s'honore de l'avoir vu monter à son autel, telle chaumière de l'avoir vu s'asseoir à son pauvre foyer. Il aimait à bénir les enfants et les malades, à parler de Dieu aux paysans, surtout à ceux qui n'y pensaient pas assez. Ici comme partout il cherchait les âmes ; leur salut était la pensée dominante à laquelle il rapportait tout, et au besoin sacrifiait tout : ses forces et son temps, dont il était plus économe encore que de ses forces. On l'a vu faire des courses d'une journée entière dans la montagne pour visiter un vieillard impénitent, et, vieillard lui-même, braver une grande fatigue et de véritables dangers, par un de ces dévouements d'apôtre dont il espérait que le ciel serait seul à connaître le secret.

C'était à la fin d'octobre ; il était parti de La Combe après le déjeuner, le petit conducteur de l'âne l'accompagnait seul, portant sur son épaule un sac qui contenait invariablement : le verre de cuir pour boire aux sources de la montagne, les manuscrits et les livres pour travailler pendant les heures de halte, et surtout le bréviaire, ce cher bréviaire, dont le saint évêque disait un jour en le pressant sur sa poitrine : « Ah ! comment pourrait-on vivre sans lui ? »

Le but de sa course était de visiter un curé du voisinage ; mais ne l'ayant pas trouvé chez lui, il s'était mis à réciter son bréviaire dans le jardin du presbytère, pendant que le petit âne broutait à la porte sous la surveillance de son conducteur.

Tout à coup, Monseigneur entendit à cette porte un colloque entrecoupé de sanglots ; il y alla et trouva une jeune fille venue en grande hâte chercher le curé, et qui se désolait de son absence, disant que sa mère allait mourir et demandait à se confesser. « Rassurez-vous, mon « enfant, interrompit vivement l'évêque, moi aus- « si je suis un curé, et je vais aller voir votre « mère. » Le petit ânier intervint alors, avec l'autorité que lui donnaient ses fonctions de guide et la liberté rustique de son langage avec Monseigneur. Il objecta le long chemin qui restait à faire, la nuit qui était proche et la pluie qui commençait à tomber ; mais l'évêque fut inébranlable, et on partit.

Il fallut monter pendant une heure et demie pour arriver chez la malade, dont l'état était aigu, mais sans gravité pressante. Monseigneur s'en rendit compte aussitôt ; il s'établit néanmoins auprès du lit de la pauvre femme, l'exhorta, la consola et la confessa avec une grande édification, a-t-il dit plus tard, car il fut frappé de trouver non seulement une foi vive, mais encore une solide instruction religieuse dans cette paysanne de la haute et rude montagne.

Après avoir rempli ce ministère avec le respect et l'attention qu'il y mettait toujours, il s'assura que l'on irait chercher le curé dès le lendemain matin, et que jusque-là il n'y avait rien d'important à faire. Il repartit alors, mais la nuit tombait rapidement, et au bout d'un moment il se trouva enveloppé par d'épaisses ténèbres. trempé par une pluie froide et engagé dans des chemins escarpés, sans autre secours que son petit guide, qui triomphait bien un peu en se lamentant beaucoup.

Et le saint évêque avait alors soixante-dix ans !

A La Combe, où l'angoisse était vive, on envoyait dans toutes les directions des hommes portant des lanternes. Enfin, à neuf heures, on entendit la voix de Monseigneur au milieu de la tempête et de la pluie. Tout le monde courut à la porte, où l'accueillirent des exclamations de joie mêlées aux questions pressantes et même aux reproches de son vieil ami. « Ah ! ne me grondez pas, répondit le bon évêque avec la confusion d'un enfant pris en faute, et laissez-moi monter dans ma chambre, car je suis mouillé. »

Quand il redescendit au milieu de nous, il avait été trahi. Son petit compagnon avait raconté toute leur histoire, sans épargner, bien entendu, les détails les plus émouvants sur ce retour par la nuit obscure et en plein désert. On tremblait à la pensée de ce qui aurait pu arriver au saint évêque dans les pas difficiles qu'il avait franchis en s'accrochant aux arbres ou en palpant les pierres du chemin, et on lui démontrait vivement la terrible imprudence qu'il avait commise. Il ne cherchait guère à s'en défendre. « Mais que voulez-vous ? nous dit-il enfin ; je ne « pouvais faire autrement, je croyais que cette « femme était mourante et qu'il y allait de son « éternité. »

Tel était, dans le naturel et le charme de sa grande âme, celui qu'une presse, hostile à l'Église, est convenue d'appeler le fougueux évêque d'Orléans.

II

Tout cela, hélas ! était à jamais fini pour lui et aussi pour nous.

Il ne se faisait pas illusion, il avait reçu le coup de la vieillesse et il voyait approcher la mort ; mais le sentiment très vif qu'il eut à ce moment du déclin de ses forces ne s'exprimait que par un retour affectueux et prolongé sur les souvenirs du passé.

Assis au bout de la grande allée, le lieu de ses stations quotidiennes, il parlait avec attendrissement des amis absents ou disparus qui s'étaient jadis groupés autour de lui à cette place favorite ; il parlait des heures de lecture et de conversation où le contact de tant de rares esprits faisait jaillir une lumière si vive ; il parlait des âmes qui avaient été attirées dans notre solitude par sa présence et par son âme, de celles surtout qui avaient trouvé ou retrouvé la foi à l'ombre de ces montagnes, dont il aimait à redire « que « l'air y est plus pur, le ciel plus proche et Dieu « plus familier » !

Car le repos de Mgr Dupanloup, c'était encore le travail, et surtout les œuvres de conversion et de sanctification pour lesquelles il avait une passion sainte. Comprenant en vrai prêtre le prix et la beauté des âmes, aucun labeur ne lui coûtait pour leur restituer cette beauté ou pour l'achever en elles. Ceux qui ont pénétré dans son intimité savent que ce zèle sacerdotal a été chez le saint évêque une flamme vive, et qu'il faisait autour de lui une atmosphère incomparable. Que de fois nous l'avons vu, pendant de prétendues vacances, épuiser ainsi les forces qu'il était venu réparer ; mais combien d'âmes a-t-il relevées, consolées, sauvées ou transfigurées depuis celle qui s'écriait : « Oh ! mon Père, la lumière et la paix « ont passé sur moi, » jusqu'à celle qui, au déclin d'une vie emportée par la tempête, retrouvait dans notre petite chapelle les joies et les larmes de la chapelle Saint-Hyacinthe (1), au jour de sa première Communion !

(1) La chapelle du catéchisme dirigé par l'abbé Dupanloup.

Le souvenir qu'il évoquait avec le plus d'émotion était celui de trois jeunes filles, l'une sa fille spirituelle et sa filleule, arrivée protestante d'Angleterre, devenue catholique au milieu de nous, et qui avait rapporté à sa patrie le trésor de la foi dans un cœur d'apôtre. L'autre, qui s'était élancée de La Combe au Carmel, tandis que sa sœur y recevait, de la main de l'évêque, la première consécration d'un bonheur qu'elle devait, un an après, offrir en sacrifice sur la terre pour obtenir de l'éterniser dans le ciel. Le guide vénéré de ces chères âmes aimait à rappeler par quelle conduite admirable Dieu les avait élevées si jeunes à ces hauteurs de l'immolation et de l'amour, puis il ajoutait avec un accent paternel : « Ce sont les trois fiancées de La Combe. »

Mais ces attendrissements de son cœur ne diminuaient en rien l'énergie de son esprit ; nous retrouvions son activité intellectuelle toujours aussi intense, et sa vie de travail et de prière aussi régulière, malgré l'affaiblissement physique qui aurait dû y mettre obstacle. C'était, le matin, la même heure d'oraison qu'il faisait en se promenant sur la terrasse, puis la préparation à la messe, la messe et l'action de grâces ; il avait ensuite dans sa chambre trois heures et demie de travail austère jusqu'au déjeuner. Pendant l'après-midi, c'étaient les mêmes amas de lettres dépouillées et dictées, les mêmes lectures faites le crayon à la main, le bréviaire, la lecture spirituelle et le chapelet ; car cet évêque que l'on a accusé « d'avoir été plus soucieux de politique que de religion (1)», consacrait cinq heures par jour à la prière, et à peine une demi-heure à la lecture des journaux.

Pendant cette première station à La Combe, toujours occupé du travail d'autrui autant que du sien, il lut et annota plusieurs manuscrits de ses amis, avec cette critique lumineuse dans laquelle on trouvait tout un enseignement. C'était un maître, en effet, un maître pour les esprits, comme un père pour les âmes, souvent tous les deux à la fois, car il a toujours aspiré à susciter des chrétiens forts par la science autant que par la piété et par la vertu ! De là tant de soins assidus pour cultiver les moindres germes de talent, qui pouvaient servir la cause de Dieu et faire honneur à l'Eglise, de là ce zèle persévérant pour soumettre les âmes à la discipline du travail et pour les sanctifier par ce travail librement accepté, et fidèlement continué, sous le regard de Dieu. Le travail s'inspirant de la prière, la prière soutenant le travail, en un mot, l'union jusqu'à la pénétration de la vie spirituelle et de la vie intellectuelle, c'était ce qu'il pratiquait pour lui-même, et ce qu'il s'efforçait sans cesse de faire pratiquer aux autres.

Quant à lui, il préparait le deuxième volume de l'*Education des filles*, étudiant de très près les matériaux accumulés pour cet ouvrage. Ce qui le préoccupait à ce moment, c'était d'établir victorieusement la nécessité d'une philosophie élémentaire dans l'éducation des femmes et de vain-

(1) Article du *Lyon républicain*, 14 octobre 1878.

cre le préjugé qui l'en a proscrite. Cette étude, proportionnée d'ailleurs aux aptitudes des esprits, lui paraissait *capitale* (c'était toujours son grand mot) pour développer l'attention, la réflexion, le jugement, ces facultés maîtresses, qui font si souvent défaut à la femme, au grand détriment de sa piété et de son gouvernement domestique. Il avait éprouvé, disait-il, « que l'ignorance est « bien loin d'être la plus sûre gardienne de l'hu- « milité » ; et que souvent, au contraire, l'orgueil et la dissipation résultent de cette ignorance, qui laisse le champ libre à la frivolité. Il redoutait même les études superficielles, qui ne mettent en valeur que les dons brillants de la femme, et exaltent ses prétentions, sans élever son esprit. Aussi avait-il d'énergiques protestations contre « les lois somptuaires », réelles ou supposées, en vertu desquelles tant de jeunes filles s'interdisent les lectures sérieuses et les travaux utiles, et se livrent à la culture exclusive de ces talents d'agrément, qui sont pour elles la fausse monnaie de l'art véritable, ne leur donnent aucun sens éclairé du beau, et ne mettent dans leur vie qu'une vanité et un amusement de plus.

Mais après avoir exposé la raison de cette éducation, il fallait en donner la formule et la méthode. « Autre grave difficulté », disait l'évêque, « car les livres sont encore à faire, et des livres « même ne suffisent pas. Ce qu'il faut avant tout, « ce sont des maîtresses, nourries de fortes étu- « des, et qui se soient assimilé la substance de « leur enseignement. » Autrefois de semblables maîtresses se formaient dans les monastères, qui étaient des foyers de science chrétienne. Reprendre cette tradition des grands siècles de l'Eglise, et rétablir le sérieux travail intellectuel dans les ordres religieux de femmes, surtout dans les ordres enseignants, c'était une idée qui le préoccupait de longue date, et il avait même aspiré à la réaliser dans une fondation spéciale. Mais, détourné de cette œuvre par le malheur des temps et les nécessités de la lutte, il voulait au moins donner à son idée une forme, puisqu'il n'avait pas pu lui donner une vie.

Cette question trouvait sa place dans le livre où Monseigneur exposait sa doctrine sur l'éducation des filles, et où il formulait ses conseils, pour la vie des femmes du monde. Ce livre, dans sa pensée, devait être le résumé de son expérience de directeur, et le couronnement de cette partie de son ministère. Aussi attachait-il une grande importance à le terminer ; et il faisait pour cela des efforts courageux, mais imprudents, car sa santé à ce moment eût exigé un repos complet.

La suprême pensée du saint vieillard, « le der-« nier service qu'il voulait rendre à la France et « à l'Eglise, c'était donc de contribuer à former « des femmes sérieuses et studieuses » ; et cela au double point de vue de leur mission domestique à remplir, et de leur vocation intérieure à réaliser. Il établissait avec une autorité décisive le droit et le devoir qu'ont les femmes de donner tout le développement possible à leurs facultés, pour leur famille d'abord, pour partager et soutenir la vie morale et intellectuelle de l'homme, et pour préparer cette double « vie « chez l'enfant ; mais aussi, mais surtout pour « elles-mêmes et pour Dieu » ; pour élever leur âme en élargissant l'horizon de leur esprit, pour nourrir leur piété de doctrine, pour donner à leur caractère une solidité, sur laquelle s'appuie la vertu, pour mettre enfin dans leur vie une occupation qui peut être, à certains moments, une consolation, et qui sera toujours une lumière et une force.

Il ramenait sans cesse la conversation sur ce sujet, car il aimait à associer ses amis à ses préoccupations dominantes, à discuter et à étudier avec eux les questions dont l'intérêt s'imposait à son esprit. Avant de publier un ouvrage, il consultait un certain nombre d'entre eux, leur envoyant à chacun les pages de son manuscrit, ces pages bleues écrites à mi-marge, qu'on devait annoter avec « la dernière sévérité ». Et il avait su inspirer des affections assez dévouées pour obtenir d'elles ce que les hommes éminents obtiennent si rarement : la vérité. Il savait supporter la contradiction, et il se rendait à une juste critique avec cet élan spontané qui faisait éclater la sincérité de l'homme et plus encore l'humilité du prêtre. On comprenait alors que ce grand cœur n'avait jamais eu d'autre mobile de ses travaux et de ses luttes que l'amour pur de la vérité et le zèle désintéressé du bien.

Des questions d'éducation aux questions politiques il n'y avait pour lui qu'un pas ; car tout s'élève « ou s'abaisse à la fois dans un pays et « dans un siècle. Hélas ! qu'attendre de notre

« pauvre France dans le dépérissement de la foi « et des mœurs, la division des honnêtes gens et « l'affaiblissement des études, » répétait-il avec un douloureux accent. Et il avouait qu'il trouvait l'avenir bien sombre, mais sans que cela affaiblît en rien son indomptable énergie pour la lutte sur tous les terrains. Il y avait d'ailleurs un point d'où lui venait l'espérance : c'était Rome, c'était ce grand Pape, qui lui apparaissait comme le pacificateur des esprits et l'initiateur d'une phase glorieuse de la vie de l'Eglise. Avec quelle ardeur il s'associait à ses vastes desseins sur la politique étrangère, sur la réforme des études, sur l'organisation de la presse catholique ! Avec quel éclat d'intelligence il entretint de ces importants sujets un de ses anciens élèves qui, revenant de Rome, s'était arrêté à La Combe, pour lui apporter des nouvelles et un message de Léon XIII.

Mais il aspirait à aller lui-même porter à ce pontife vénéré l'hommage d'une vie épuisée dans le dévouement aux grandes causes de Dieu. Voir Léon XIII et puis mourir, c'était le vœu suprême de ce soldat de l'Eglise qui sentait approcher le terme de ses combats. Dès son arrivée à La Combe, il nous avait annoncé le dessein d'entreprendre un dernier pèlerinage à Rome, au commencement de novembre. Il prenait toutes ses dispositions dans ce but. Et quand nous voulions lui représenter les difficultés d'un si grand voyage, avec le genre d'infirmité qu'il avait contracté, il nous répondait seulement en nous engageant à partir avec lui.

Il n'écoutait pas davantage, je dois le dire, nos arguments et même nos supplications pour le détourner du voyage d'Einsiedeln, où il avait résolu d'aller faire sa retraite annuelle. Un jour, résistant à un dernier effort que l'on avait tenté dans ce but : « Non, non, » répondit-il avec une gravité très douce. « Laissez-moi aller à Einsiedeln, « j'ai besoin de faire cette retraite ; c'est une « grâce suprême que Dieu m'accorde pour me « préparer à la mort. »

III

Il partit donc le 2 septembre et revint le 25, le corps abattu, mais l'âme transfigurée. Nous eûmes tous l'impression que cette retraite avait été l'apogée de sa vie spirituelle.

Quelques années auparavant, il avait reçu la visite d'un prêtre qu'il vénérait comme un saint (1) et nous avait dit après son départ : « Dieu lui accorde en ce moment tant de lumières

(1) Ce prêtre était l'abbé Gérin, curé de la cathédrale de Grenoble, et qui, lui aussi, nous disait, après avoir causé pendant trois heures avec Monseigneur : « Ah ! « quelle grâce que d'approcher votre saint évêque ! « comme il fait bon rencontrer une âme qui comprend « ainsi le prix des âmes ! » La vénération mutuelle de ces deux saints donnait lieu, quand ils étaient ensemble, à des scènes qui nous rappelaient la rencontre de saint Dominique et de saint François.

Quelque chose d'analogue se passait à Ars, où Monseigneur s'arrêtait chaque année pour se confesser au curé, « et c'est lui, nous a-t-il souvent répété, qui m'a « donné les plus grandes lumières sur mon âme. » Ces

« et de grâces que cela me fait peur pour la « terre... » Et quatre mois plus tard, ce prêtre était mort.

Nous aussi, nous eûmes peur pour la terre en l'écoutant parler de Dieu, en le voyant faire oraison et dire la messe. Il n'avait plus à l'autel cet accent net et expressif, qui faisait jaillir la lumière de chaque parole sainte, ni ces gestes précis et fermes, qui accentuaient le sens et la beauté de chaque cérémonie. Mais tout en lui révélait d'une manière plus saisissante encore cette foi ardente et véhémente dont les incroyants eux-mêmes ont subi l'irrésistible impression. Parfois

lumières, il ne se contentait pas de les recueillir pour lui-même, il envoyait d'autres âmes les chercher auprès du saint curé, « afin de suppléer à celles qu'il ne pouvait leur donner », c'étaient là ses propres paroles. L'auteur de ces pages a accompagné à Ars une personne qui avait entrepris ce voyage par le conseil de Monseigneur. Arrivée depuis le matin, la pauvre étrangère avait vainement tenté de percer la foule qui entourait toujours le confessionnal du curé, et de parvenir jusqu'à lui. Aussi avait-elle guetté le moment où il retournait chaque soir de l'église à son presbytère, pour chercher à l'aborder. Mais le bon curé était contraint par l'obéissance à ne pas laisser empiéter sur ses courts instants de repos, il continuait rapidement sa route, sans avoir l'air de rien entendre, et surtout sans rien répondre. « Monsieur le curé, s'écria alors la pèlerine, je viens ici de la part de Mgr Dupanloup. » A ce nom, le curé s'arrêta tout court, se retourna, et fixant sur son interlocutrice le regard clair et profond de ses grands yeux. « Ah ! mon enfant, lui répondit-il, en joignant les mains avec une expression indicible, vous avez le bonheur de connaître ce saint évêque, *et de quoi pouvez-vous avoir besoin ?* » Ces paroles nous ont toujours paru un des plus touchants hommages rendus à Mgr Dupanloup ; car c'était l'élan spontané d'un saint qui avait pénétré l'âme du grand évêque.

une émotion qu'il ne pouvait contenir faisait trembler ses mains et entrecoupait sa voix ; parfois aussi une note vibrante s'échappait de cette voix affaiblie et presque éteinte. Ainsi se trahissait un de ces élans d'intercession et d'amour, dont on aurait pu dire en empruntant ses propres paroles, « son âme a poussé un cri ».

Oh ! que de cris suppliants a dû pousser vers le ciel cette âme plus accablée sous le poids des maux de l'Eglise et de la France que son cœur ne l'était sous celui de la vieillesse et des infirmités !

Oui, tout dans la vie du saint évêque se ressentait du voisinage plus proche de Dieu. Cette vie sacerdotale si fidèle, si fervente, qui était notre édification depuis tant d'années, avait acquis à ce moment une intensité et un rayonnement nouveaux. Plusieurs fois dans la journée, on trouvait l'illustre vieillard à la chapelle, littéralement abîmé dans la prière ; et quand il sortait de la prière, on sentait en lui une suavité, une sérénité, qui s'exhalaient de son âme comme un parfum.

Nous remarquions aussi qu'il avait gardé toute sa sévérité contre lui-même, mais qu'avec les autres il ne savait plus qu'aimer, pardonner et bénir. On eût dit qu'il habitait par avance la région de la charité infinie.

Cette disposition de son âme se manifestait, non seulement dans ses rapports particuliers, qui étaient empreints d'une patience et d'une indulgence inaltérables, mais aussi dans son action sur les affaires de l'Eglise, où il n'intervenait plus que pour modérer et concilier les esprits. Son désir le plus vif était la cessation des controverses irritantes entre les catholiques, et leur union autour du grand pontife que Dieu avait donné à son Eglise. Ses derniers efforts, nous le savons, furent dirigés vers ce but.

Ce qui se mêlait jadis de vivacité humaine à son zèle pour la justice et pour la vérité s'absorbait ainsi dans une suavité croissante ; et l'on peut dire que l'ange intrépide du combat était devenu l'ange de la douceur et de la paix.

Et tandis que la charité du prêtre enveloppait à la fois ses amis et ses adversaires (je ne saurais dire ses ennemis, car il n'a jamais eu d'autres ennemis que ceux de l'Eglise), la tendresse du Père se répandait sur ses enfants avec une effusion plus touchante encore que par le passé.

Mais c'était spécialement vers la jeunesse et vers l'enfance que s'inclinait ce grand cœur ; et toutes les dispositions de la Providence semblaient donner à cet attrait de solennelles et touchantes confirmations. Dieu, qui a souvent dans la vie des saints des délicatesses de père et des traits d'artiste, voulait que la vie sacerdotale du grand évêque s'achevât comme elle avait commencé, dans un amour de prédilection pour la jeunesse, et que cette première beauté de son ministère rayonnât sur ses derniers jours.

Dieu, qui avait permis qu'un élève du saint vieillard (1) lui apportât la bénédiction de Léon XIII, allait faire descendre la bénédiction du ciel même sur le vieillard mourant par la main d'un

(1) Le comte Charles Conestabile.

fils privilégié de son cœur. Et, consécration admirable d'un admirable ministère, l'apôtre de la jeunesse devait être absous et béni à son heure suprême par un de ses plus jeunes disciples (1).

Un autre disciple du saint évêque représentait auprès de lui « cette école sacrée qui avait été « ici-bas un de ses plus grands amours ». Ce jeune prêtre (2) avait suivi Monseigneur à La Combe, pour réparer sous ses yeux des forces déjà épuisées par le travail. Il repartit au commencement d'octobre, ne sachant pas, hélas ! qu'il avait recueilli pour lui-même les suprêmes enseignements de ce maître bien-aimé, ni qu'il rapportait à ses élèves sa dernière bénédiction et le dernier témoignage de sa sollicitude.

Cette sollicitude paternelle s'exerçait de près comme de loin sur tous ceux qui en étaient l'objet, et jusqu'au dernier moment elle lutta dans le saint évêque contre les impuissances de la maladie. Trois jours avant sa mort, il voulut encore recevoir, malgré son extrême fatigue, quatre jeunes sœurs qu'il avait bénies au berceau, et dont il avait adopté les âmes, dès leur premier éveil pour les donner à Dieu. Mais plus près de lui encore, et sous le toit qui l'abritait, Monseigneur avait retrouvé un enfant dont les traits reproduisaient exactement ceux de son père, alors que trente ans auparavant l'abbé Dupanloup portait celui-ci à travers les torrents de la montagne et

(1) M. l'abbé Chapon, vicaire de la cathédrale d'Orléans.

(2) M. l'abbé Vié, préfet des études au petit séminaire de La Chapelle.

lui apprenait à servir la messe. Le petit Joseph de maintenant lui rendait son petit Félix d'autrefois. Il rattachait pour lui le présent au passé de La Combe, et à un passé plus lointain encore. Car le saint évêque revoyait sans doute, dans cet enfant, tous les enfants du catéchisme, auxquels il avait consacré les prémices de son cœur et de sa vie sacerdotale.

C'était un spectacle touchant et charmant que celui de la tendresse qui enlaçait le vieillard et l'enfant. Avec l'audace de ses cinq ans, le petit Joseph demandait tout et obtenait tout. Il pénétrait le matin dans la chambre de Monseigneur aux heures strictement réservées, s'établissait à sa table, barbouillait son papier avec le crayon taillé aux deux bouts, et cassait le bout bleu. Puis il s'emparait de l'écrin des bagues pastorales qu'il passait successivement au doigt de l'évêque. « Laissez-le faire, c'est mon ami, » répondait Monseigneur, quand on voulait s'opposer à toutes ces témérités. Alors il attirait l'enfant auprès de son fauteuil, l'enveloppait de son bras ; et sa tête affaissée sous le poids de la maladie s'inclinait encore jusqu'à cette petite tête blonde qui se relevait vers lui. Il le gardait là longtemps, causant avec lui sérieusement ou gaiement, mais toujours paternellement. Dans un de ces colloques qui auraient pu tenter le pinceau d'un artiste, le mot de gloire fut prononcé par l'évêque. Joseph attachant sur lui son regard étonné : « Monseigneur, lui demanda-t-il vivement, qu'est-ce que c'est que la gloire ? » « Je n'ai su que lui répondre, » nors dit le bon évêque avec une candeur charmante. La question d'un enfant avait embarrassé ce vieillard couvert de gloire, et l'avait réduit au silence.

Et avec les traits du Père de l'enfance, c'étaient ceux du pasteur des âmes qui s'accentuaient de plus en plus à nos yeux. Mais le zèle sacerdotal du saint évêque était tempéré par cette douceur qui a été, nous l'avons dit, la note dominante de ses derniers jours. C'est bien à cette heure qu'il réalisait dans sa plénitude une parole de Fénelon, que nous lui avons si souvent entendu répéter : « Pasteurs des âmes, soyez pères, ce n'est « point assez, soyez mères ! » Surmontant les souffrances de la maladie, pour écrire ses lettres de direction, pour confesser et exhorter jusqu'à l'heure même de sa mort, il donnait aux uns l'impulsion ou la lumière décisive pour l'avenir, il résumait aux autres les enseignements du passé, en achevant de fixer le grand trait de leur vocation intérieure, « et déposait dans chacune de ces âmes le mot de Dieu ».

Mais surtout il tentait un nouvel effort pour amener ou ramener à Dieu ceux qui en étaient séparés. Nous voudrions avoir le droit de redire ce que nous lui avons vu faire et souffrir à ce moment, pour une âme, dont il croyait le salut en péril, et pour une autre âme, dans laquelle de grands dons de la grâce ne rencontraient pas une correspondance suffisante, et « qui risquait », selon son énergique expression, « de faire banqueroute à Dieu » ! Quels accents sortaient de son cœur ! quels sanglots entrecoupaient sa voix ! Avec quelle ferveur désolée prenait-il alors ce chapelet, qui était sa ressource suprême, lorsque sa parole avait été vaincue ! Combien de fois, pendant ces trente ans, nous l'avons vu disputer ainsi le salut des âmes par une prière presque ininterrompue ; et dérogeant même au principe le plus sévère de son règlement, prolonger ses veilles à dire et à redire le rosaire (1) pour calmer l'angoisse paternelle qui le dévorait, et que nous appelions entre nous : la fièvre du bon pasteur.

Et à ce zèle d'apôtre il joignait le respect sacerdotal « qui voit dans l'âme la plus dégradée l'i« mage de Dieu qu'il faut refaire », et dans la plus humble, le prix du sang de Jésus-Christ. Une ancienne domestique de la maison, qu'il y avait connue, se mourait sans sacrements. Il l'apprit, en fut très ému, et voulut aussitôt lui écrire. Sa lettre forte, paternelle et touchante, la décida à appeler son curé et à se faire administrer. On annonça cette nouvelle à Monseigneur la veille même de sa mort. « Ah ! Dieu soit béni, » s'écria-t-il, et un sourire ineffable illumina son visage.

Le salut de cette femme du peuple avait été la dernière œuvre de l'illustre évêque d'Orléans.

Chose remarquable d'ailleurs, cette grande âme, arrivée au seuil de l'éternité, ramenait tout aux principes élémentaires des deux vertus qui sont le fondement de la vie spirituelle : la charité et

(1) Il n'est pas question ici du chapelet ordinaire, mais bien du rosaire, dont il récitait les quinze dizaines, et cela plusieurs jours de suite, quand il voulait obtenir une grâce importante pour une âme.

l'humilité ! « C'est par l'amour du prochain que « vous arriverez à l'amour de Dieu, » dit-il à une personne qui était venue chercher auprès de lui une dernière bénédiction et un suprême enseignement. Cette parole donne la note fondamentale de ses exhortations et de ses entretiens, surtout depuis son retour d'Einsiedeln. Combattant avec énergie « ces mouvements durs qui blessent « les âmes, et cet orgueil qui met dans le cœur « une pierre pour Dieu », il recommandait avec une onction pénétrante la douceur qui a ses racines dans l'humilité, et l'indulgence inépuisable pour autrui, qui procède de la vue profonde de nos propres misères et de notre absolu néant. « Méfions-nous à l'égard du prochain, disait-il, « de nos préventions, de nos antipathies, même « de nos raisons. » Puis, expliquant la contradiction apparente de ces deux paroles de Notre-Seigneur : Ne jugez pas et gardez-vous des hommes, « il ne faut pas juger les autres, concluait-il, que « lorsque cela est nécessaire ou utile, les juger « sans les condamner et surtout ne les juger qu'en « se jugeant soi-même. » Et à propos du livre de M. l'abbé Planus sur saint Jean-Baptiste : « Je « ne trouve rien de plus touchant que cette vie « du Précurseur, cette pénitence, ce martyre et « par-dessus tout cette humilité, repoussant tou« jours les hommages, disant toujours : non, non, « à ceux qui lui demandent : Etes-vous le Christ ? « êtes-vous celui qui doit venir ? Quand on veut « nous louer, il faut répondre comme lui : non, « non. »

C'est ce qu'il faisait, en effet, quand nous essayions de lui témoigner la vénération croissante dont il était l'objet. Il nous imposait silence par un mouvement spontané, qui venait des profondeurs de son âme. « Ah ! mon pauvre ami, quel« les illusions vous vous faites sur moi, » répondait-il un jour d'un accent pénétré ; et il ajoutait alors cette exclamation, qui était une des formules habituelles de son humilité : « Ah ! si vous « saviez quel pauvre homme je suis ! »

Mais en repoussant la louange qui venait des hommes, il aimait surtout à s'abaisser devant lui-même et à s'humilier aux pieds de Dieu. Ce qu'il ne nous disait pas, mais que nous savions, c'est que, jusqu'au moment où ses infirmités le lui avaient interdit, une de ses pratiques quotidiennes était de baiser la terre, surtout après l'examen de ses fautes, renouvelé trois fois par jour. Quand il était seul dans la chapelle, il en profitait pour s'agenouiller devant la marche de l'autel, l'embrassait avec une fervente humilité et y restait longtemps prosterné.

Quelquefois néanmoins il soulevait un coin du voile de sa vie spirituelle, quand il nous entretenait de ses prédilections pour quelques saints, avec lesquels il vivait dans une intimité constante : c'était saint Paul, qui avait été la lumière et le modèle de sa vie apostolique ; saint Raphaël, le guide de la jeunesse, qu'il avait pris pour protecteur de ses œuvres d'éducation ; saint François de Sales, le docteur de la Savoie, et qu'il appelait son père ; saint Vincent de Paul, dont il méditait sans cesse la vie et les vertus ; sainte Thérèse, dont il avait tant étudié la doctrine et dont il avait voulu écrire l'histoire. Mais surtout il nous recommandait, et je peux dire il nous léguait sa double dévotion à la *Vierge fidèle* et à la *Vierge très prudente*, qui, depuis le commencement de son sacerdoce, avait été pour lui un puissant moyen de correspondre à la grâce dans la vie intérieure, et de la féconder dans la vie extérieure.

On le voit, la dévotion et même les dévotions étaient une des forces de cette vie, à laquelle rien n'a manqué de ce qui fait une vie complète et puissante, au point de vue divin comme au point de vue humain. La dévotion n'était chez le grand évêque que l'épanouissement de la religion ; et la religion, cette religion grave, tendre et profonde, pénétrait jusqu'à ses dernières fibres, non pour les affaiblir, mais pour les vivifier. Il appartenait à la race de ces héros de l'Église, dans lesquels la sainteté couronne les dons d'une grande nature, et la délivre du poids des passions terrestres qui eussent été l'obstacle à son développement harmonieux. Il se déployait en Dieu avec un charme, une vigueur et une liberté qui faisaient de lui un homme aimable entre tous, et à la fois un grand homme et un saint. Si l'on voulait caractériser sa vie d'un seul trait, on pourrait dire que c'était l'équilibre parfait de la vie surnaturelle et de la vie naturelle, ou plutôt la pénétration complète de ces deux vies, élevées à leur plus haute puissance et se réalisant dans l'activité la plus féconde.

Ainsi les affections de son cœur, loin de s'absorber, se dilataient au contraire dans cet amour, dont il nous disait : « Il n'y a qu'un amour au « ciel et sur la terre, c'est l'amour de Dieu. Mais « dans cet amour se retrouvent tous les amours « d'institution divine et toutes les amitiés bénies « de Dieu. »

Cet amour élevait aussi et illuminait les facultés de son esprit. La parole de l'Ecriture : *in lumine tuo videbimus lumen*, était bien réalisée dans la vie intellectuelle du saint évêque, qui allait sans cesse chercher à l'autel l'inspiration pour son travail, le conseil pour sa conduite, qui méditait dans l'oraison ses plans d'ouvrages et ses œuvres épiscopales, et qui a fait à l'un de nous cet aveu touchant : « que toutes ses bonnes idées « lui venaient d'ordinaire à la messe. »

C'était aussi à la source de ce grand amour que s'alimentait l'inépuisable jeunesse d'impression et d'enthousiasme qui fut une de ses puissances. Il saisissait les plus fugitives apparitions de Dieu dans les âmes, les moindres rayons de sa beauté dans la nature et dans les arts. De là ses émotions, ses admirations éveillées par un mot, un accent qui lui révélait une touche de la grâce sur une âme, par un regard d'enfant dans lequel il voyait le ciel, et aussi par certains éclairs de génie qui, dans les poètes classiques, lui semblaient jaillir du foyer lointain de la révélation primitive, à travers les ténèbres de la chute. De là cette intelligence si vive des aspects variés de la campagne, dont il ne se lassait jamais, parce qu'il y trouvait un reflet des perfections divines et un don de la bonté infinie. Comme les docteurs du moyen âge, il avait le sentiment des harmonies de la nature avec celles du monde de la grâce et du monde de la gloire. Il comprenait les affinités de certains lieux avec certains mouvements d'âme et certaines notes de l'amour divin. Il se plaisait à dire la messe, à réciter son bréviaire dans des sanctuaires ou dans des sites dont le caractère lui paraissait analogue à celui d'un saint, d'une fête de l'Eglise, ou d'un anniversaire se rapportant à un fait de sa propre vie. Car il avait aussi pour lui-même le culte des souvenirs ; il était attentif à conserver toutes les traces de Dieu empreintes sur son passé : joies, épreuves, lumières, affections, rien ne se perdait pour son âme. En chaque chose, il recherchait le don et le dessein de la Providence, afin de rester constamment fidèle à la grâce et à l'action de grâces.

Oui, ce grand amour était le principe et l'unité de sa vie, sa vie même. C'est lui qui avait donné un contrepoids de tendresse et de douceur à ce caractère énergique et fier ; c'est lui qui avait maintenu la fraîcheur et même la candeur des sentiments dans cette nature si maîtresse, si précise et si décisive ; c'est lui qui avait soumis par la plus humble et la plus entière obéissance à l'Eglise cette volonté ardente et persistante ; c'est lui enfin qui avait fait planer la paix de l'abandon à Dieu sur les agitations de cette vie toujours dévorée par le travail, emportée par la lutte et plusieurs fois brisée par d'inexprimables douleurs.

Et cet amour, comme un rayon vainqueur de tous les nuages, resplendissait sur ses derniers jours. Ce n'était pas le déclin, c'était la plénitude de la vie pour le glorieux vieillard qui aurait pu dire avec le prophète : *Dieu a renouvelé ma jeunesse comme celle de l'aigle.* Tous nous en avions la vive impression ; jamais nous n'avions éprouvé à ce degré sa puissance de recevoir et de transmettre la grâce. Jamais nous n'avions senti une telle chaleur rayonner de son cœur, une telle lumière de son esprit, et jamais nous ne lui avions trouvé tant de poésie dans l'âme.

Mais cet amour qui était jadis en lui, vibrant comme un cri, ardent comme une flamme, était à cette heure un sentiment profond et très calme, qui, par instant, se trahissait dans un mot ou un accent qu'on ne peut redire et dont rien n'effacera jamais l'impression. C'est que la puissance de cette âme s'était transformée. A l'activité infatigable de sa vie succédait une contemplation paisible de la vérité et de la beauté éternelles, pour lesquelles elle avait tant combattu et qui allaient être sa récompense.

IV

L'heure de cette récompense approchait.

Deux jours après son retour à La Combe, il avait senti le premier renouvellement de la maladie qui devait l'emporter.

Le samedi 28, il nous rappela que le lendemain, fête de saint Michel, il dirait, comme il le faisait tous les ans, la messe pour le comte de Chambord, dont c'était le jour de naissance, et nous étions convenus de nous unir à lui dans un grand effort de prière pour notre chère et malheureuse France. Mais le lendemain même, de très bonne heure, une suffocation soudaine le saisit. On l'obligea à prendre une potion calmante, et il ne put se lever que pour assister à la messe tardive de M. l'abbé Chapon.

Ce jour-là, il avait envisagé la mort, et sa première pensée ou plutôt son premier cri avait été : Rome ! Rome qu'il ne pourrait pas atteindre ! Mourir sans avoir vu Léon XIII, sans avoir porté aux pieds de ce grand Pape l'hommage d'une vie de combats, dont la suprême récompense eût été de contempler en lui les espérances de l'Eglise et de la France ; ce fut pour le saint évêque un sacrifice sanglant. Mais ce sacrifice, accepté dans le secret de son cœur, devait peut-être couronner et féconder tant d'œuvres laborieuses, accomplies devant les hommes pour le triomphe des causes sacrées, auxquelles il avait dévoué sa vie.

Une autre pensée l'occupait encore : c'était son livre commencé, ce livre où il voulait déposer la dernière pensée de son âme sacerdotale. « Aurai-je le temps de le terminer ? » demanda-t-il au Dr Michaud qui lui avait apporté, avec une science très éclairée, un dévouement à l'épreuve de trente années. « Oui, lui répondit celui-ci, vous « achèverez cet ouvrage et d'autres encore, mais « à une condition : c'est que pour le moment « vous renoncerez à y travailler et que vous pren- « drez un repos complet. »

En effet, le lendemain, un traitement très actif parut conjurer la crise. Nous nous rassurions tous, mais lui se sentait profondément atteint.

Son calme entretenait notre illusion, et cependant quelquefois une parole, un regard trahissaient la pensée en face de laquelle il restait. Au sujet d'une œuvre qu'on lui demandait d'entreprendre : « Ce n'est pas possible, répondit-il, *je ne suis plus pour longtemps en ce monde.* »

Un autre jour, nous le trouvâmes seul, assis sous les arbres de la grande allée ; nous fûmes frappés de la tristesse solennelle empreinte sur son visage, et comme s'il avait surpris cette impression sur les nôtres : « Mes enfants, nous dit-il avec un accent très grave et très doux, *je n'aime plus que le silence.* »

Durant cette semaine toutefois, il put encore aller chaque jour s'asseoir au bout de la grande allée, réciter son bréviaire en se promenant sur la terrasse, et surtout il put dire la messe à sept heures et demie du matin avec une exactitude rigoureuse. Mais, de jour en jour, son effort pour monter à l'autel était plus visible, sa voix plus altérée et ses mouvements plus difficiles. Après avoir déposé ses ornements sacerdotaux, il tombait épuisé sur son fauteuil, où il faisait néanmoins une longue et fervente action de grâces. Puis il avait grand'peine à regagner sa chambre appuyé sur un bras ami.

Il se mettait alors au travail en vertu d'une tolérance plus ou moins réelle du docteur. Mais nous nous étions entendus pour aller le déranger successivement et impitoyablement. Le petit Joseph était toujours celui qui y réussissait le mieux.

Dans l'après-midi, on faisait à Monseigneur ou il faisait lui-même ses lectures accoutumées. Il achevait en ce moment l'ouvrage de Taine sur la Révolution. « Ce livre, disait-il, est une révolution. » Et fidèle à son principe « de chercher ce qui rassemble et non ce qui divise », il écrivit à cet ancien adversaire pour lui offrir la communication de manuscrits inédits sur l'époque qu'il étudiait.

Il lisait en même temps les ouvrages d'Amédée Thierry sur le cinquième siècle et sur Attila, afin de comparer les données de l'histoire avec celles d'une tragédie jouée au séminaire de La Chapelle, et dont il était justement et paternellement fier (1). Il relisait aussi le *Traité de l'amour de Dieu* par saint François de Sales, un des ouvrages qu'il avait le plus profondément étudiés dans sa vie, ses chers volumes de la *Correspondance de Fénelon* qui étaient toujours sur sa table, et la *Vie de saint Vincent de Paul* par Abelly, dans laquelle il faisait sa méditation.

Le samedi 5 octobre, il dit encore la messe, sa dernière messe !...

Ce jour était celui qu'il avait fixé pour le baptême d'un petit Félix, frère de Joseph, et dont il devait être le parrain (2).

En attendant l'heure de la cérémonie, il demanda qu'on lui lût les épreuves d'un article du *Correspondant* sur la politique de Léon XIII.

(1) La tragédie de Saint-Aignan, par M. l'abbé Vié.
(2) Un évêque, quand il est parrain, doit faire lui-même le baptême.

C'était un hommage éloquent rendu au Souverain Pontife par un ancien élève de La Chapelle. Ce travail allait au cœur de l'évêque, en lui donnant de nouveaux motifs d'admirer le Saint-Père, et en confirmant ses espérances sur un fils bien cher, dans lequel « il voyait, pour l'avenir, un des hommes dont l'Eglise a besoin ». Ce fut là sa dernière et très vive joie ; et son émotion gagna le lecteur et l'auditoire, de telle sorte que plus d'une fois la lecture fut interrompue.

Le baptême du petit Antoine-Félix termina la journée.

Quel moment que celui de cette cérémonie, sur laquelle planaient tant de souvenirs avec tant d'angoisses ! Monseigneur, assis devant l'autel, prit la tête de l'enfant entre ses mains et la tint longtemps embrassée, avant de commencer le baptême. Joseph, en costume d'enfant de chœur, était à genoux sur la marche de l'autel. Auprès de lui la jeune marraine présentait l'enfant à son parrain, dont la main tremblait, dont la voix se perdait dans les sanglots, pendant qu'il accomplissait, avec une piété et un respect saisissants, chaque cérémonie du baptême. Quand tout fut fini, il voulut qu'on récitât le *Te Deum.*

Il sortit ensuite de la chapelle et s'arrêta dans une grande salle qui la précède. « Quelle beauté ont ces paroles du baptême, » s'écria-t-il, « quelle « admirable initiation à la vie chrétienne ! On « ne trouve rien de pareil nulle part. » Il se fit alors apporter son petit filleul et nous couvrit avec lui d'une bénédiction qui s'étendait aux absents et faisait revivre tout le passé... C'était le dernier rayon de ce cher passé prêt à disparaître, comme le dernier rayon du soleil dans le ciel pur qui nous éclairait.

V

L'angoisse qui avait oppressé nos cœurs pendant la journée du samedi, cette angoisse était un pressentiment. Notre saint évêque avait accompli ce jour-là les derniers actes de sa vie sacerdotale ; le lendemain, sa dernière semaine était commencée.

Il ne put dire la messe du dimanche et de saint Bruno auquel il avait une dévotion spéciale. La crise quotidienne s'était aggravée, le mot de danger fut prononcé par le docteur comme une menace lointaine, il est vrai, mais ce mot nous transperça. Nous envoyâmes de suite un télégramme au Dr Combal, de Montpellier, l'ami dévoué de Monseigneur, et dont son confrère de Grenoble réclamait le concours. Hélas ! celui que le cher malade désirait si vivement, et que nous attendions tous avec une indicible angoisse, malade lui-même au fond des Pyrénées, ne pouvait accourir vers nous.

Une grave maladie retenait aussi loin de l'évêque l'ami et le compagnon inséparable, dont la vie était depuis vingt ans unie à la sienne par une affection filiale et par un dévouement sans limites. Monseigneur lui cachait son véritable état, sachant bien qu'à la première nouvelle de nos inquiétudes M. Lagrange serait parti, sans compter avec ses forces. Le 9 octobre, ce fidèle ami reçut encore une lettre de son évêque, qui lui donnait rendez-vous à Orléans, pour une époque très prochaine. Deux jours après, la terrible nouvelle le foudroyait, au moment même où, sur le premier avertissement de la crise que l'on croyait conjurée, il allait néanmoins s'embarquer pour La Combe, en bravant toutes les défenses des médecins.

Le lundi et le mardi, la faiblesse augmenta. Monseigneur se traîna cependant à la chapelle et communia à la messe de M. l'abbé Chapon. Le mardi, il resta abîmé dans une longue oraison : c'était sa dernière communion.

Le mercredi, la suffocation, qui revenait chaque matin, l'empêcha de sortir de sa chambre. A l'heure du déjeuner, se sentant mieux, il voulut encore se mettre à table avec nous. Les quelques pas qu'il avait dû faire pour gagner la grande salle (1) provoquèrent une nouvelle suffocation. Il ne mangea presque pas.

Après le déjeuner, la crise se calma. La figure altérée du saint vieillard s'éclaira d'un sourire. Il s'assit encore une fois à sa place ordinaire, contre le billard. Alors nous vîmes jaillir, de son esprit et de son âme, un des brillants rayons d'autrefois, et nous eûmes, un instant, l'illusion de le ressaisir tout entier.

C'était cette grande conversation que l'on ne retrouvera plus, avec son tour si noble et si natu-

(1) Cette salle était contiguë à sa chambre.

rel, ses larges vues, ses traits incisifs, ses accents vibrants ; c'était cette parole précise et forte, en quelque sorte sculpturale, qui allait au vif des questions, accusait avec vigueur le caractère des événements et des hommes et tour à tour saisissait les traits les plus délicats de la beauté des choses divines et humaines ; parole d'une autorité souveraine et d'un charme irrésistible, où se révélaient le prince de l'Eglise, le politique, l'orateur, l'ami, le prêtre, le prêtre surtout, qui élevait toutes les questions jusqu'à cette hauteur où elles s'éclairent à la lumière des principes éternels, et se dilatent dans le grand horizon de la foi.

Oui, nous retrouvâmes tout cela dans ce précieux instant, où il avait peut-être le sentiment de se retrouver lui-même pour la dernière fois. Un des jeunes gens qui l'entouraient, lui ayant alors proposé de faire sa promenade habituelle sur la terrasse : « Non, non, répondit-il vivement, pas encore, » et il ajouta avec sa grâce inimitable : « Je me repose ici auprès de votre oncle qui me charme. »

C'est qu'il remontait avec son vieil ami tout le cours de leurs années jusqu'à celles de leur jeunesse, et ils y retrouvaient la paternelle action de deux prêtres, dont le souvenir a toujours plané sur la vie de l'évêque : l'un, ce grave et pieux abbé Borderie, qui l'avait donné à Dieu dès l'enfance et conduit au sacerdoce ; l'autre, cet angélique abbé Teysseire, dont les lambeaux de manuscrits recueillis dans les balayures d'un corridor de Saint-Sulpice avaient révélé au jeune abbé Dupanloup l'art et la vocation du catéchiste. Il revint alors « sur ces belles années de la Restau-« ration, où il y avait tant d'ardeur dans les es-« prits, tant de sève dans les âmes et tant d'hom-« mes dans le pays ». Il parla de Lamartine, dont il copiait, la nuit, une tragédie condamnée par l'auditoire de la Roche-Guyon à ne pas survivre à une première lecture ; il parla du duc de Rohan, qui l'avait initié à la connaissance du grand monde où l'appelait son ministère ; de Chateaubriand, dont il disait : « Ce qui est étonnant, « c'est qu'il soit resté légitimiste en étant révo-« lutionnaire, et catholique en étant un mau-« vais chrétien. »

Il nous dépeignit ensuite sa stupeur au moment de la Révolution de Juillet, « qui avait été, après « les Cent-Jours, le point de départ de tous les « écroulements de la France. Cela ne m'a point « empêché, ajouta-t-il, d'approuver et de soutenir « les hommes comme M. Molé qui cherchaient à « tout sauver. » Et exposant alors la situation de l'Eglise et des catholiques de France, pendant les luttes généreuses qui aboutirent à la victoire de la liberté d'enseignement, il rappela le souvenir de ceux qui avaient soutenu ces luttes depuis Mgr Affre, « caractère naturellement faible, mais dans « lequel l'évêque avait transformé l'homme », jusqu'à M. de Montalembert et à M. de Falloux, desquels M. Thiers disait : « L'un est un grand « guerrier, l'autre est un grand homme d'Etat. » Il parla de M. Thiers lui-même chez lequel il avait surpris, à certains moments, des accents qui lui révélaient une âme. Un jour surtout, se trouvant seul avec lui, la conversation était devenue un monologue éloquent où M. Thiers réfutait l'athéisme, et exposait ses raisons de croire, non seulement à l'existence, mais à la bonté de Dieu. Il marchait à grands pas dans son salon ; tout à coup s'arrêtant devant une gravure : « Voyez, Monseigneur, « s'écria-t-il, Dieu, en créant le monde, aurait pu « faire quelque chose comme cette gravure, et il « a voulu lui donner la couleur et le parfum. »

Mais cette parole et d'autres semblables étaient des éclairs, dont l'évêque avait vu bientôt s'évanouir la lumière, et, rappelant « les déchéances « successives de cet homme d'Etat, qui aurait pu « devenir un grand homme », il repassa avec douleur les fautes commises à Bordeaux par l'Assemblée « qui, elle aussi, aurait pu sauver la France, et qui ne l'a pas fait ». Cette pensée oppressait si cruellement son cœur que, pour l'en distraire, nous cherchâmes à donner un cours différent à la conversation. Mais ce fut en vain. Contre une telle douleur, ce cœur si ardemment français n'avait d'autre refuge que l'adoration des vues impénétrables de Dieu et la confiance dans ses miséricordes. Ce double sentiment fit jaillir, à cette heure, des lèvres du saint vieillard une prière, ou plutôt un cri, dont l'accent a dû monter jusqu'à Celui « qui a fait les nations guérissables ».

Il se leva alors et alla s'asseoir sur la terrasse, où il dit encore une fois son bréviaire, sous ce ciel d'automne qu'il admirait tant.

Le lendemain, le temps était humide et sombre.

Monseigneur ne sortit de sa chambre que dans l'après-midi, pour aller au salon, où on lui lut un fragment de l'ouvrage du duc de Broglie : *le Secret du roi.*

Durant cette journée, la respiration se dégagea sensiblement sous l'influence d'un repos presque complet et d'applications énergiques faites sur la poitrine. L'espoir de notre docteur semblait justifié par cette tendance vers un état meilleur. Puis le Dr Combal, avec lequel nous échangions des télégrammes quotidiens, annonçait enfin son arrivée pour le lendemain. Cette nouvelle, qui nous ranimait tous, fit pousser une exclamation de joie au saint malade. Il parla, à plusieurs reprises, avec effusion, de cet ami qui lui était si cher : « Esprit rare, âme plus rare encore, » et lui appliquait ce distique adressé au Dr Récamier :

Medico qui amat,
Amico qui sanat.

Il lui reprochait seulement de ne pas résumer et fixer ses idées sur la philosophie médicale, dont l'importance l'avait frappé. « C'est un vrai « malheur que sa vie soit dévorée, répétait-il « avec tristesse, mais qu'avons-nous à dire, si à « cette heure il y a en France plusieurs famil- « les qui le persécutent comme nous ? » Et citant alors l'*Ecclésiaste*, il nous fit remarquer que la médecine est la seule des sciences humaines dont l'éloge ait été fait par la sainte Ecriture. Un magistrat réclama vainement en faveur de la jurisprudence, mais tous les textes qu'il invoqua ne purent soutenir le parallèle avec celui de l'*Ecclésiaste*, et force fut pour lui de rendre les armes à la médecine et au médecin.

Le vendredi 11 octobre se leva radieux. Un beau soleil dans le ciel semblait encourager les trompeuses espérances de nos cœurs. Monseigneur avait eu quelques heures de bon sommeil ; sa figure était moins altérée. A huit heures, il avait la *Vie de saint Vincent de Paul* entre les mains et faisait son oraison.

Nous nous succédâmes toute la matinée autour de lui, nous éloignant seulement, pour respecter sa prière, quand il reprenait ou son bréviaire, ou la croix attachée au chapelet qui était placé devant lui.

Les heures s'écoulaient rapidement. Ah ! si nous avions pu en savoir le prix ! Quel regret de ne lui avoir pas demandé et recommandé tant de choses pour la terre et pour le ciel. Car il était là encore, là tout entier, avec sa fermeté et sa tendresse, la lucidité de son grand esprit, et la sollicitude de son cœur qui s'étendait à tout et à tous, et s'exprimait d'une manière si paternelle.

C'était le moment solennel où les premières clartés de l'éternité descendent sur une âme qui atteint son dernier sommet. C'est le moment où nous le reverrons toujours : assis dans son vaste fauteuil, appuyé sur sa table de travail, devant la fenêtre qu'il avait fait ouvrir au grand large. Son regard se reposait sur le lointain des Alpes dorées par une lumière qui le charmait. Il était là encore, doux et serein, paisible et fort, n'ayant pas une plainte, et remerciant sans cesse ceux qui le soignaient. Il était là avec son visage souriant et attendri et son attitude fatiguée, qui gardait cependant toute sa noblesse. On eût dit qu'il y avait en lui le sentiment d'une attente... C'était l'attente de Dieu !

Et pourtant il travaillait encore et il priait. Sa main défaillante feuilletait les pages de son manuscrit, et tour à tour secondait les jeux de l'enfant, assis auprès de lui à cette table de travail, le champ de bataille du soldat mourant...

A une heure, il reprit son bréviaire et il parvint à le réciter tout entier, pratiquant ainsi jusqu'à la fin « cette fidélité inviolable aux exercices de piété » qui avaient toujours été la force de sa vie sacerdotale et la base de sa direction.

A deux heures, il dépouilla son courrier où se trouvait une lettre de M. Lagrange qui insistait encore pour rejoindre Monseigneur à La Combe, et lui disait : « Oh ! combien il me tarde de venir « reprendre auprès de votre cœur cette place qui « est la mienne ! » Le cher malade nous lut ensuite un passage d'une lettre de Rome sur le Saint-Père : « Quelle grâce pour l'Eglise qu'un tel pape ! » s'écria-t-il. Et il compara la mission de Léon XIII, au dix-neuvième siècle, à celle de Calixte II, au douzième. Puis, revenant sur les controverses dont nous avons parlé : « Il faut gouverner et modérer tout cela, » conclut-il avec fermeté.

Après son repas qu'il avait pris à trois heures, on le porta au salon. Il demanda alors que l'on fît pour lui un pèlerinage à Notre-Dame du Précipice. Ce petit sanctuaire, qu'il avait érigé en 1848, avait été depuis lors le but préféré de ses promenades et l'objet de sa tendre dévotion. Il avait pu le revoir encore durant son premier séjour à La Combe, et il nous y avait envoyés plusieurs fois à sa place, pendant ces deux dernières semaines. Joseph fut chargé d'y porter un gros bouquet de la part de l'évêque et partit avec ses parents.

Quand il se fut éloigné : « Je veux encore vous parler de cet enfant, » nous dit Monseigneur, et il nous donna à son sujet des conseils importants pour le présent et pour l'avenir. C'était le testament suprême de son cœur, et la réalisation de cette touchante parole qui jadis s'était échappée de ce cœur paternel : « Les enfants auront été « mon premier et mon dernier amour. »

On reprit alors la lecture commencée la veille. Monseigneur l'écouta avec un intérêt soutenu, l'interrompant fréquemment par de vives réflexions. « Comme cela fait bien connaître le siècle, la cour « et l'Eglise, » dit-il, quand on eut terminé.

Le soleil venait de se coucher. Le saint évêque se fit emporter du salon, et put jeter de la terrasse un dernier regard sur les montagnes de sa patrie, qui étaient enveloppées d'une brume rosée.

Revenu dans sa chambre, il dit à l'abbé Chapon : « Je ne pourrai pas encore aller à la cha« pelle demain, vous m'apporterez le bon Dieu « ici. » Pour faire les apprêts de cette cérémonie, on alla chercher un crucifix qui avait appartenu à M. Hetsch (1) et on le plaça sur la table de Monseigneur. Le cher malade le reconnut et s'écria : « Ah ! je vous remercie, quel plaisir vous me faites ! » Puis, retombant dans le silence, il resta les yeux fixés sur cette image sacrée, au pied de laquelle son saint ami avait répandu tant de prières ardentes et accompli de si austères macérations. Dieu voulait sans doute que le nom de cet ami si cher se mêlât à sa dernière prière, et que cette douce et lumineuse figure planât sur ses derniers instants comme une première apparition du ciel.

Un des hôtes de La Combe désirait l'entretenir en particulier. On le laissa seul avec lui. Quand il eut fini, M. Chapon revint auprès de Monseigneur et lui lut quelques pages sur Joseph de Maistre. Vers six heures et demie, le malade l'arrêta en disant : « Aujourd'hui encore, je suis « parvenu à me mettre en règle pour mon bré- « viaire. » Il prit alors son chapelet et commença à le réciter.

M. Chapon remonta dans sa chambre ; mais, saisi d'une inquiétude qui était un pressentiment, il ne put s'y arrêter, et il venait de redescendre au salon, lorsqu'il entendit la voix de Monseigneur qui l'appelait. Il accourut auprès de lui, et le trouva sur son fauteuil en proie à une crise plus violente que toutes les précédentes. « J'ou-

(1) Savant docteur allemand, devenu catholique et prêtre. Il a été pendant seize ans supérieur du petit séminaire de La Chapelle où il a laissé une mémoire vénérée, et il est mort en 1876, à Rome, entre les bras de Mgr Dupanloup.

« vris sa fenêtre, a écrit l'abbé Chapon (1), je lui « fis respirer de l'éther pendant que M. du Boys « envoyait chercher en toute hâte le médecin. « Mais bientôt le visage se contracta. Je lui dis « quelques mots d'exhortation et lui donnai l'ab- « solution une première fois. Je lui fis respirer « de nouveau le flacon d'éther ; il reprit alors « connaissance, mais sans que la crise cessât.

« Je lui dis alors : Monseigneur, le bon Dieu « vous voit tant souffrir, vous lui offrez bien ces « souffrances en union avec Notre-Seigneur, n'est- « ce pas ? Oui, mon ami, me dit-il d'une voix « forte et avec un accent de foi et d'amour victo- « rieux de la douleur et qui retentira à jamais « dans mon âme. Je lui dis alors que j'allais « lui donner l'absolution et récitai l'acte de con- « trition. Il me répondit en joignant les mains : « Oui, mon cher ami, et il saisit sa croix pasto- « rale et la pressa longtemps contre ses lèvres. « Ce fut un moment sublime. J'ajoutai : Mon « père, je vais prier pour vous la très sainte « Vierge par cette belle prière que vous aimez « tant, le *Souvenez-vous*. Il me répondit toujours « avec le même accent : Oui, oui, mon ami, et je « récitai lentement le *Souvenez-vous*, auquel il « parut s'unir. Ensuite je lui annonçai l'indul- « gence plénière que je lui appliquai en lui fai- « sant baiser le crucifix de M. Hetsch qui se trou- « vait placé près de lui. Je n'eus plus de Mon- « seigneur d'autre parole »... « Quelques minutes « après il poussa un soupir et expira entre les

(1) Lettre à Mgr Coullié.

« bras du plus ancien et du plus jeune de sès « amis (1). »

Son chapelet était encore entre ses mains. Il était allé l'achever au ciel.

VI

L'heure suprême avait trouvé le vaillant athlète debout, travaillant et priant. Le grand trait de sa vie était empreint sur sa mort.

Mais dans cette mort douce et forte, comme aux derniers jours de sa vie, l'athlète était en quelque sorte enveloppé par le saint : c'était la sainteté qui rayonnait de cette chère dépouille, et transfigurait ce visage illuminé par un sourire ineffable. C'était la grâce sensible de cette sainteté, qui soutenait nos âmes, alors que nos forces succombaient sous ce coup terrible, alors que, avertis trop tard, hélas ! en étant si près, nous accourions tous dans cette chambre funèbre, où une demi-heure auparavant nous l'avions laissé plein de vie.

Cette sainteté avait subjugué de longue date le peuple de nos campagnes qui ignorait la gloire du grand évêque, mais qui avait senti son cœur. Le cri d'une douleur d'autant plus touchante qu'elle était plus spontanée et plus vraie répondit de toute part à notre propre douleur, dès que la funèbre nouvelle se fut répandue.

(1) Lettre de M. Récamier au *Français*, du 14 octobre.

On arriva alors de tous les points de la montagne ; on apportait des fleurs pour les déposer sur le lit de mort de Monseigneur et des objets de piété pour les faire toucher à ces restes, qui étaient vraiment des reliques chéries et vénérées.

Le samedi, et surtout le dimanche, ce fut une véritable foule qui défila et s'agenouilla devant l'illustre défunt. Ces témoignages unanimes de vénération étaient bien le *vox populi* dans lequel on pouvait reconnaître le *vox Dei*.

Nous l'avons gardé ainsi deux jours, étendu sur son lit de mort, qui semblait être un lit de repos. On ne sentait d'autre odeur dans cette chambre funèbre que celle des fleurs qui y étaient déposées, on ne voyait d'autre signe de la mort que la grande pâleur de ce visage, sur lequel la paix du ciel était descendue. On ne pouvait s'arracher à ce sanctuaire, où la douleur se transfigurait et où l'action de grâces se mêlait aux larmes.

Oh ! oui, il y a des douleurs qui ouvrent le ciel et le font descendre sur la terre ; et la mort des saints est une de ces douleurs-là. . . . . . .

. . . .

. . . .

Cependant Orléans dans le deuil attendait la dépouille vénérée de son grand évêque. M. Bougaud, délégué par Mgr Coullié pour venir le recevoir et l'accompagner, était arrivé à La Combe le dimanche. La dernière séparation devait s'accomplir le lendemain.

Le lundi 14 octobre, à onze heures, on apporta le cercueil de Mgr Dupanloup dans cette grande salle où tout gardait la trace de son activité soudainement brisée. On le déposa à la porte de cette chapelle où le saint évêque demandait naguère que l'on ne changeât rien de son vivant, car tout était là plein de souvenirs dont il craignait de voir s'effacer la moindre trace. Le vœu du cher défunt avait été fidèlement respecté, et aucun signe de deuil ne modifiait l'aspect des lieux imprégnés de sa présence et de son âme. Le drap funèbre même disparaissait sous les fleurs dont on l'avait couvert ; et la flamme des cierges, que portait chacun des assistants, faisait une atmosphère lumineuse à cette cérémonie où tout devait parler de résurrection et de vie.

Et d'ailleurs il y avait dans la simplicité et même dans la rusticité de ces premiers hommages rendus au grand défunt quelque chose qui était en harmonie avec le caractère intime de sa vie.

L'évêque de Grenoble, absent de son diocèse, était représenté par son vicaire général, l'abbé Rey, que Mgr Dupanloup avait trouvé jadis jeune diacre à La Combe. Quatre chanoines de la cathédrale s'étaient adjoints à lui. Des prêtres de nos campagnes entouraient le cercueil, avec quelques amis accourus pour mêler leurs larmes aux nôtres. Derrière eux se pressait une foule qui remplissait et débordait la grande salle : nos confréries de femmes et de jeunes filles, de nombreux paysans qui avaient quitté les travaux pressants de la saison, et à leur tête le maire et le conseil municipal de La Combe, qui tenaient à honneur d'accompagner, jusqu'à la gare de Lancey, la dépouille funèbre de l'évêque d'Orléans.

Après la messe dite par le curé de la paroisse, M. Bougaud récita un *De Profundis*, entrecoupé de sanglots. Puis on enleva le cercueil de la place même où, chaque année, le saint évêque nous donnait, avant son départ, sa dernière bénédiction. Et on suivit, à travers la terrasse et le parterre, la trace de ses promenades quotidiennes, jusqu'à cette cour où, sept semaines auparavant, il avait béni le cercueil de l'abbé Guthlin.

C'est là que stationnait la voiture de deuil....

Nous le vîmes bientôt disparaître à travers les contours des rampes, où nous ne viendrons plus attendre son retour. Et, comme jadis après l'avoir accompagné et quitté, nous rentrâmes dans cette grande salle déserte que sa présence avait remplie, et où l'écho de sa voix paternelle s'était éteint pour jamais...

Et cependant il ne nous laisse pas orphelins ! *Non relinquam vos orphanos.* Cette inscription, restée sur la porte de notre chapelle, nous rappelle que Dieu ne reprend pas ses dons, mais qu'il les augmente, qu'il les transfigure. Non, ce père et ce maître vénéré ne nous a pas quittés. S'il a disparu dans la nuée lumineuse qui nous le cache, il nous guide, il nous protège encore ; et son affection paternelle, devenue une intercession céleste, nous aidera à le suivre et à le rejoindre. *Il ne nous laisse pas orphelins !* et ce mot, qui est redit dans le silence de notre solitude désolée, est redit aussi dans le secret des âmes qu'il a données à Dieu et dans le cœur de ces vaillants chrétiens qui ont combattu avec lui pour toutes les causes sacrées. Il est dans le lieu où s'obtiennent les grandes miséricordes et où se préparent les grandes victoires ; et la France et l'Eglise, qui ont perdu sur la terre un illustre défenseur, ont conquis au ciel un puissant intercesseur de plus.

La Combe, 1er novembre 1878,
fête de la Toussaint.

Deux Conversions

LA CONVERSION DE Mlle E. B...

Le plus grand spectacle qu'il nous soit donné de contempler sur la terre, c'est le spectacle d'un de ces drames mystérieux que nous révèlent la vie et les luttes intimes d'une âme.

Lorsque cette âme, « dans ses résolutions intérieures, cherche le lieu de son repos », se transforme, développe sa beauté et sa ressemblance avec Dieu, aucune splendeur de la nature ne peut lutter avec les splendeurs de « ce paysage intérieur » où l'orage appelle la lumière, et qui, dégagé de ses anciennes ténèbres, brille sous le soleil vivifiant de la grâce.

I

Pendant l'hiver de 1858, M. Rio était établi à Florence avec Mme Rio et Marie pour préparer la nouvelle édition de son ouvrage. Absorbés tous les trois par les mêmes études, ils allaient peu dans le monde et travaillaient beaucoup, lorsqu'on vint leur proposer de les mettre en relation avec une famille anglaise, qui désirait vivement connaître l'auteur des *Quatre Martyrs* et de *l'Art chrétien*.

Les Anglaises recherchent tous les genres de célébrités. Un homme distingué leur inspire le même intérêt qu'un monument mentionné par le guide ; et elles se le font présenter moins pour profiter de sa conversation que pour pouvoir inscrire son nom sur leur Journal de voyage. Rien n'était plus désagréable à M. Rio que d'être l'objet d'une curiosité de cette sorte. D'ailleurs, la famille en question était protestante, riche, mondaine, tout cela ne l'attirait nullement, il refusa donc les avances de Mme B... et de ses filles.

Mais celles-ci ne se découragèrent pas. Les deux aînées, Emilie et Isabelle voulaient à tout prix atteindre leur but. Emilie parvint à se trouver chez un artiste avec Mme Rio, puis s'autorisant de cette rencontre, elle lui fit plusieurs visites, l'accabla de politesse, auxquelles Mme Rio se crut obligée de répondre en acceptant pour elle et pour Marie une invitation de bal.

Ce fut une fête brillante comme toutes celles qui se succédaient sans interruption dans les salons de Mme B... On y recevait chaque semaine la société florentine et la société étrangère, mais surtout une nombreuse et bruyante jeunesse, parmi laquelle la beauté d'Isabelle, l'ardeur d'Emilie pour le plaisir, son élégance, sa gaîté trouvaient des admirateurs enthousiastes. Tous les salons de Florence retentissaient des succès obtenus par les demoiselles B... Ces succès ne les rendaient guère sympathiques à M. Rio. Pour comble de malheur, on était venu lui apprendre qu'au début de la révolution italienne, les deux jeunes filles et leur mère avaient parcouru Florence dans une calèche découverte avec des toilettes magnifiques sur lesquelles s'étalait la cocarde tricolore.

Emilie, qui était retournée chez M. Rio, témoigna le désir de lui présenter sa sœur et reçut une réponse évasive qui équivalait à un refus. Néanmoins, elle renouvela ses instances et finit par arracher la permission qu'elle demandait.

Pendant la première visite des deux sœurs, M. Rio ne sortit pas de son cabinet ; elles revinrent un soir, il n'adressa pas la parole à Isabelle, cependant elles persistèrent. Force fut donc d'accepter ces avances obstinées, d'abord comme une obligation de politesse qui fut bientôt remplacée par un sentiment tout différent.

C'est que l'attention de M. Rio s'était portée sur l'aînée des jeunes filles qui avait triomphé de son refus pour se rapprocher de lui, et qu'il découvrait en elle une nature remarquable.

Emilie avait alors vingt-sept ans ; l'énergie était empreinte sur ses traits fortement accentués et l'intelligence rayonnait dans son regard lumineux. Sa démarche noble, son attitude un peu fière, je ne sais quoi de dominateur dans toute sa personne révélait en elle l'énergie plutôt que la tendresse. En effet, on la disait froide avec les siens, elle les gouvernait et leur imposait la vie de plaisir qu'ils menaient tous et qu'elle aimait plus qu'aucun d'eux.

Cependant, à voir son ardeur et presque sa passion pour les grandes choses, la fidélité et la générosité de son cœur, on se disait qu'elle n'était pas faite pour le tourbillon où elle se laissait emporter.

Une première occasion la révéla à M. Rio. Elle passait la soirée chez lui et l'interrogeait sur l'art. Des questions intelligentes sont toujours pour M. Rio un stimulant irrésistible. Celles d'Emilie triomphèrent de la réserve dans laquelle il s'était renfermé : il lui développa plusieurs de ses idées sur le beau et ajouta : « L'étude de l'art exige une initiation. L'art est un livre dont les feuillets sont épars dans le monde entier. Il faut d'abord pour le lire en apprendre l'alphabet, puis en rétablir la pagination. » L'esprit d'Emilie fut frappé de cette pensée. On ne put l'occuper d'autre chose. « Un livre dont les feuillets sont épars et dont il faut rétablir la pagination, » murmurait-elle en fixant sur M. Rio ses grands yeux interrogateurs. A quelque temps de là, elle apprend qu'il va visiter Sienne et Pise pour étudier les tableaux de l'école siennoise et préparer le premier chapitre de son ouvrage. Elle décide sa mère à faire le même voyage, à la même époque, afin de visiter avec lui les musées et les basiliques ; mais au moment du départ, la fille cadette de Mme B... tombe malade. Impossible de songer ni à la laisser ni à l'emmener ; Emilie et sa sœur se désolent en voyant avorter un projet si ardemment poursuivi ; et leur mère vient trouver

M. Rio, lui demandant pour ses filles la faveur d'accompagner Marie pendant le voyage de Sienne.

Une pareille proposition supposait une grande intimité ou une grande indiscrétion ; ce fut sous ce dernier aspect qu'elle apparut à M. Rio, mais il fallut bien l'accepter. Chacun obéissait dans tout ceci à des desseins de la Providence qu'on était loin de soupçonner.

Le commencement du voyage fut charmant, malgré la gêne qui résultait pour M. Rio de la présence des deux étrangères. On quittait souvent la grande route et le vetturino pour s'embarquer sur une petite charrette et chercher dans les replis des Appennins les objets d'art que pouvaient renfermer les églises de villages reculés. Arrivé à Sienne, M. Rio commença ses excursions dans les musées et dans les basiliques, étudiant sur le sol même où elle avait fleuri, cette école siennoise qui fut le premier épanouissement de la peinture chrétienne en Italie. Mais *pour rétablir la pagination de ces feuillets de l'art*, il n'avait d'autres ressources que son goût et ses découvertes ; car c'était à peine si la critique moderne en soupçonnait l'existence. Emilie et Isabelle s'associèrent avec un vif plaisir aux diverses phases de ces explorations. Après avoir visité avec M. Rio les œuvres naïves de Guido de Sienne et des premiers artistes du treizième siècle, elles virent la tradition et l'inspiration personnelle se combiner dans la madone de Duccio, cette œuvre célèbre dans les fastes de Sienne, dont l'apparition avait excité de véritables transports populaires. A l'étude des maîtres primitifs succéda celle de Simon Memmi, de Taddeo di Bartolo et des autres artistes du quatorzième siècle, qui frayèrent les routes de la peinture chrétienne. M. Rio fit ensuite apprécier à ses compagnes la décadence de l'école siennoise devenue la complice des passions démagogiques et révolutionnaires pendant la première moitié du quinzième siècle. Vers 1450, l'art se relève sous l'influence d'un culte nouveau qu'inaugure la canonisation de sainte Catherine de Sienne. Forte de ce glorieux patronage, Sienne se souleva contre la tyrannie qui l'accablait, et reconquit sa liberté. C'est ainsi qu'en ces âges de foi, les peuples durent souvent à leurs saints l'enthousiasme des grandes choses et le courage de la régénération. Les Siennois qui avaient combattu sous la bannière de sainte Catherine, lui rapportèrent la gloire de leur triomphe, et lui dédièrent un premier oratoire « en reconnaissance du don céleste de la liberté qui leur était rendue après tant d'orages (1) ». Dès lors, les artistes s'élevèrent par un effort persévérant jusqu'à la hauteur du type idéal qui venait de leur apparaître. M. Rio connaissait déjà le buste d'argent de la sainte sculpté par Lorenzo Vechetto, la fresque d'Amano et tant d'autres œuvres qui représentent les divers épisodes de son histoire ; mais il découvrit dans ce nouveau voyage un buste de marbre de sainte Catherine, chef-d'œuvre d'un artiste inconnu et qui surpasse en beauté tout ce qu'a produit l'école siennoise.

La parole de M. Rio traduisait avec une verve

(1) Voyez *l'Art chrétien*, 1er volume.

entraînante les émotions qu'Emilie et sa sœur étaient dignes de partager. Leur guide découvrait en elles un sens esthétique vraiment exquis, si rare chez ceux mêmes auxquels les habitudes de la piété ont révélé le monde supérieur de la beauté et de l'amour. Sans se laisser rebuter par l'exécution naïve des vieux maîtres, elles goûtaient leurs œuvres souvent incorrectes, mais transfigurées par le sentiment chrétien.

Elles écoutaient avidement les commentaires dont M. Rio accompagnait leurs explorations. En rentrant, elles s'enfermaient dans leurs chambres pour prendre des notes sur ce qu'elles avaient vu et entendu. La soirée les ramenait dans le petit salon d'hôtel de leur protecteur, et elles y trouvèrent bientôt une société d'élite que M. Rio et les siens savaient réunir autour d'eux dans chaque pays où ils s'arrêtaient. Les deux jeunes filles connaissaient le monde ; mais rien dans leur entourage frivole ne leur avait fait soupçonner le charme d'une pareille réunion. L'intérêt des conversations complétait celui de ce beau voyage où tant d'horizons nouveaux leur apparaissaient ; c'était un ensemble de jouissances intellectuelles qu'elles goûtaient pour la première fois avec ravissement. Aussi ce bonheur nouveau leur inspirait-il une reconnaissance toujours croissante pour les amis qui les y avaient initiées. Une expansion de tendresse inaccoutumée se faisait chez Emilie. Les deux sœurs, sans jamais franchir les bornes d'une parfaite délicatesse, ne perdaient pas la moindre occasion de pénétrer plus avant dans l'intimité de leurs compagnons de voyage, et cette intimité semblait faire des progrès à chaque quart d'heure. Quand on partit de Sienne, elles n'appelaient plus M. et Mme Rio que mon oncle et ma tante et elles traitaient Marie comme une sœur. On avait loué pour aller à Pise une voiture découverte dans laquelle se placèrent les trois jeunes filles et Mme Rio, M. Rio restait à côté du cocher. Le second jour de la route, Isabelle lui demanda s'il n'était pas fatigué de voyager toujours seul sans pouvoir prendre part à la conversation très animée qui régnait dans la voiture. « Je suis bien mince et tiendrais peu de place, ajouta-t-elle timidement, si vous le vouliez, je me mettrais à côté de vous et vous auriez au moins une compagne. » La proposition fut acceptée. Jusqu'alors l'attention de M. Rio avait été absorbée par Emilie, il gardait des préventions contre Isabelle, à laquelle il ne pardonnait pas ses succès frivoles de l'hiver. Mais il y avait dans cette douce nature un charme qui d'abord triompha de sa sévérité et qui finit par l'attacher fortement. Très différente de sa sœur au moral comme au physique, Isabelle était une frêle et gracieuse créature, caressante du regard et de la voix ; son intelligence, moins puissante que celle d'Emilie, avait une grande pénétration, une délicate sensibilité s'unissait en elle à une fermeté toute virile. Pendant cette première journée, la conversation entre les deux voyageurs fut facile et confiante. Le lendemain, Emilie aurait voulu prendre la place d'Isabelle ; mais celle-ci réclama son droit de première occupante, et M. Rio, appelé à trancher le débat, se déclara en faveur de l'enfant qu'il avait d'abord repoussée et qui commençait à lui inspirer un sentiment tout paternel. Ce jour-là, Isabelle le pressa de questions sur l'histoire et sur la conversion de Mlle V. M..., dont la sœur avait été la première introductrice d'Emilie chez M. Rio. M. Rio souffrait de la gorge et une poussière très fatigante s'élevait de la route ; néanmoins il ne cessa presque pas de parler, heureux d'éveiller sur un tel sujet la curiosité d'Isabelle.

A Pise, les voyageurs logeaient dans un hôtel dont un élégant café occupait le rez-de-chaussée. Des pauvres s'en étaient approchés pour solliciter la pitié des étrangers ; mais le propriétaire les fit brutalement chasser. M. Rio s'en indigna, et ses réclamations en leur faveur demeurant inutiles, il traversa avec ses béquilles l'espace au delà duquel on les avait repoussés pour leur porter son aumône. Emilie attacha sur lui un long regard et s'écria : « Dans notre pays et dans notre religion, on ne va point ainsi au-devant des pauvres. »

Cette parole était un éclair et ne fut pas relevée. Les voyageurs continuèrent à Pise les explorations commencées à Sienne. Une suite d'études esthétiques partagées en commun établit rapidement l'intimité intellectuelle. Emilie et Isabelle furent associées à la vie entière de leurs amis.

M. Rio voulut savoir si ses élèves comprendraient l'éloquence religieuse comme elles comprenaient l'art chrétien ; un soir, il leur fit, avec un accent qui vaut tout un commentaire, la lecture de l'oraison funèbre d'Anne de Gonzague.

Dans ses autres oraisons funèbres, Bossuet est toujours orateur, dans celle-ci il se montre surtout apôtre ; et il fait, de cette histoire d'une princesse, un drame intime et magnifique où toute âme qui cherche la vérité peut reconnaître quelques traits de ses luttes et de ses souffrances. L'éloquence française et une éloquence aussi élevée était inconnue aux deux sœurs ; leurs études sur le beau les avaient préparées à goûter sous cette forme l'idéal esthétique, et elles en reçurent une impression très vive. Le passage où Bossuet accuse l'âme « qui renouvelle contre Jésus-Christ connu et goûté tous les outrages des Juifs » arracha un cri à Emilie ; elle le redisait à demi-voix ; et le lendemain même elle avait appris par cœur, outre ce passage, plusieurs pages de l'oraison funèbre. Le retour à Florence fut retardé d'une semaine avec l'autorisation de Mme B... Ses filles étaient heureuses de passer quelques jours de plus auprès de leurs nouveaux amis. La craintive admiration d'Isabelle pour M. Rio s'était transformée en un culte filial. Elle se sentait vivifiée au contact de cette belle intelligence ; et ce cœur resté jeune et chaleureux lui communiquait sa puissance d'enthousiasme. Emilie était devenue plus spécialement la fille de Mme Rio. Jamais elle n'avait rencontré dans une âme si douce, tant d'humilité, d'abnégation et de bonté indulgente. Mais il eût été malaisé de savoir quelle était des deux sœurs la plus attachée à Marie. Cette amie de vingt ans charmait Isabelle par son naturel et subjuguait Emilie par son esprit ferme et élevé.

On a appelé les trois membres de cette colonie errante des poètes de la vie réelle : c'est que toute la poésie de leurs âmes se reflète sur leur vie ; vie si pleine de nobles amitiés, mêlée à toutes les grandes choses de notre temps et dégagée d'entraves matérielles pour se vouer au culte du beau. Ils réalisent par leur intimité intellectuelle et la sympathie de leurs goûts le *quam bonum habitare in unum*. Avec eux on s'élève, on voit s'ouvrir de vastes horizons, on respire un air meilleur et on habite des régions plus pures. Emilie et Isabelle l'avaient compris et les avaient aimés ; la séparation qui suivit leur retour à Florence fut un vrai déchirement. D'autres ont pleuré avant elles en voyant s'éloigner ces oiseaux voyageurs que le printemps ne ramène pas toujours ; et l'amertume de ne pouvoir ni les retenir ni les suivre arrachait ce cri à un poète :

Et pourtant, songeant à vos ailes,
Je ne voulais pas vous aimer.

II

M. Rio et ses deux compagnes étaient installés pour l'été aux bains de mer de l'Ardenza ; Mme B... avait loué une villa près de Florence, où elle obtint qu'on lui confiât Marie pendant un mois. L'affection d'Emilie et d'Isabelle pour leur nouvelle amie avait encore grandi dans l'absence Elles passèrent ensemble un mois qui est resté un de leurs plus charmants souvenirs. Marie repartit pour l'Ardenza, vers la fin de juillet, avec la promesse que ses deux amies lui rendraient sa visite pendant le mois de septembre. Tout se préparait de part et d'autre pour cette réunion, qui était à la veille de s'effectuer, lorsque Isabelle, en terminant le soir ses paquets, s'approche imprudemment d'une bougie, sa longue manche de mousseline s'enflamme et en un instant le feu couvre son épaule et son bras. Elle court dans une chambre voisine pour y chercher de l'eau et parvient à éteindre le feu sans avoir donné l'alarme. Mais son bras, son épaule et son cou, profondément brûlés, ne forment plus qu'une plaie affreuse.

La première pensée de Mme B... fut de transporter sa fille à Florence au milieu des secours qui lui manquaient à la campagne. Mais on ne pouvait songer à la mettre en voiture. Isabelle se souvint alors d'avoir rencontré, plusieurs fois, pendant l'hiver, des brancards au service de l'hôpital et elle demanda si on ne voudrait pas lui en prêter un à titre de charité. Mme B... envoya à l'hôpital, et les Frères de la Miséricorde, informés du désir de la jeune protestante, voulurent eux-mêmes charger le brancard sur leurs épaules et la rapportèrent à Florence.

Cette nouvelle arriva à l'Ardenza le jour même où l'on attendait les deux sœurs. Marie demanda et obtint de se rendre de suite auprès d'Isabelle. Elle la trouva encore en grand danger et subissant chaque jour un pansement douloureux auquel ni Mme B... ni Emilie n'avaient la force d'assister. Marie s'y dévoua avec un courage qui ne se démentit pas. Pendant six mois, elle se fit garde-malade, venant chaque jour tenir le bras de son amie et aider les médecins dans leur opération. Des larmes silencieuses tombaient quelquefois des yeux de la jeune malade ; mais jamais une plainte ne sortit de ses lèvres. La souffrance révélait tout ce qu'il y avait en elle d'énergie cachée sous sa douceur.

L'hiver commençait et cette jeune fille, qui, l'année précédente, recevait les hommages de toute la société florentine, était immobile dans son lit, en proie à des souffrances atroces ; cependant elle restait sereine. « J'attends une grande consolation, dit-elle un jour à Marie, c'est l'arrivée de votre père », parole qui décida aussitôt le retour de M. Rio. Une épreuve si noblement supportée l'avait attaché plus fortement encore à cette enfant qui lui était chère. Isabelle n'avait pas connu son père. L'affection de M. Rio lui révéla un sentiment nouveau et elle reportait sur lui le trésor de piété filiale resté en réserve dans son cœur aussi enthousiaste que tendre. Elle répétait avec la plus charmante naïveté qu'elle n'avait rien connu de plus parfait que son vieil ami ; si bien qu'Emilie, toujours inflexible dans sa droiture, crut devoir sérieusement avertir sa sœur qu'une pareille admiration lui interdisait tout autre sentiment et qu'elle ne pourrait loyalement donner à un époux un cœur où régnerait un idéal étranger à lui. Ce n'était pas d'ailleurs la première fois qu'un scrupule de délicatesse détournait Isabelle des pensées d'avenir. L'année précédente, un jeune homme d'une grande naissance et héritier d'une immense fortune s'était épris d'elle et avait demandé sa main. C'était pour elle un parti inespéré et chacun la pressait de l'accepter. Mais la jeune fille se taisait. Plus repoussée qu'attirée par les côtés brillants de cette union, elle voulait que son cœur fût seul à parler. Enfin, elle vit le jeune homme, ne sentit pas pour lui l'attrait vif qui aurait pu seul la rassurer contre les surprises de l'ambition ; dès lors, elle n'hésita plus à le refuser et, malgré les instances de sa famille, elle maintint énergiquement sa décision. Cette confidence était une de celles que M. Rio avait reçues pendant les heures qu'il passait auprès de son lit. Ses visites se multiplièrent tellement que la nouvelle de cette intimité se répandit bientôt dans le cercle de Mme B... Un ministre protestant, M. O'Nil en conçut de l'ombrage, on regardait Emilie et Isabelle comme les deux perles de l'Eglise protestante. M. O'Nil, très agité, vint trouver Mme B.. « Comment, Madame, s'écria-t-il, êtes-vous assez imprudente pour introduire auprès de vos filles l'être le plus dangereux qui se puisse rencontrer ? Ignorez-vous qu'il fait métier de pervertir des protestantes ? » et, dans l'entraînement de son zèle, il ajouta cette phrase ineffable : « Enfin, c'est un homme qui peut, en une demi-heure, changer la religion de ceux qui l'écoutent. »

Cette diatribe jeta Mme B... dans le plus grand embarras. C'était une femme consciencieuse et attachée avec une sorte d'énergie aveugle à ce qu'elle croyait être le devoir.

Partagée entre les craintes que lui avait données son ministre et la tendresse maternelle qui l'empèchait d'enlever à Isabelle sa plus douce consolation, elle prit le parti d'exiger de M. Rio qu'il ne parlerait jamais de religion à ses filles, et celui-ci s'y engagea sur l'honneur. « Du reste, Madame, ajouta-t-il, vous me dites que votre ministre a montré quelque envie de me connaître, je ne demande pas mieux que d'avoir avec lui une conversation en votre présence et vous serez juge entre nous. Je m'expose évidemment beaucoup, n'étant point aussi fort sur ma religion qu'un ministre doit l'être sur la sienne, mais n'importe. » Sa proposition ne fut point acceptée par M. O'Nil. Son refus indigna Emilie, mais elle n'en témoigna rien.

Jusque-là, jamais les sujets religieux n'avaient été abordés entre les demoiselles B... et leurs nouveaux amis. A part l'exclamation échappée à Emilie pendant son séjour à Pise, pas un mot n'était venu donner à M. Rio l'espérance que l'affection des deux jeunes filles pour lui et pour les siens, ce qu'il leur avait appris à connaître et à admirer dans le sein du catholicisme, les eût fait réfléchir sur leur propre croyance et eût élevé un doute dans leur esprit. La confiance d'Emilie et d'Isabelle ne franchissait jamais cette barrière, et la question religieuse était toujours réservée dans leurs plus intimes entretiens. Lorsqu'un jour pendant le dîner, Isabelle, étant restée seule avec M. Rio, se pencha vers lui et, d'une voix émue : « J'ai fait cette nuit, dit-elle, un étrange rêve : il me semblait que j'abjurais le protestantisme dans l'église de Santa-Croce, et que je venais vous l'annoncer ; mais vous me blâmiez d'avoir changé de religion à l'insu de ma mère, et vos reproches me faisaient beaucoup souffrir. M'étant éveillée, j'ai rallumé ma bougie, j'ai pris l'oraison funèbre d'Anne de Gonzague et je l'ai relue tout entière pour y chercher un peu de soulagement. » Un terrible combat se livrait dans l'âme de M. Rio, retenu par sa promesse, sollicité par cette confidence si inattendue et par le regard dont elle était accompagnée. Sa loyauté l'emporta sur son émotion, et il baisa silencieusement la main d'Isabelle ; un moment après il se leva et partit, le cœur déchiré d'avoir été forcé de repousser ainsi la confiance de son enfant adoptive ; mais agité par un espoir secret et par le sentiment toujours plus affermi d'une mission à remplir. Il venait alors d'écrire le chapitre sur l'école siennoise qu'il avait préparé dans son voyage. Isabelle lui demanda ce manuscrit qui devait, disait-elle, compléter ses études et ses souvenirs. Mais elle n'était initiée à l'art que d'une manière superficielle. Aux questions que cette remarque souleva de la part des deux sœurs, M. Rio répondit que l'étude de l'art exige une initiation préalable ; qu'il faut avant tout savoir ce que c'est que l'idéal, en suivre les développements dans ses diverses manifestations pour comprendre à la fois à quel type se rattachent les œuvres esthétiques et comment leur valeur augmente ou diminue selon qu'elles s'en approchent ou s'en éloignent. Un semblable exposé excita vivement l'intérêt des deux jeunes filles. Quand un germe d'idée était déposé dans l'esprit d'Emilie, rien ne pouvait l'en arracher et la persistance de ses questions finissait par triompher de la réserve la plus obstinée. Etre initiée à l'art ! étudier le beau sous la direction d'un tel maître ! était sans cesse le cri d'Emilie, et M. Rio, cédant à ses instances, s'engagea à leur faire trois fois par semaine un cours d'esthétique.

Mme B... qui avait d'abord appuyé la demande de ses filles, sentit bientôt renaître ses craintes et voulut faire renouveler à M. Rio son engagement. M. Rio lui répondit qu'elle assisterait à tous les cours et l'arrêterait s'il allait trop loin, mais qu'il ne pouvait se placer en dehors de son point de vue catholique. « Du reste, ajouta-t-il, la controverse n'est point du ressort d'un pareil sujet. »

III

La controverse n'était point du ressort d'un pareil sujet, cependant la religion y était tout, sans devoir paraître jamais selon le plan de M. Rio. Comprenant sa mission envers des âmes pour lesquelles Dieu lui inspirait tant d'affection, encouragé par tout ce qu'il découvrait en elles d'élans vers le beau, de droiture pour aller au bien, il se disait qu'elles ne devaient pas continuer à vivre hors de la vérité. Mais enchaîné par son engagement, il ne pouvait leur faire aborder la question religieuse; tout ce que la loyauté permettait à son zèle, c'était de les mettre sur la voie qui y conduit, laissant à Dieu le soin de leur faire atteindre le but. Dans sa pensée, le beau devait les mener au vrai ; il s'efforçait donc avant tout de développer en elles le sens esthétique. Les cours avaient lieu régulièrement trois fois par semaine, soit pendant la journée, soit pendant la soirée, qui se prolongeait alors jusqu'à onze heures ou minuit. Mme B..., son fils, ses filles et une jeune Anglaise de leur connaissance étaient les seuls auditeurs de M. Rio, mais il n'avait pas besoin d'un public plus nombreux. Il s'adressait à deux âmes aimées, chaque progrès qu'il obtenait en elles, chaque point obscur de leur esprit où il portait la lumière, était pour lui un nouveau stimulant. Comme un soldat qui enlève des positions une à une, il trouvait des ressources imprévues au milieu de l'ardeur même du combat ; jamais il n'avait eu plus de verve et d'inspiration.

M. Rio a le don d'émouvoir les âmes parce que la sienne vibre profondément au contact de toute idée noble et généreuse. Quand il contemple certains spectacles et par-dessus tout celui de la beauté morale s'élevant jusqu'à la sainteté, l'enthousiasme fait pour ainsi dire irruption en lui ; et alors, sa parole mâle et colorée devient si émue en restant si puissante, il sort de tels cris de son cœur, de tels accents de sa voix que l'on se demande si l'éloquence a jamais rencontré de plus nobles accents.

L'idéal étudié dans ses diverses manifestations et dans ses développements successifs, chez les peuples idolâtres et chez les peuples chrétiens, en un mot, l'esthétique dans ses rapports avec l'histoire, tel était le cadre des leçons de M. Rio.

Le beau, selon la définition de Platon, n'étant que la splendeur du vrai, fut voilé par les mêmes ténèbres dont le péché enveloppa la révélation. Néanmoins quelques rayons en étaient restés après la chute au milieu des peuples idolâtres. Chacun d'eux conserve un débris des croyances primitives « un fragment de révélation » comme un flambeau qui lui fait entrevoir la vérité perdue ; idéal lointain dont le regret et la poursuite firent dans l'antiquité les grands siècles et les grands hommes.

« Les Indiens reçurent en partage le dogme de l'incarnation divine sur lequel ils ont construit leurs épopées gigantesques. Aux Phéniciens échut le dogme d'une prévarication originelle ; aux Persans, celui de l'antagoniste toujours renaissant des deux principes ;... aux Grecs, celui de la double dégradation de l'homme par suite de sa chute, avec la mission de le réhabiliter dans toutes ses facultés.... C'est lui qui a institué dans le monde le culte de l'idéal (1) » et qui en révèle la notion sous la forme littéraire, la forme esthétique et la forme philosophique.

Avec le christianisme naît un art nouveau engendré par un autre idéal qui fut en quelque sorte le plein soleil de celui dont l'idéal ancien n'était que l'ombre. Cet idéal apparaît alors sous trois formes principales que M. Rio fit étudier à ses élèves.

(1) *Art chrétien*, introduction.

En premier lieu, l'idéal ascétique qui fut réalisé dans les missionnaires et les fondateurs d'ordres religieux, les véritables créateurs de l'idéal selon l'expression de M. Rio, qui évitait de les nommer des saints, mais qui faisait comprendre à ses élèves. comment leurs âmes transfigurées dans la vertu recouvraient la beauté primitive de la nature humaine ternie par le péché. De pareils hommes furent les inspirateurs de tout le moyen âge ; autour d'eux se groupèrent ces générations de moines devenus les instituteurs des peuples modernes, et qui les conduisirent de la barbarie à la civilisation chrétienne jusqu'à ces hauteurs où l'idéal resplendit dans les immortels poèmes de Dante, dans les peintures de Giotto et dans les monuments de l'architecture gothique.

La seconde forme de l'idéal chrétien fut l'idéal chevaleresque : M. Rio parlait avec enthousiasme à ses élèves du spectacle que donnait la force mise au service de la foi et du culte désintéressé de toutes les grandes causes. Il leur montrait l'Europe ébranlée par le mouvement des croisades, enfantant la chevalerie et les ordres militaires, c'est-à-dire l'expression la plus complète du dévouement uni à la pureté, des grandes vertus humaines unies aux vertus surnaturelles, et formant des types à la fois sévères et grandioses. Ce furent ces types qui s'incarnèrent dans les noms de Roland, de Perceval, d'Arthur, les héros nobles et malheureux dont la poésie a consacré les exploits.

Enfin l'idéal esthétique qui s'inspire des deux

autres, qui grandit avec eux et s'illumine de leurs clartés parce qu'il exprime l'enthousiasme de ces siècles de foi pour la beauté morale, plus encore que pour la beauté extérieure. Dieu est dans l'art, l'art est en Dieu, et l'art consacre les aspirations religieuses et héroïques du moyen âge.

Le nom du catholicisme n'avait pas été prononcé ; mais tout en venait et y ramenait dans cet enseignement. Ces jeunes intelligences auxquelles se dévoilait l'idéal recherchaient avec inquiétude les causes de son déclin. M. Rio, répondant à leurs pressantes questions, leur montrait l'idéal ascétique perdant ses principaux foyers par la suppression des monastères, l'idéal chevaleresque s'éteignant dans la transformation des ordres de chevalerie en ordres purement honorifiques. Il leur citait entre autres l'ordre de Saint-Georges remplacé par celui de la Jarretière. Enfin l'idéal esthétique partout poursuivi par le ciseau des démolisseurs, des briseurs de statues et d'images. Il fallait bien nommer l'époque et les auteurs de toutes ces destructions ; et les deux jeunes filles formées au culte de l'idéal ne pouvaient s'empêcher de frémir en voyant au nom de quels principes et sous quelle influence on brûlait, on ravageait ce qu'elles avaient appris à adorer.

Il leur tardait de s'élancer plus avant dans ces horizons du beau ouvert pour la première fois à leurs regards. Elles avaient pleuré d'enthousiasme en entendant M. Rio lire et commenter devant elles la *Chanson de Roland*, un des types les plus parfaits qu'ait produits l'idéal chevaleresque. Isabelle voulut connaître aussi les types de l'idéal ascétique, et M. Rio lui donna la *Vie de saint Galbert*, le fondateur de Vallombreuse, celles de plusieurs autres moines de diverses époques ; mais ce qui l'impressionna le plus vivement fut un fragment de M. de Montalembert sur saint Benoît cité par le *Correspondant*.

Quant à Emilie, elle était tout absorbée dans son admiration pour Bossuet, dont elle dévorait les œuvres : sermons, panégyriques, traités, etc. C'est dans les accents de ce mâle génie qui convenait si bien à son âme forte, qu'elle avait entendu les premiers enseignements de la religion catholique. Elle l'étudiait dans un but purement esthétique comme le modèle le plus achevé de l'éloquence française, mais, sans s'en douter, elle y rencontrait quelque chose de plus grand : la vérité.

Ces études, ces lectures, ces préoccupations nouvelles avaient transformé tous les membres de la famille B... Sous l'influence de M. Rio, la toilette cessait de les occuper. On avait éloigné les connaissances faites dans le monde florentin pendant l'hiver précédent, la porte était fermée aux visites qui d'ordinaire assiégeaient le salon, et la nombreuse cour des danseurs était en pleine déroute. On accusait M. Rio de faire des sauvages de ses élèves ; il est certain qu'il poursuivait la frivolité en elles et autour d'elles sous toutes ses formes, sa censure s'était exercée sur la bibliothèque des deux sœurs, qui lui avaient sacrifié toute une collection de romans et autres livres de même genre. Les idées et les âmes étaient élevées très haut, et l'on répétait en riant, à chaque exigence du maître, ce proverbe anglais qui était devenu le cri de ralliement de cette guerre entreprise contre la frivolité : *Dam the rap.*

Cependant Isabelle quittait son lit depuis plusieurs semaines et pouvait s'asseoir auprès de la table qu'entourait l'auditoire de M. Rio. Au mois de décembre, elle fut assez bien pour aller dîner chez son maître, ou plutôt pour y être portée. Quelques jours après, M. Ristori, de passage à Florence, donnait une représentation à laquelle il lui fut permis d'assister avec sa sœur et Marie. On jouait *Marie Stuart*, et le dernier acte de cette pièce émut vivement Emilie. Rentrée chez elle, elle eut peine à s'endormir et fit un de ces rêves dont parle Bossuet, « de ceux que Dieu même fait venir du ciel par le ministère des anges, dont les images sont si nettes, si démêlées, où l'on voit je ne sais quoi de céleste (1) ».

« J'étais avec vous, dit-elle le lendemain à M. Rio, et nous parcourions les églises de Florence cherchant un crucifix pour l'adorer. Nous le découvrîmes enfin, il était sur une estrade où montaient ceux qui venaient là par dévotion, les curieux restaient en bas. Nous gravîmes les marches et, me trouvant près du crucifix, je me sentis saisie d'une pitié immense pour ceux que la curiosité avait conduits dans ce lieu et qui se contentaient de regarder de loin l'image du Christ sur laquelle nous avions pressé nos lèvres. »

Réveillée au milieu d'une émotion profonde,

(1) Oraison funèbre d'Anne de Gonzague.

Emilie, comme autrefois sa sœur, prit le volume de Bossuet et passa le reste de la nuit à lire l'oraison funèbre d'Anne de Gonzague, cherchant à y retrouver le rayon de lumière qui lui était apparu dans ces pages, les premières pages catholiques tombées entre ses mains. Elle ne se l'avouait pas à elle-même, mais dans cet ébranlement elle ne put redemander la paix qu'au seul livre qui l'eût jamais troublée.

Pour une âme comme celle d'Emilie, un pareil éclair était l'indice d'un travail intérieur qui ne pouvait s'arrêter en chemin. Mais M. Rio, toujours fidèle à sa promesse, ne fit aucun commentaire sur ce rêve.

Les cours continuèrent tout l'hiver ; M. Rio avait construit sa première ligne de circonvallation en initiant ses deux élèves au culte de l'idéal qui les conduisait au seuil du catholicisme, et qui surtout les avait arrachées à leur vie mondaine pour les fixer dans une vie sérieuse et élevée ; mais il fallait leur donner un point de vue d'où elles puissent embrasser l'ensemble des idées qui formaient cet enseignement.

Une question jetée dans la conversation en fit naître l'occasion. Les études des deux sœurs ne remplissaient pas seulement quelques heures de la journée. On continuait le soir et pendant le repas à discuter sur le sujet de la dernière leçon, les lectures qui s'y rapportaient, les impressions qu'elles faisaient naître ; enfin les pensées d'un ordre nouveau étaient maintenant le thème constant des entretiens dans les deux familles. Souvent on prenait la plume pour éclaircir les questions qui avaient laissé quelques doutes, et l'on faisait un jeu de se demander mutuellement des définitions philosophiques ou esthétiques ; ce qui donnait lieu à un travail lu et discuté pendant la soirée. Il arriva que le mot de *synthèse* fut prononcé ; Emilie n'en connaissait pas le sens, et l'explication donnée en passant par M. Rio ne l'ayant qu'à demi satisfaite, celui-ci s'engagea à faire sur ce sujet un cours spécial.

Il avait déjà fait entrevoir la forme philosophique que l'idéal revêt chez les Grecs. Mieux qu'aucun autre, Platon réalise cet idéal dans la conception de sa méthode. Il établit avant tout et au-dessus de tout la notion de l'être inconnu et il en déduit successivement les principes qui servent de fil conducteur à sa philosophie, procédant ainsi de l'infini au fini. Parallèlement à ce courant philosophique, on distingue un autre courant dont la source se trouve dans la philosophie d'Aristote. Aristote part des dernières limites du fini pour s'élever par l'analyse jusqu'aux principes et jusqu'à la vérité. Ces deux courants restent distincts à travers tous les siècles ; le moyen âge tente en vain de les réunir. Tandis que l'école synthétique fait descendre la lumière d'en haut et établit les grands principes par voie d'autorité, l'école analytique n'admet pour l'homme d'autre point de départ que l'homme même, l'engage dans une marche dont il est le seul régulateur et dont il est à soi-même le but ; tout autre point d'appui étant supprimé, rien ne lui fait alors traverser la limite du monde naturel au monde surnaturel. L'école analytique aboutit à la réforme, qui est dans l'ordre religieux ce qu'est la démocratie dans l'ordre politique : le *selftgovernement*, c'est-à-dire la négation de toute autorité.

Lorsque les principes qui avaient engendré le protestantisme se traduisent par le bouleversement social de 89, deux hommes, Johnson et Burke sont comme deux rochers qui empêchent le flot démocratique d'avancer sur l'Europe, et soutiennent la lutte contre l'entraînement révolutionnaire. M. Rio exposa à ses élèves la vie et la mission de ces grands politiques, qui, en défendant la paix et la véritable liberté des peuples, empruntaient sans le savoir au catholicisme les principes sur lesquels ils s'appuyaient.

A mesure que M. Rio suivait sur le terrain de la politique les conséquences des principes qu'il avait posés, le regard d'Emilie exprimait une vive anxiété ; il se livrait en elle un combat qui n'échappait pas à son maître. Elle avait été élevée par un oncle très libéral dont elle partageait les opinions, et c'était ces opinions que heurtait chaque parole de M. Rio. Mais celui-ci voulait justement attaquer en face l'obstacle mis sur la route qui conduirait Emilie au catholicisme. Stimulé par le sentiment d'une victoire à remporter, il développa son sujet pendant trois jours ; et dans le dernier surtout il fut d'une éloquence incomparable. Emilie l'écoutait haletante ; lorsqu'il eut cessé de parler, il se fit un de ces silences qui expriment l'admiration mieux qu'aucune louange. Tout à coup Emilie se lève et, avec un accent de fermeté qu'accompagne un geste plein de noblesse : « Les paroles de M. Rio, dit-elle, ont changé toutes mes convictions. J'abjure dès ce jour mes idées libérales et je deviens conservatrice. »

M. Rio venait de remporter une des victoires les plus importantes de son enseignement ; mais un incident rendit cette scène très intéressante pour une partie de l'auditoire. Mme B..., attachée au parti torry, était de tout temps en dissentiment politique avec sa fille ; ravie de ce qu'elle appela cette conversion inespérée, elle applaudit aux paroles de M. Rio et le remercia avec une effusion de tendresse qu'elle n'avait peut-être jamais témoignée à personne sur la terre.

L'excellente femme ignorait que les conséquences de ces principes ne s'arrêtaient pas aux idées politiques, et que ce fil conducteur guiderait ses filles jusqu'au seuil de l'Eglise, « sans l'autorité de laquelle l'action du Saint-Esprit est impossible sur les fidèles (1) ».

L'édifice que M. Rio avait voulu construire était achevé, il laissait ses élèves en possession d'un enseignement qui les avait transformées. Leur conversion historique et esthétique était faite. Le catholicisme s'était emparé de leur imagination où régnait l'idéal le plus élevé. Leur esprit devait aussi nécessairement aboutir à la lumière en déduisant les conséquences des idées qui étaient devenues leur critérium. Un grand résultat était donc obtenu lorsque M. et Mme Rio quittèrent Florence pour rejoindre Elise à Rome.

(1) Docteur Manning.

Pendant leur absence, ils ne cessèrent de recevoir les lettres les plus tendres d'Emilie et d'Isabelle. Les deux sœurs avaient tellement souffert de cette séparation, leurs transports de joie furent si vifs au retour des voyageurs, que Mme B... en conçut de l'ombrage et ce sentiment prit bientôt les proportions d'une jalousie passionnée. Elle remarquait que sa fille aînée, si peu expansive avec les siens, donnait à cette famille étrangère des trésors d'affection. Elle ne pouvait surtout pardonner à M. Rio la place qu'il avait prise dans le cœur d'Isabelle, l'objet de sa prédilection. Enfin, cette pauvre femme, ne pouvant plus supporter le voisinage de ceux qu'elle avait pris tant de peine à attirer auprès d'elle, résolut de les fuir à quelque prix que ce fût. Les médecins s'élevèrent en vain contre un projet de voyage pour Isabelle, Mme B... annonça d'une manière inflexible son intention de passer l'hiver dans le midi de la France, et ce fut à Pau qu'elle s'établit vers la fin de 1859.

IV

En arrivant à Pau on apprit la mort du grand-père d'Emilie et d'Isabelle ; c'était un deuil qui venait tout justement entraver les projets de Mme B... Elle voulait faire reprendre à ses filles leur ancienne vie, et, en les rattachant au monde, effacer l'empreinte que M. Rio avait laissée sur leurs âmes. Affaiblir ainsi les souvenirs qui se rattachaient à lui et l'affection qu'il avait inspirée, tel était le calcul déjoué de la jalousie maternelle.

Cette jalousie n'avait pas cependant été jusqu'à proscrire la correspondance des deux sœurs avec cette famille dont Mme B... aurait voulu que le monde entier pût la séparer. Elle voit chaque semaine partir à l'adresse de M. Rio et des siens des lettres de douze, quatorze et jusqu'à dix-huit pages ; elle ne songe pas plus à les arrêter qu'à surveiller les réponses. Son rival est loin d'elle et cela lui suffit.

Cette correspondance, autrefois simplement affectueuse et confiante, prend dès lors un tout autre développement. M. Rio avait jeté des semences, mais il n'avait encore vu aucun épanouissement. La vie des deux sœurs était changée ; elles étaient devenues sérieuses, méditatives, elles aimaient ardemment celui qui avait été l'instrument de leur progrès ; cependant jamais elles ne lui avaient dit un mot, jamais elles n'avaient fait une démarche qui pût lui donner l'espérance qu'elles s'inclinaient vers la vérité.

Seulement l'esprit d'Emilie s'était assimilé d'une manière vigoureuse l'enseignement de M. Rio. Son point de vue était devenu la règle de tous ses jugements, et à mesure qu'elle déduisait avec une logique admirable les conséquences des idées nouvelles qui s'étaient substituées à ses anciens préjugés, la lumière gagnait son intelligence, tandis que le culte du beau la conduisait insensiblement du reflet au rayon lui-même, c'est-à-dire de l'art à Dieu.

C'est sur elle alors que semble se réunir tous les rayons de la grâce et tout l'intérêt d'un drame, qui se déploie dans une série de lettres admirables écrites à M. Rio et aux siens. Il faudrait avoir ces lettres et je n'ai pu en conserver que de pâles souvenirs.

En annonçant à son maître le deuil qui allait vouer leur hiver à la solitude, Emilie lui exprima l'intention de l'utiliser pour le travail et d'étudier le dix-septième siècle. M. Rio lui avait fait considérer l'histoire comme un vaste horizon où brillent, semblables à des points lumineux, les grandes époques littéraires et historiques. Selon lui, la connaissance de ces époques doit être le but de ceux qui veulent comprendre le sens élevé de l'histoire, les époques intermédiaires n'ayant qu'une importance relative. Emilie voulait donc pénétrer dans le dix-septième siècle, et, pour en connaître les abords, M. Rio lui conseilla de lire avant tout la *Vie de M. Olier*, un des ouvrages les plus instructifs qui existent sur le commencement du règne de Louis XIV. Elle le demanda à plusieurs libraires et, recevant du dernier de tous la même réponse négative que chez les autres, sa figure exprima une telle contrariété que le libraire lui dit : « Mademoiselle, je vois que vous tenez beaucoup à lire ce livre, il n'est pas dans mon magasin, mais je l'ai dans ma bibliothèque, prenez-le, je vous le prête. » Elle l'emporta comme un trésor et le lut avidement ; puis elle écrivit à M. Rio : « Ce livre est pour moi une révélation ; l'âme humaine, sa grandeur et sa beauté me sont apparues là avec un éclat incomparable. » Sa lettre était ardente et émue, d'une émotion qu'elle ne cherchait pas à cacher. Pour la première fois elle parlait franchement religion. Presque en même temps que cette lettre, M. Rio en recevait une d'Isabelle ; elle le priait, au nom de sa mère, de la recommander à une famille de Pau qu'il leur avait dit connaître intimement.

Cette famille était la famille Elie de Gontaud. M. Rio saisit avec joie cette ouverture, il écrivit longuement à M. Elie et fut compris. Mme B... et sa famille passèrent une journée dans cet intérieur patriarcal. Emilie suivit à la chapelle les douze enfants qui entouraient leurs parents, elle remarqua leur tendresse, leur union, la solidité et la douceur de leur éducation si catholique, et elle écrivit ses impressions à M. Rio dans une lettre charmante.

Mme de Gontaud retournait à Paris, mais elle légua Emilie à deux femmes dignes d'être des coopératrices dans une œuvre où Dieu n'a fait intervenir que de grandes âmes. Mme d'A..., par sa position sociale, et plus encore par son mérite personnel, est devenue à Pau le centre de la charité et de la vie intellectuelle. Elle patronne toutes les bonnes œuvres ; les religieuses l'appellent leur mère, son salon réunit chaque hiver les étrangers les plus considérables, c'est une de ces natures actives et fortes, un de ces esprits fermes et profonds qui suffisent à beaucoup de devoirs et gouvernent une vie très féconde. Elle vit Emilie et lui plut, mais sa fille Berthe devait exercer sur la jeune Anglaise une influence plus puissante encore.

Berthe d'A... est une créature angélique que Dieu semble s'être réservée. L'amour divin l'a saisie tout enfant et elle n'a plus cherché autre chose que cet amour ou ce qui en est à ses yeux un reflet : la vertu et l'art. Cultivée d'une manière exquise, musicienne remarquable, elle sait à merveille l'anglais et l'allemand et connaît à fond les deux littératures. Toutes les distinctions se rencontrent dans cette jeune fille suave dans sa parole, dans ses manières, dans son regard, et pour laquelle la louange est une véritable souffrance. Elle se prépare en se dévouant à un père infirme, en cultivant la charité et l'idéal, à prendre enfin l'habit de Carmélite dans un monastère de Pau.

La première fois qu'elle vit Emilie, ce fut quelques minutes, et pour l'accompagner à un concert. Elles se rencontrèrent peu de jours après ; la conversation d'abord banale, comme entre connaissances de la veille, reçoit bientôt un élan soudain ; les âmes se dévoilent et se pénètrent, Berthe a deviné celle d'Emilie, et, après l'avoir quittée, elle court dans son oratoire, tombe à genoux et saisie d'amour et de pitié pour cette âme inconnue dont elle a vu la beauté et deviné les souffrances, elle s'écrie : « Mon Dieu, faites-la catholique, et pour l'obtenir, s'il vous faut un sacrifice et une victime, c'est moi qui viens m'offrir, Seigneur ! »

Dès lors s'établit entre ces deux âmes un lien mystérieux et un de ces amours immatériels, rêve éternel de ceux qui ont entrevu les lots privilégiés de la vie et qui envient au ciel une félicité parfois descendue sur la terre : Berthe et Emilie se sont à peine parlé, mais elles s'aiment avec une tendresse et une profondeur incomparables.

« C'est le lien le plus fort que j'aie connu sur la terre sans en excepter les liens de famille », me disait M. Rio. Berthe si réservée et contenue, même avec sa mère, se livra tout entière à Emilie, lui découvrant tous les secrets de son âme et de sa vie. Dès ses premières visites, elle l'introduisit dans un cabinet de travail, où sa bibliothèque, son piano et les portraits des plus grands musiciens allemands et italiens témoignaient de ses goûts artistiques et littéraires. Mais à côté de ce premier sanctuaire, il y en avait un second où personne ne pénétrait et qui fut ouvert à Emilie. La jeune fille poussa un cri de joie en reconnaissant dans l'oratoire de Berthe une collection de gravures, d'après les maîtres ombriens et florentins, révélant dans celle qui l'avait formée un esprit initié à l'art chrétien. Dieu sait ce qui se passa entre elles, mais il semble que cette amitié sainte fut la grâce décisive qu'attendait l'âme d'Emilie. Elle lui fit franchir le dernier échelon qui la séparait du ciel. Il n'est rien sur la terre qui purifie davantage et qui prépare mieux à l'amour divin qu'un amour d'âme. Celui-ci acheva dans Emilie l'œuvre commencée par l'étude du beau. Son esprit était éclairé, son cœur sentit la touche de Dieu dans cette affection, inspirée par la charité, et consacrée par le sacrifice. Dès lors, ses ailes se déploient avec sa puissance d'aimer ; elle monte et de quel vol, vers quelles régions ! Ses lettres seules pourraient redire la merveilleuse histoire d'une âme tout d'un coup saisie par la grâce, « et qui entre dans la vérité par la porte triomphale, celle de l'amour (1) ». Il n'est plus besoin maintenant de s'adresser aux libraires de Pau, la bibliothèque de Mme d'A... suffit à tout, et c'est cette pieuse femme qui dirige les études de sa nouvelle amie avec une hardiesse et à la fois une prudence admirables. Emilie rend compte à M. Rio de l'émotion où la jette la lecture de saint François de Sales, de Fénelon, de Bourdaloue. A travers les splendeurs de la forme, où s'arrêtait autrefois son esprit, elle cherche le souffle de l'inspiration sainte. Il ne lui suffit plus d'admirer, il lui faut prier. Sa vie se transforme, quand elle s'est ainsi rapprochée de Dieu. Cette jeune fille mondaine, qui était arrivée, selon son expression, à se coucher le cœur tranquille sans avoir levé dans la journée les yeux vers le ciel, passe des nuits à écouter Dieu qui a pris possession de son cœur en y allumant des ardeurs incomparables. Elle veille souvent pour la prière, mais jamais désormais pour le monde, et ses habitudes de vie molle sont tranchées comme ses habitudes de vie dissipée.

A cinq heures du matin, elle quitte son lit pour lire l'Ecriture sainte à genoux et consacrer à la méditation les heures silencieuses de la matinée. Quel miracle Dieu opérait-il dans cette âme ? L'Esprit souffle où il veut et il avait ravi Emilie dont toute l'énergie, toute la puissance d'aimer se déploie et se transfigure dans l'amour divin. Elle ne

(1) Monseigneur Dupanloup.

raisonne pas, elle ne sait pas encore si elle va quitter sa religion ; elle aime, elle prie, et arrive d'un bond, selon le jugement d'âmes très éclairées, à ces hauteurs de la vie spirituelle nommées par sainte Thérèse l'oraison d'union. « Elle n'était pas encore catholique, comme l'a dit plus tard l'évêque d'Orléans, mais il y avait un maître qui l'avait instruite, qui l'avait baptisée, qui lui avait dit la messe et qui l'avait fait communier. » Elle apartenait à l'âme de cette Eglise dont elle a dit : « C'est de toutes les Eglises celle qui enseigne le plus l'amour. »

Le cœur d'Emilie était dans ce cri ; elle avait entendu la voix de l'amour et elle se levait pour la suivre.

Berthe d'A... ne se contentait pas de la faire lire et prier, elle lui avait montré de près l'idéal esthétique réalisé dans les ordres religieux. Après l'avoir menée chez les Petites-Sœurs des Pauvres, elle la conduisit chez ses chères Carmélites. Ce fut comme un monde resplendissant qui s'ouvrait devant Emilie. La supérieure des Carmélites, femme très distinguée, devint bientôt l'amie et la directrice de cette jeune protestante. Il faudrait entendre Emilie redire elle-même ses émotions, ses étonnements, ses admirations en pénétrant le mystère de ces âmes que Dieu se réserve et auxquelles il a dit par la bouche de l'Apôtre · « Vous serez toujours avec moi. »

Un jour on lui fit une grande faveur, on souleva les voiles qui séparaient la chapelle du chœur des religieuses, et elle vit passer une à une toutes les filles du Carmel. Un vif rayon coloré par la teinte des vitraux éclairait l'entrée du chœur et tombait sur le voile blanc des novices. Le sévère costume des religieuses apparaissait au fond du sanctuaire dans une demi-obscurité. Cette procession de vierges recueillies défila devant Emilie, puis disparut dans un cloître. Tout resta silencieux et Emilie ne pouvait s'éloigner de la place où elle avait contemplé cette apparition de la vie du ciel sur la terre. Peu de temps après, une des jeunes Sœurs tomba malade ; c'était une novice qu'Emilie aimait avec prédilection. Le couvent était très pauvre, la jeune protestante obtint de venir au secours de la malade en lui fournissant tous les remèdes ordonnés par le médecin et tous les soulagements autorisés par la règle. A la fin de l'hiver, Emilie, la brillante Emilie, portait des robes déchirées ; ses deux mille francs de pension avaient passé en aumônes aux pauvres couvents de Pau.

La Carmélite se mourait ; on ouvrit à Emilie les grilles du couvent et on lui permit d'aller soigner elle-même son angélique amie, mais elle ne put qu'assister à ses derniers moments, et une lettre admirable redit à M. Rio le récit de cette mort.

V

On était alors au mois de juin 1860. Après un séjour de trois ans en Italie, Mme Rio et Marie rentraient en France. Leur première station fut pour notre demeure, où les voyageurs avaient laissé le plus de regrets et retrouvaient le plus d'affection.

Le nom d'Emilie se lie aux chers souvenirs de cette réunion qui nous gardait à tous tant de bénédictions et tant de joie. Il fut alors prononcé pour la première fois au milieu de nous. Un autre voyageur nous arriva quelques jours après nos deux amies. L'évêque dont la parole avait ému le monde entier, vint chercher dans nos montagnes le repos acheté par ses grandes luttes pour l'Eglise.

Ceux qui l'aimaient comme leur père, qui vénéraient en lui un confesseur et presque un martyr, comprirent bien alors à quelle source il avait puisé son éloquence et son courage. Jamais ils n'avaient senti l'amour divin déborder ainsi de son cœur, et jamais non plus ils ne l'avaient vu possédé à ce degré par la charité apostolique. Celui qui était le soutien de l'Eglise, prodiguait sans mesure son temps et sa santé aux âmes les plus humbles et aux œuvres les plus ignorées. Deux mois plus tard, revenant au milieu de ses enfants de La Chapelle, il laissa échapper en leur parlant ce cri si touchant pour tous, si émouvant pour quelques-uns : « Je rapporte au milieu de vous un plus ardent amour pour les âmes. »

Un soir (je crois y être encore ; l'heure, le lieu, les paroles, l'accent, tout est resté gravé en moi), un soir, Marie qui avait parlé de ses deux amies à Monseigneur d'Orléans, va, sur sa demande, chercher le paquet des lettres d'Emilie. On était sur la terrasse, à l'heure où les brumes rosées descendent du ciel et enveloppent les montagnes;

ce fut là que commença une lecture dont on reprit la suite au salon lorsque le dernier rayon du soleil couchant se fut éteint derrière les Alpes.

La traductrice (c'était Marie) complétait par son récit tout ce que nous apprenaient ces lettres. Jusqu'alors très réservée devant Monseigneur, elle céda à l'entraînement de ses souvenirs et se révéla à lui tout entière. Mme Rio protestait en vain contre les témoignages de vénération qu'Emilie lui prodiguait dans ses lettres, et elle traitait d'aveuglement une affection où d'autres voyaient tout un panégyrique. Mon père pleurait d'admiration, tous nous étions saisis, enlevés, ravis ; la bénédiction promise à ces quelques âmes assemblées au nom de Jésus-Christ, nous la sentions descendre sur nous.

C'est que l'émotion de tous était encore dominée par celle de notre saint évêque auquel « cette vision » révélait une des plus « grandes âmes qu'il eût jamais rencontrées dans le monde et dans les livres ». Tout lui semblait merveilleux en elle : « son union avec Dieu qui l'avait fait atteindre un éminent degré d'oraison et son humilité plus étonnante encore que les grâces dont elle était comblée », car il fallait que Dieu lui-même se chargeât de la faire humble. « Elle a été menée par un miracle, ajoutait Monseigneur, au sommet des choses divines. Elle a commencé par où les autres finissent : par l'amour. »

Marie continuait la lecture d'une des plus belles lettres d'Emilie où se développait toute une apologie de la religion chrétienne. « C'est le témoignage de Fénelon, disait Monseigneur, moins remarquable par la précision, mais parfois plus vif, plus embrasé encore que celui de Fénelon. » « Oui, s'écriait-il tout transporté, Dieu est bien cet aigle qui ravit les âmes ! Quel goût il a eu à former celle-ci ! » Puis après un moment : « Oh ! comme il faut prendre garde à ne pas gâter tout cela ! Quelle délicatesse, quel respect envers une telle âme ! tout ce qu'on peut, c'est de lui dire la messe. »

La lecture continuait interrompue par des exclamations et des paroles où venaient retentir avec le nom d'Emilie, les noms les plus chers à nos cœurs. On avait parlé d'Emilie, de Valérie M..., dont l'histoire offrait tant de rapprochements consolants avec celle d'Emilie, de Nathalie N..., une autre convertie chère à Mme Rio, aujourd'hui Sœur de Saint-Vincent de Paul. Le temps ne peut ternir de pareils souvenirs et de si saintes affections ; il ne fait qu'y ajouter des perspectives, et on les retrouve toujours éclairées d'une lumière plus radieuse.

« Cette âme, disait Monseigneur, me paraît destinée à laisser une trace de lumière dans l'Eglise », puis il reprenait : « Non, elle sera Carmélite, et personne ne saura plus rien. Le ministère de la prière, voilà à quoi elle est destinée, et qui sait les miracles qu'elle pourra obtenir ! Il faudrait pour cela comprendre la puissance de la prière, et l'Ecriture sainte nous la révèle dans un admirable langage : La prière monte vers Dieu, dit l'Apôtre, et crie jusqu'à ce qu'elle soit exaucée. »

Toutes ces paroles que je répète si mal et tant

d'autres qui ne peuvent se répéter, et cet accent de notre saint évêque, et cette émotion de tous qui lui répondait ; cela ressemblait vraiment à l'extase ; c'était une éclaircie dans le ciel des âmes ! Puis est venue la prière faite par la voix pénétrante de ma mère, la bénédiction de Monseigneur qui consacrait les grâces de cette soirée, et enfin une dernière prière pour Emilie et pour ceux qui nous l'avaient fait connaître. Oh ! de tels moments réalisent le bonheur que Jésus-Christ demande à son Père pour ses élus : Qu'ils soient un avec moi. Oui, nous ne faisions qu'un pour contempler, pour prier, pour aimer, nous étions unis dans les sommets de nos âmes pour sentir la flamme qui débordait de l'âme apostolique de notre père, et il faut avoir entrevu de telles joies d'âmes pour comprendre le ciel sur la terre et la vie et la bonté de Dieu envers ses créatures.

Le lendemain, on n'attendit pas la soirée pour reprendre une lecture qui nous avait entraînés la veille jusqu'à dix heures et demie du soir. Monseigneur avait beaucoup pensé à Emilie, et il avait été frappé de la nécessité de lui faire franchir le dernier pas qui la séparait du catholicisme. « Quand les pensése sérieuses, dit-il, nous viennent sur une grande joie, on ressent de la tristesse ; j'ai compris le danger de lumières si admirables qui n'aboutissent pas à une lumière pratique !... Il faut saisir le point de la maturité d'une âme, et alors il n'y a pas à hésiter, car on ne sait pas ce que l'Ecriture sainte appelle les profondeurs de Satan, *altitudines satanæ.* »

Au jugement de Monseigneur, l'abjuration d'Emilie était pour elle un devoir, auquel il fallait immoler ses délicatesses, même envers sa mère, et les craintes qui se rapportaient à sa sœur : « Il n'y a plus à mes yeux, nous disait-il, ni mère ni sœur, parce qu'il y a quelque chose de plus grand que tout cela : c'est Dieu et cette âme. »

Mais sous la protection de quel guide Emilie pourrait-elle entrer dans le sanctuaire ? Quelle voix pourrait se faire entendre à elle et vaincre les scrupules de sa loyauté ? Une dissimulation envers sa mère lui répugnait à l'égal d'un mensonge. Or, une rupture entre la jeune fille et sa mère, sans parler des autres malheurs qu'elle entraînerait, perdrait peut-être l'avenir religieux d'Isabelle. De plus, Mme B... faisait un mystère de ses projets, même à ses enfants. Elle leur laissait ignorer d'un mois à l'autre la direction qu'elle voulait leur faire prendre, de peur que M. Rio n'en fût instruit et ne se trouvât sur leur passage.

Il était donc impossible de prévoir à quelle époque Emilie retournerait en Angleterre, où elle retomberait sous l'influence protestante. Dans cette incertitude, comment prendre les moyens de lui faire achever sa conversion sous la conduite d'un prêtre assez éclairé et assez prudent pour ne pas compromettre une œuvre qui exigeait tant de délicatesses !

Pour résoudre toutes ces questions, il fallait du temps, de la réflexion, et il fallait surtout attendre que la lumière de Dieu se manifeste. Ce jour-là, Monseigneur conseilla seulement à Mme Rio d'envoyer à Emilie le deuxième volume de Fénelon où il a réuni les écrits les plus remarquables de ce grand homme sur le protestantisme : écrits qui forment un enseignement complet et un ensemble de réponses à toutes les questions soulevées par l'hérésie. Ce volume fut annoté de la main de Monseigneur et accompagné d'instructions dictées par lui.

Dès ce jour, Emilie inspira aux habitants de La Combe un intérêt où se mêlaient l'admiration et la reconnaissance ; car elle avait été pour eux l'occasion de ces joies que l'on n'oublie jamais. Combien de paroles admirables n'avons-nous pas recueillies de notre saint évêque, au sujet de cette âme inconnue, qui lui inspirait le dévouement du bon pasteur et qu'il serait allé chercher si loin pour la ramener au bercail !

Peu de jours après, M. Rio arrivait à La Combe où l'attendait une longue lettre d'Emilie qu'il nous lut dans la grande allée. Elle avait reçu le livre de Monseigneur, et cet envoi la trouva plus avancée que ne le savaient encore ses amis. Elle leur racontait tout le détail de ses lectures, de ses conversations avec Berthe et les Carmélites ; mais surtout elle leur faisait connaître sans s'en rendre compte les progrès de la grâce dans son cœur. Enfin, pour la première fois, exprimant sans détours à M. Rio l'intention d'abjurer le protestantisme, elle lui demandait de la guider dans le travail qu'elle voulait entreprendre pour compléter ses études sur les deux religions ; puis elle lui témoignait un vif regret d'être séparée de lui dans un moment où elle aurait eu si grand besoin de son maître : « Que Netty est heureuse, s'écriait-elle, de posséder mes chers trésors. Oh ! qui me donnerait de passer une heure dans ce cercle d'amis présidé par le saint évêque d'Orléans. » Ce désir était comme le pressentiment de la mission que devait accomplir envers son âme celui qui acheva en elle l'œuvre de Dieu.

Quelques jours après, elle avait accompagné Berthe au sermon, et le prédicateur parlait sur le dogme catholique. Lorsqu'il eut achevé, Berthe fut prête à se lever. Emilie lui demanda de l'attendre, et disparut. Une demi-heure, une heure se passèrent. Emilie revint enfin, elle était très émue et Berthe respectait son silence, lorsqu'elle lui dit en lui serrant la main : « Je viens de voir ce prêtre et j'ai reçu le dernier coup ; je crois à la religion catholique qui déjà possédait mon cœur. »

VI

M. Rio avait quitté La Combe le 14 juillet pour se rendre en Bretagne. En arrivant à Paris, il y trouva une lettre d'Emilie qui l'engageait au nom de sa mère à venir les rejoindre à Bagnères. Mme B... poussait l'amabilité jusqu'à lui proposer de l'accompagner ensuite à Biarritz, pour lui faire prendre les bains de mer, et Emilie ajoutait de vives instances à l'invitation si inattendue de sa mère. M. Rio n'hésita pas ; il reprit seul, avec ses béquilles, la route du Midi, et arriva vers le 20 juillet à Bagnères. De grandes joies l'attendaient dans cette famille où le rappelait une si chère espérance. L'horizon était éclairci d'une manière miraculeuse. En se rapprochant peu à peu de la vérité, Emilie avait dompté la raideur de son caractère. Mme B..., ravie de la voir devenue affectueuse pour elle et douce avec tous, jouissait de cette transformation sans en rechercher l'origine. Des rapports nouveaux d'intimité régnaient entre la mère et la fille. Celle-ci jouissait d'une liberté complète et ne cachait pas l'usage qu'elle en faisait, pas plus que ses fortes tendances vers le catholicisme. Néanmoins Mme B... demeurait dans une sécurité imperturbable et accueillait avec empressement tous ceux dont elle aurait pu à bon droit redouter l'influence sur sa fille

Les dames d'A... et quelques autres amis qui suivaient, en le favorisant silencieusement, le travail de Dieu dans l'âme d'Emilie, étaient chaque jour l'objet des politesses de Mme B..., et quand M. Rio arriva, il fut bien étonné d'être reçu aussi affectueusement par elle que si rien de désagréable ne s'était jamais passé entre eux. Mais il eut bientôt à constater d'autres merveilles que cette incompréhensible tolérance. Emilie venait d'écrire à la supérieure des Carmélites une admirable lettre sur les motifs de sa conversion, son âme était fixée. Isabelle, qu'il croyait à peine ébranlée, lui proposa dès le soir même d'aller à l'église ; elle s'agenouilla auprès de lui, et ouvrit un paroissien, le tenant de manière à ce qu'il put suivre en même temps qu'elle les prières de la bénédiction. Isabelle s'inclinait doucement vers

Dieu. Ce n'étaient pas les grands élans qui portaient Emilie au sommet des choses saintes, mais les vertus et les tendresses du christianisme trouvaient son âme accessible. Quelquefois après le dîner, M. Rio la voyait disparaître, et savait qu'elle allait prier. Un jour, elle lui avoua que la pensée de n'avoir jamais prié la sainte Vierge l'avait saisie comme un remords douloureux. Un matin, en la voyant plus pâle qu'à l'ordinaire, il la pressa de questions et apprit avec ravissement que, la veille, sentant son âme froide et distraite, elle s'était rappelée qu'à minuit, les Carmélites se lèvent pour chanter l'office, et qu'elle avait attendu jusque-là pour mêler ses prières aux leurs et les faire monter ensemble vers le Seigneur. Cette jeune fille autrefois si mondaine, si délicate, s'échappait chaque matin pour aller distribuer des secours aux pauvres avec les Sœurs d'un hôpital voisin et revêtait parfois leur costume. Lorsque M. Rio arriva, la pauvre enfant avait épuisé en aumônes les trente francs de pension qu'elle recevait chaque mois, et elle avait mangé deux mois à l'avance. Ses embarras pécuniaires lui étaient une grande préoccupation. Si sa mère les avait soupçonnés, elle en eût recherché la source ; d'un autre côté, plus d'argent, plus d'aumônes !... M. Rio découvrit tout, et comme il savait bien revendiquer ses droits paternels, les distributions d'aumônes recommencèrent.

M. Rio marchait de bonheur en bonheur, à mesure que se révélaient des progrès restés inconnus pour lui dans les âmes de ses chères filles. Un jour, elles le prièrent de venir visiter leurs chambres. Ces chambres étaient de vraies cellules de religieuses : un crucifix, des images, une bibliothèque toute composée d'ouvrages religieux avaient remplacé les colifichets à la mode. Cette transformation toucha tellement M. Rio que, sentant son émotion croître et ne voulant pas la laisser éclater, il quitta brusquement les deux sœurs sans achever la visite et sans leur faire aucune réflexion. Il m'a répété bien souvent qu'il n'a pas dans sa vie de souvenirs plus doux que celui des trois semaines qui suivirent son arrivée à Bagnères. Rien n'est comparable au parfum qu'exhalaient ces deux âmes sur lesquelles tombait pour la première fois la rosée catholique. Et ce parfum, il n'était pas seul à le respirer. Berthe d'A... et sa mère, la supérieure des Petites-Sœurs des Pauvres et un prêtre très distingué entouraient sans cesse les deux sœurs, sur lesquelles veillaient aussi de loin les Carmélites de Pau et Monseigneur d'Orléans. Tout ce qui peut charmer et élever les âmes se trouvait rassemblé dans ce petit groupe des amis de Dieu. M. Rio avait repris sa conversation sur les arts avec ses élèves, dont il constatait chaque jour le progrès intellectuel. Ce progrès était surtout remarquable chez Isabelle et semblait parallèle au progrès de son âme. Emilie avait inspiré à Berthe une vive curiosité au sujet des idées de M. Rio sur les fragments de révélation. Force fut au maître de reprendre la parole devant son ancien auditoire, augmenté de Berthe et de sa mère. Les conversations roulaient toutes sur le même sujet et M. Rio les résuma par cette phrase, qui devint pour Emilie une sorte de devise : « Je crois à ma religion parce qu'elle est vraie, je l'aime parce qu'elle est belle, je l'admire parce qu'elle est grande. » Dans cette formule se trouvait résumé l'enseignement de Florence et les impressions esthétiques des voyages de Sienne. Isabelle avait accepté cette phrase comme sa sœur et, sans déclarer aussi nettement ses intentions, elle ne dissimulait point à M. Rio ses tendances vers le catholicisme. Elle alla même jusqu'à lui dire : « Je ne me consolerais pas si je pouvais douter que je serai un jour catholique. » Puis elle ajoutait : « Je ne passe pas un jour sans bénir Dieu de l'accident auquel je dois le changement qui s'est opéré en moi. » Or, il faut remarquer qu'elle souffrait encore des suites de cet accident, et qu'on lui faisait craindre que son bras restât plus ou moins estropié.

Un coup de foudre éclata tout à coup au milieu de ce que M. Rio appelait cette béatitude. Mme B... reçut une lettre de son beau-frère, membre libéral du Parlement, homme considérable et protestant fanatique. Il était tuteur de ses nièces, et, à ce titre, avait sur elles une autorité très redoutée. Une vieille gouvernante des demoiselles B... avait tout épié et tout révélé à M. B...

Sa colère se traduisait en menaces terribles ; il regardait l'honneur de sa famille comme gravement compromis, reprochait à sa belle-sœur ses imprudences et lui enjoignait à la fois de rompre les relations de ses filles avec leurs amis catholiques, et d'abandonner le projet de passer l'hiver à Paris pour revenir de suite en Angleterre.

Cette lettre provoqua une terrible réaction. Mme B..., passant de la sécurité aux plus étranges terreurs, déclara à ses filles que, dès ce jour, elle proscrivait tous les livres et tous les amis qui pourraient, de près ou de loin, les entretenir dans les idées catholiques.

Or, il va sans dire que M. Rio et Berthe étaient en tête de la liste de proscription. A cette sommation, Isabelle répondit catégoriquement comme sa sœur : « qu'aucune puissance humaine ne lui ferait renoncer à ses amis catholiques ». C'était la première fois que cette créature si douce parlait sur ce ton-là. Sa mère se rabattit sur la correspondance et dit qu'à l'avenir ses filles n'écriraient et ne recevraient aucune lettre qui ne passât par ses mains. Isabelle protesta que lorsque ces lettres contiendraient les secrets de ses amis, elle ne les communiquerait à personne. Des scènes terribles s'ensuivirent. Toute la colonie des amis d'Emilie se trouva dispersée. Les dames d'A... retournèrent à Pau. M. Rio, qu'il n'était plus question d'accompagner à Biarritz, annonça son départ pour la Bretagne. Ces derniers jours se passèrent dans les larmes, les deux sœurs recueillirent les instructions que M. Rio cherchait à leur laisser pour les éventualités d'un avenir si menaçant ; lorsqu'un matin apparaissent au milieu de cette famille bouleversée le fils et la fille du député, qui avait soulevé la tempête. Emilie avait toujours aimé et admiré sa cousine comme le type d'une vertu et d'une intelligence supérieures, c'était la personne qui avait le plus d'influence sur elle. En la voyant, elle comprit le motif et les conséquences de cette brusque arrivée, et une telle révolution se fit en elle que sa tête, selon son expression, lui sembla devenue tout à coup « une casserole d'eau bouillante ». La jeune Anglaise fut polie pour M. Rio, mais lui fit entendre qu'il devait hâter son départ.

La séparation s'accomplit ; M. Rio alla rejoindre Berthe et sa mère à Pau, et il y reçut bientôt la nouvelle de la crise décisive qui avait suivi son départ. Emilie avait attendu l'éloignement de son vieil ami pour faire librement, sans être soupçonnée de subir aucune influence, le grand acte qu'elle avait résolu dans son cœur. Elle annonça à sa mère son intention d'abjurer le protestantisme. On peut aisément se figurer quelle tempête provoqua cette déclaration. Mme B... sentait qu'elle porterait auprès de son beau-frère toutes les responsabilités de cet événement, elle se reprochait son aveuglement, suppliait et menaçait tout à tour Emilie, qui restait inflexible et supportait avec une douceur incomparable tous les assauts que lui livraient successivement sa mère, ses frères et sa cousine. Mais tant d'efforts et de souffrances l'avaient épuisée, elle fut saisie par une fièvre chaude et son état devint bientôt très dangereux. Ce fut par une sorte de miracle que Dieu la sauva. Dès le début de sa maladie, Isabelle, éloignant tout autre secours du lit de sa sœur, se fit sa garde-malade et sa servante. Autrefois, ces jeunes filles, comme tous les membres de cette famille, vivaient en bonne intelligence, mais il y avait entre elles peu d'union et point de tendresse. L'intimité entre les deux sœurs fut le fruit de leurs souffrances. Une autre consolation attendait Emilie.

Sa plus jeune sœur se jeta un jour en pleurant dans les bras d'Isabelle. « Je ne puis exprimer, s'écria-t-elle, le sentiment que m'inspire Emilie et l'admiration que j'ai pour son courage. » Dès lors, une autre vie, une vie de confiance commença pour les trois sœurs ; mais quelque chose de plus intime régnait entre Isabelle et Emilie. Émilie, fidèle à ses promesses, n'entretenait jamais Isabelle de ses pensées. D'un autre côté, Isabelle s'était engagée à ne jamais causer religion avec sa sœur, et Emilie souffrait cruellement d'une barrière que leur loyauté les empêchait de jamais franchir, mais qui lui enlevait toute influence sur Isabelle. Elle croyait la voir retomber peu à peu sous le joug de son entourage protestant ; lorsqu'un jour, pendant sa convalescence, elles se promenaient ensemble au bord de la mer ; elles se taisaient toutes les deux et Emilie, prenant son chapelet, se mit à le réciter tout bas. « Pourquoi ne prierai-je pas avec vous ? » lui dit alors Isabelle, et elle tira un chapelet de sa poche et le montra à Emilie, ravie de surprise et de joie. Les deux sœurs ne se dirent rien, mais elles sentirent dès ce moment leurs âmes plus fortement unies encore que par le passé. Cependant Mme B..., pressée par les instances de son beau-frère, fit ses préparatifs de départ pour l'Angleterre. Il lui tardait de fuir un pays catholique, elle espérait détruire les sympathies d'Isabelle, et elle voulait aussi disputer énergiquement Emilie à ce qu'elle regardait comme un entraînement passager. Les deux sœurs furent gardées à vue pendant la fin de leur séjour à Bagnères. Néanmoins, Dieu permit qu'Emilie goutât avant de partir une grande consolation. Berthe d'A... vint passer un jour à Bagnères et, grâce aux intelligences nouées avec de fidèles domestiques, les deux amies purent se revoir, s'embrasser, se fortifier avant une séparation dont elles ne prévoyaient pas le terme.

Cette entrevue ne fut pas seulement une douceur pour Emilie, Berthe lui remit des lettres importantes dont elle emporta la réponse. Puis les deux amies se quittèrent, mais leurs âmes s'étaient donné un rendez-vous, où devait s'achever leur union.

Peu de jours après, c'était à Paris avant l'heure matinale qui appelle les fidèles à la première messe au couvent des Augustines, cinq personnes seules dans la chapelle obscure et déserte étaient prosternées devant l'autel. Un prêtre passa au milieu d'elles, prononça un nom auquel une jeune fille répondit : s'agenouillant sur la marche de l'autel, elle prononça d'une voix ferme des paroles que Dieu et les anges entendirent.

Cette jeune fille, c'était Emilie ; les amis qui la conduisaient au seuil de l'Eglise catholique n'ont pas besoin d'être nommés. Monseigneur d'Orléans recevait son acte d'abjuration ; M. Rio et Mme de Gontaud, remplaçant Berthe d'A..., étaient son parrain et sa marraine.

Ce qui se passa entre Dieu et son âme, le bonheur de ceux qui la ramenaient au bercail du bon pasteur, les ascensions soudaines de cette enfant de l'erreur, pour laquelle s'ouvraient en un instant tous les trésors de l'Eglise, protestante le matin encore, et une heure après, catholique baptisée, absoute et unie à Jésus-Christ par la communion, ce sont des merveilles qui ne peuvent se redire et que l'on craindrait de profaner par des paroles.

Quand le jour parut, Emilie s'était déjà arrachée à la ferveur et presque à l'extase de son action de grâces, aux embrassements de ses amis, à ce thabor d'une heure précédé et suivi de tant de souffrances. Elle retournait chez sa mère qui devait ignorer son abjuration, et elle allait soutenir de nouveaux et terribles combats pour sa foi. Mais elle partait armée, elle se sentait forte, et ne demandait plus à la terre qu'un autel et un prêtre pour en recevoir la force de tout supporter et de tout souffrir.

En effet, aucune épreuve ne lui fut épargnée. Ramenée en Angleterre, on la mit aux prises avec l'érudition protestante, et pendant des journées entières, les ministres les plus renommés se succédèrent pour ébranler sa foi.En même temps, d'autres assauts étaient livrés à son cœur ; c'étaient tour à tour les menaces ou les larmes de sa mère, la persécution et la tendresse étaient employées contre elle sous toutes les formes les plus diverses. On la gardait à vue pour l'empêcher de communiquer avec un prêtre et de franchir le seuil d'une église. La communion qui était la faim de son âme, lui était impossible. Dieu la livrait seule à ce combat où sa grâce la soutint et la fit triompher. Monseigneur d'Orléans écrivit à ce sujet à Marie : « Dites à M. Rio que son Emilie devient une sainte. »

Depuis lors, plusieurs années se sont écoulées, sa vertu a fini par vaincre le fanatisme de ses parents. Tous se sont réconciliés successivement avec elle et ont éprouvé ce que le catholicisme inspire de dévouement à un grand cœur. Mais ils ne savent pas que cette amie, toujours prête à leur servir de confidente et d'appui, cette garde-malade qui leur prodigue ses veilles, leur prodigue aussi ses prières et ses larmes, que leur conversion est le but et l'unique désir de sa vie. Déjà l'une de ces âmes bien-aimées l'a rejointe dans le bercail... celle d'Isabelle un moment si proche, puis arrêtée en chemin, et encore indécise, sera-t-elle le prix de cet amour fraternel, doit-il achever sa rançon et lui ouvrir le ciel ?...

UNE ABJURATION A LA COMBE

La Combe, juillet 1862.

Il y a des visions dans le ciel des âmes ! Je ne saurais exprimer par un autre mot ce qu'a été le passage d'Harriett S... au milieu de nous.

D'ailleurs, comment redire le charme incomparable de cette étrangère que Dieu a jetée dans nos bras ! On l'aime, on la contemple, on ne la dépeint point. Ou plutôt je me trompe ; elle s'est dépeinte elle-même quand elle m'a dit hier avec sa voix mélodieuse : « Personne ne vous aimera jamais plus que moi, *car je suis toute faite d'amour*. »

Il semble que Dieu se soit plu à la former comme une de ces fleurs cachées au sommet des Alpes, qu'un rayon a fait éclore loin de tous les regards, et qui gardent pour le ciel leur éclat et leur parfum. Enfant, elle a grandi près du tombeau de sa mère, et sans entendre parler de son père qu'un second mariage blâmé de sa famille avait exilé au Canada. Elevée par la charité de ses parents dans une pension ; puis, revenue chez un de ses oncles, elle était entourée d'affections, qui s'épanchaient ailleurs, et qui ne se donnaient à elle que sous la forme d'une protection souvent austère et injuste.

On l'accusait de trancher par sa laideur avec la beauté des siens, et on prenait sa réserve pour de la dissimulation. « Oh ! que je me rappelle bien, a-t-elle écrit plus tard, ce désir de mon cœur d'aimer quelque chose ! Une fois, ma tante caressait devant moi son petit enfant, j'ai pensé de suite à ma mère, et j'ai dit à mon âme : je donnerais tout pour un seul baiser comme ça, pour entendre dire une seule fois ces mots : chère enfant, je vous aime. »

Et bien souvent elle priait Dieu avec larmes de lui donner quelqu'un à aimer, « ne fût-ce qu'un petit enfant ».

Elle n'osait jamais parler de son père, mais au moment de sa première Communion, le sentiment filial refoulé dans son cœur ne put se contenir davantage. Elle écrivit secrètement à celui qu'elle chérissait malgré l'abandon où il l'avait laissée.

Unissant dès lors dans un même élan ses affections humaines et son amour divin, elle parla à son père du bonheur qu'elle venait de goûter et le supplia de s'y associer en s'approchant aussi de Dieu. Cette lettre resta sans réponse ; trois mois après Harriett était orpheline. Mais elle apprit que quelques jours avant sa mort, son père avait participé à la cène. S'était-il souvenu de la prière de sa fille ? Celle-ci ne le sut jamais, mais la pensée de ce retour à Dieu la consola seule dans sa douleur.

Quelques affections lui vinrent dans cet isolement. Elle aima une de ses compagnes de pension, ses maîtresses et la plus jeune de ses tantes, qui lui témoignait quelque bonté. Mais ce n'était là qu'une goutte d'eau dans ce cœur altéré d'amour.

Recevant peu des autres, elle voulut beaucoup donner. Un de ses oncles, veuf et pauvre, était entouré de dix enfants qu'il avait grand'peine à élever. Elle alla s'établir chez lui, abandonna ses études, oublia tout, renonça à tout pour se vouer aux travaux du ménage qu'elle n'aimait pas. Elle tirait l'aiguille en donnant des leçons aux enfants, et cachait à son oncle le travail qu'elle continuait bien avant dans la nuit. Un rayon sembla luire sur cette vie sacrifiée. Ses yeux rencontrèrent des yeux « qui me regardaient comme me regardent les vôtres », m'a-t-elle dit en souriant. Mais l'oncle pour lequel elle s'était dévouée pendant cinq ans, n'admettait pas pour sa nièce un autre avenir que la perpétuité de son sacrifice. Elle n'aime pas à rappeler ce souvenir, parce qu'elle a trouvé là trop d'égoïsme en échange de trop d'amour. Soumise, malgré l'injustice de cet arrêt, elle se laissa accuser d'infidélité par celui qu'elle continua longtemps à aimer ; et elle reprit, comme une expiation de son rêve, sa vie de travail et d'abnégation. La blessure qu'elle avait reçue, n'avait fait qu'augmenter son besoin de dévouement. Son oncle s'était remarié, elle resta auprès de sa nouvelle tante, qui la détestait, et ne la quitta que lorsqu'elle crut lui être inutile. On lui offrit alors une position de gouvernante ; elle l'occupa pendant deux ans. Revenue chez une autre tante, celle de tous les membres de sa famille qu'elle préférait, elle se prit d'une tendresse maternelle pour l'un de ses petits cousins et résolut de gagner la somme nécessaire à son éducation. Dans ce but, elle chercha le moyen de passer quelque temps en France, pour en apprendre la langue, et revenir ensuite l'enseigner en Angleterre.

Son amie de pension lui proposa d'entrer chez une dame belge, établie dans l'Orléanais, et qui cherchait une gouvernante anglaise pour ses deux petits garçons.

Harriett accepta. Ce départ fut très douloureux ; elle aimait ardemment sa patrie, sa famille, son église, ses amis et, transplantée sur une terre étrangère, elle n'y trouva qu'un ciel glacé.

Sentant l'exil trop amer, elle se dirigea vers la maison de Dieu. Mais l'église n'était ouverte qu'à l'heure des offices. Harriett pleura plus d'une fois devant cette porte fermée, sans oser parler à personne de son chagrin. Elle passa ainsi toute une année. L'hiver fut morne : Mme M... s'ennuyait et M. M... terminait invariablement sa soirée par une diatribe contre l'Angleterre. Harriett priait, se taisait et se résignait. Vers la fin de l'hiver, elle commença l'allemand. Les deux heures qu'elle y consacrait, en les prenant sur son sommeil, lui furent d'un grand secours pour lutter contre le découragement. Elle entretenait aussi, avec son amie de pension, une correspondance religieuse, destinée à la soutenir dans l'éloignement de ses temples et de ses pasteurs.

On était au printemps, et on annonça une visite de Monseigneur d'Orléans à C..., Harriett avait entendu parler de lui ; une étrange frayeur la saisit à la pensée de rencontrer cet évêque qu'elle savait être un des adversaires les plus puissants de l'Eglise anglicane. Le jour de son arrivée, elle se mit à genoux pour prier Dieu de la garder contre lui, et se promit bien d'affronter le moins longtemps possible cette redoutable présence. Mais pendant le déjeuner, Monseigneur parle, elle l'écoute. Toutes les paroles de cet étranger sont pour elle. Elle sent qu'il l'a pénétrée, sa terreur augmente, elle se rappelle sa résolution de le fuir ; et cependant, au lieu de rentrer dans sa chambre après le repas, elle se laisse entraîner au salon, où Monseigneur reste seul avec elle. Il lui parle de son âme, de sa religion, du catholicisme, et lui dit en la quittant : « Je pourrais vous donner sur votre religion un doute qui vous poursuivrait toujours. Mais je respecte votre âme et je ne veux pas la troubler. »

Ces paroles la bouleversent, elle ne sait que répondre ; et un moment après, elle se trouve aux genoux de Monseigneur, lui demandant sa bénédiction. Il part, et en le voyant s'éloigner elle sent un vide étrange et reste troublée. Elle veut retourner à ses études, elle ne le peut pas, mais elle prie et elle médite l'Evangile. Le premier verset qu'elle relit est celui-ci : « Tu es Pierre et sur cette pierre je bâtirai mon Eglise. » Au même instant, elle se rappelle les paroles d'un ministre protestant, qui a écrit : « La réforme n'est pas finie. » « Où allons-nous donc, se demande-t-elle, puisque nous sommes toujours en marche ? peut-être à Rome. » Depuis ce jour, plus de repos. Elle se réveille la nuit en poussant des cris d'effroi, elle prie, elle pleure, et cache dans son cœur l'angoisse qui la dévore. L'évêque seul l'a pressentie, il lui écrit de Paris, de Marseille au moment de s'embarquer, de Rome, où les plus grandes affaires de l'Eglise ne lui font pas oublier celle qui l'appelle « son cher Père » en s'écriant : « J'ai peur de vous. »

Cependant cette agitation intérieure ne fait que s'accroître. La parole de Notre-Seigneur : *Qu'ils soient un comme nous sommes un*, paraît maintenant à Harriett une évidente condamnation des divisions de l'Eglise protestante. La pensée lui vient aussi qu'entre deux doctrines, celle qui a le plus de puissance pour produire la vertu dans les âmes est celle qui doit contenir la vérité. Elle compare alors le clergé catholique avec le clergé anglican, et force lui est de s'avouer la supériorité du prêtre qui sacrifie tout, sur le ministre qui ne renonce à aucun des biens de la vie. Elle étudie ensuite le peuple des campagnes qui l'entoure en regard du peuple anglais ; et, elle arrive à se convaincre que rien n'égale le dévouement du prêtre catholique pour les pauvres et que c'est vraiment par lui que se réalise la parole de Notre-Seigneur : l'*Evangile sera d'abord annoncé aux pauvres*.

Monseigneur, tout en surveillant le travail de

ces pensées, ne cherchait pas à le précipiter. Il attendait ce qu'il a appelé la maturité de l'œuvre divine. D'ailleurs, il évitait d'argumenter avec Harriett, mais il la faisait beaucoup prier et priait avec elle ; car au point où elle était arrivée, ce n'était pas un effort d'esprit, c'était un élan de cœur et surtout une grâce qui devait, selon lui, l'arracher à ses dernières entraves.

Cette grâce ne fut pas longtemps refusée à un désir si sincère de posséder la vérité. Le jour de la Pentecôte, Harriett tomba à genoux comme frappée d'un grand coup de lumière. Que se passa-t-il dans son âme à cet instant ? Il y a des sentiments et des clartés dont l'expression échappe à la parole.

Dieu lui avait montré un amour inaccessible aux seules forces de l'âme, mais réalisé et vivant dans l'Eglise, qui possède l'Eucharistie et enfante les vierges. Elle s'était entendue appelée à cet amour, elle avait senti la soif de cette immolation et s'était écriée : *Je veux entrer dans l'Eglise catholique où l'on peut être l'épouse de Jésus-Christ.*

Elle ne se demandait plus s'il restait un nuage dans son esprit, elle croyait que la vérité était là où elle avait vu le plus grand amour.

Dès ce jour elle fut catholique de cœur et l'annonça à Monseigneur.

Cette nouvelle le trouva encore à Rome ; mais il était au moment de son départ, et ce fut seulement ici qu'Harriett lui raconta les détails de sa conversion dans deux belles et longues lettres. Il reçut la seconde le mercredi 2 juillet, une de ces journées où l'on se sent béni de Dieu et enveloppé d'affection. Presque tous nos meilleurs amis avaient tourné vers La Combe leurs regards ou même leurs pas. Ma grand'mère, mes frères, le P. Gratry, M. Rey, M. Lagrange arrivèrent successivement sur notre montagne ; et le courrier nous apporta des lettres de Marie, d'Ernestine et d'Emilie. Chose étrange et charmante que ce rendez-vous des âmes ! Ce jour-là que de lumières dans le ciel et de joie dans mon cœur.

La lettre d'Harriett était plus touchante encore que toutes les autres. Monseigneur poussait des exclamations en la lisant, il se sentait reposé de toutes ses fatigues. Une seule chose le tourmentait. « Elle m'attend pour faire son abjuration, et je me reproche de la laisser ainsi à la porte de l'Eglise, » nous disait-il. Aussitôt ma mère s'écria : « Pourquoi ne viendrait-elle pas la faire ici ? » Et un moment après, Monseigneur écrivait avec elle à Harriett.

Harriett reçut cette lettre et déclara qu'elle allait partir. Mme M... sourit en disant qu'il fallait deux personnes exaltées comme Monseigneur et Harriett, l'un pour imaginer, l'autre pour exécuter une pareille folie. « Donnez-vous au moins le temps de répondre à cette dame qui vous est inconnue, » ajouta-t-elle. « J'ai compris sa lettre, répliqua Harriett, ce n'est pas une politesse, c'est moi qu'elle veut » ; et elle s'embarqua le jour même.

Elle arriva le lundi 7 au milieu d'un grand dîner d'évêques d'où je m'échappai pour aller la recevoir. Je me rappelle encore son émotion et la mienne ; elle se laissa accueillir et soigner avec un mélange charmant de timidité et d'abandon. Un moment après, je rentrai dans la chambre de ma mère, où je l'avais laissée avec Monseigneur. « Venez, me dit notre cher père, que je réunisse ces deux têtes, et que je bénisse mes deux filles qui doivent être sœurs. » Nous nous embrassâmes et je sentis que je l'aimais.

Elle le sentit aussi. Trois jours à peine après son arrivée, tous les bras et tous les cœurs lui étaient ouverts, et elle s'y était jetée. Monseigneur nous avait fait sœurs ; anticipant sur le titre de filleule que ma mère devait lui donner, elle l'appelait ma mère. Elle hésitait un peu à faire remonter jusqu'à mon père la logique de ces liens de famille ; elle lui disait : Monsieur, puis ajoutait tout bas : mon père. Cette adoption bientôt consommée ne fut pas la moins tendre ni la moins sérieuse de toutes.

« Et maintenant, écrivait-elle, dans son français incorrect, mais très expressif, au moment où je craignais de perdre tout, j'ai trouvé cet amour sur la terre même. L'amour de Dieu est le centre, la base, la vie de mon autre amour. La Combe, chère patrie de mon âme ! Angleterre, tu es chérie, tu es la patrie de mon corps ! La Combe tu es cent fois chérie, tu es la patrie de mon âme ! Mon âme nage dans une mer d'amour. Une mère, une sœur, un second père, des frères, oh ! que Dieu est bon ! »

« Et quelle confiance qu'on aime. On a beau dire : je vous aime, c'est perte de temps et d'haleine. Ils m'aiment autant que je les aime.

Chère, chère La Combe, patrie de mon âme ! »

Tout, en elle, trahissait ces joies de l'âme et du cœur qu'elle goûtait pour la première fois : ses paroles que l'on ne peut redire, ses silences, son recueillement en entendant la messe, ses larmes coulant à travers ses paupières baissées. Il ne lui restait plus d'hésitation ni de trouble ; elle marchait vers Dieu dans une sérénité toujours plus radieuse, c'était comme une aurore grandissante. « Je suis si heureuse, que sera-ce après », me disait-elle, et elle ajoutait tout bas : « ô dimanche ! dimanche ! » Et son cœur se gonflait de sanglots, et son esprit s'illuminait. Des horizons immenses s'ouvraient pour elle pendant ces jours de retraite et ces longues promenades dans la grande allée, où elle trouvait ses meilleures pensées, « peut-être parce que c'est là que notre père a coutume de prier », remarquait-elle naïvement, puis elle s'écriait : « J'ai déjà reçu deux vies ; ma vie passée dans les ténèbres, ma vie de La Combe, une vie longue, pleine d'événements, un sentier garni de fleurs, qui donne un parfum sacré, qui me conduit à cette troisième vie, qui commence demain. »

« Demain, écrivait-elle, le samedi soir, oh ! que les heures sont longues. »

Demain arriva cependant, c'était la fête du Sacré-Cœur. Mes frères avaient orné la grande salle de draperies et de guirlandes ; sur la porte de la chapelle était placée une inscription des Catacombes due à l'érudition de M. Bougaud et à l'art de M. Mollière. Ma grand'mère, mes frères, et M. Fissont avaient couché à La Combe.

Marie d'Agoult, M. Rey et M. Lagrange y arrivèrent de grand matin. Nous entrâmes à la chapelle où la communion des âmes était une réalité sensible à tous.

Quant à Harriett, elle était calme. Elle avait prié la veille pour obtenir de dominer son émotion et elle prononça d'une voix ferme l'acte d'abjuration qui la séparait de son Eglise. Elle était transfigurée, lorsque relevant la tête sous son voile blanc elle regarda l'autel qui recevait son serment. Dieu avait exaucé tous ses vœux. « Je voudrais du soleil pour dimanche », me disait-elle, la veille ; puis elle avait ajouté : « Moi qui n'ai jamais désiré d'être belle, je voudrais l'être le jour où j'épouserai Jésus-Christ, pour avoir cela de plus à lui donner. »

Les admirables cérémonies de l'abjuration et du baptême terminées, nous sortîmes tous de la chapelle ; elle reçut l'absolution, puis la messe commença. Elle communia de la main de son parrain à côté de sa marraine, nous la suivîmes tous ; l'émotion jusqu'alors contenue éclata ; il y eut un frémissement dans la chapelle lorsque les sanglots de la jeune catholique, débordant de sa poitrine, semblèrent un moment la déchirer, puis sa tête tomba sur son épaule, ses yeux se fermèrent. M. Lagrange dit la seconde messe, on sortit de la chapelle, elle ne vit plus rien. « Où étais-je donc, se demandait-elle plus tard, au ciel ? » Oui, c'était bien le ciel pour elle et pour nous. Oh ! que l'atmosphère de La Combe était douce, c'était celle de son âme et de l'âme de Monseigneur qui se faisait sentir à nous. Quelle sorte de gaieté que celle de ce jour, gaieté charmante, pure, sereine, qui venait de l'âme et qui ne la troublait pas. « On a envie d'être joyeux dans les bons jours », disait Monseigneur, et il excitait la verve de M. Mollière, dont les chants provoquaient tour à tour notre émotion ou notre sourire. Chaque personne payait son tribut, après lui ; moi-même, je récitai des vers d'Ernestine. La poésie des uns, la prose des autres qui valait bien de la poésie, une discussion sur l'art sous le ciel pur, à l'ombre de nos grands arbres, tout cela fit passer vite les heures qui suivirent le déjeuner, on se dispersa, on se rejoignit. Harriett voulait remercier chacun, parler à chacun. elle le faisait avec autant de grâce que de candeur ; mais surtout avec un tact exquis. Ce jour-là, il n'y avait plus d'hésitation en elle, elle se sentait devenue l'enfant de notre famille. La veille au soir, elle avait entouré de ses bras ma mère, debout auprès de son lit, en lui disant : « Oh ! embrassez-moi, appelez-moi votre fille, jamais je n'ai été embrassée par ma mère, et ma mère vous voit. » Le matin, après la communion, elle lui tendit la main et tint la sienne un moment serrée contre sa poitrine, comme pour lui donner les prémices du bonheur, qui n'était encore qu'entre elle et Dieu. Elle voulait que mon père dédiât le livre qu'il lui offrait « à sa fille Harriett ». Mes frères étaient les siens, elle écrivit à Paul. « C'est celui que j'aime le plus parce qu'il est absent », disait-elle. Puis s'informant du nom de ces quelques âmes, si étroitement unies dans l'affection d'un même père, elle pria pour toutes les *sœurs*, et voulut dater de ce grand jour une lettre à deux d'entre elles, Ernestine et Emilie. Mais ce qu'elle trouvait ne lui faisait pas oublier ce qu'elle quittait. L'Angleterre... sa famille !... « Oh ! je l'aime plus que jamais au moment où je m'en éloigne. » Par quelles paroles touchantes suppliait-elle chacun de nous de prier pour sa patrie infidèle ! Toutes les personnes présentes à la cérémonie du matin furent chargées, par elle, d'obtenir la conversion d'un de ses parents, dont elle leur donna le nom. Et en recevant les adieux de chacun, sa dernière parole était : pensez à l'Angleterre.

Des adieux, un peu devancés par une indisposition de Raymond, privèrent nos amis de la cérémonie qui termina la journée. Monseigneur avait été trop ému pour nous parler ; ce fut M. Bougaud qui le remplaça et qui en fut digne. Quant à notre saint évêque, à genoux dans la grande salle, au milieu des paysans, il leur faisait entonner des cantiques et les chantait avec les choristes du village, tout étonnés d'avoir un tel maître de chapelle.

Monseigneur a le culte des souvenirs ; ceux du catéchisme et d'autres bien chers s'enchaînaient pour lui aux joies de ce jour, pendant qu'on chantait, sans en supprimer un seul couplet : *O roi des cieux !* et *Bénissons le Seigneur dans ses bienfaits*.

Le lendemain nous étions rendus à notre réunion habituelle. Harriett goûtait avec une douceur plus pénétrante encore dans le calme de cette journée les grâces qui la veille l'avaient éblouie et bouleversée.

« Seigneur, écrivait-elle, il me semble que depuis ce matin je vous possède encore plus. Il y a quelque chose au dedans de moi qui me remplit de joie, et de l'excès qui est *la paix*. Seule, je ne fais que m'entretenir avec lui, je lui parle, il me répond, et cependant, quoique je comprenne et entende tout avec les oreilles de mon âme, à mon corps il n'est pas permis d'y prendre part. C'est-à-dire que ma bouche n'ose pas articuler ce que j'y apprends ; elle ne peut pas s'exprimer. »

Ignorant que les attraits de son âme étaient des grâces très rares, elle nous demandait si elle ne faisait pas mal de s'y abandonner, et elle écrivait : « Seigneur chéri de cette âme renouvelée, je vous ai... C'est votre amour qui me fait sentir votre présence divine. Je ne puis pas lire, l'extérieur me gêne, j'ai de quoi méditer et rêver sans me gêner par la lecture... »

Elle avait aussi une impression très vive de la grâce de régénération et de pardon qu'elle avait reçue avec le baptême et l'absolution : « Je n'avais pas été tout à fait baptisée, j'en suis certaine, disait-elle à Monseigneur. Mon âme est si différente depuis mon vrai baptême ! J'ai le sentiment de sa blancheur, dont je me sens ravie. » Un *Magnificat* perpétuel sortait de ses lèvres pendant ces jours qu'elle trouvait si doux, qui passaient si vite et auxquels elle disait parfois : doucement, doucement ! Elle écrivait alors sur son Journal : « On ne me défend pas d'être joyeuse.

On m'aurait tuée en supprimant cette joie, elle m'aurait étouffée. Je suis gaie, joyeuse, je gazouille comme un petit oiseau de l'Evangile. Oui j'aime ce terme : mon père m'appelle son petit oiseau. »

« Quelle absurdité ! c'est une femme de trente ans, presque de trente et un qui écrit. Elle est folle, complètement folle. Silence ; elle est la petite nouvelle-née. Les enfants doivent être joyeux, rire, chanter, jouer, être caressés, être aimés : voilà leur privilège. Et cette pauvre dernière nouvelle-née elle est moins privilégiée ? Oh non ! Dieu dit à son âme : restez enfant, soyez toujours gaie. Les enfants sont du royaume des cieux. »

D'ailleurs tout en elle exprimait cette allégresse intérieure ; ses yeux humides et enthousiastes ; sa voix émue, sa joie d'enfant, ses éclairs de gaieté et ses exclamations qui sortaient d'un cœur trop plein, où l'amour, comme un trésor accumulé depuis trente ans, trouvait pour la première fois à se donner. « Quand les fortunes dont héritent les enfants jeunes sont restées sans emploi, — c'est encore elle qui parle, — elles deviennent énormes, colossales, tel est mon amour, voià trente ans qu'on l'a laissé accumuler, et maintenant c'est énorme ; c'est une mine d'or !... et c'est le vôtre ! cher père, chère mère. »

Avec quel accent elle nous parlait alors de celui qui lui avait dit : « Il y a quelqu'un sur la terre qui sera votre père et votre mère », de ce grand évêque qui l'avait sauvée et qui au milieu de ses plus grands travaux n'avait épargné ni son temps ni ses forces pour courir après « cette petite fille, *si ignorée*, *si pauvre*, *si rien* ».

Au milieu de ces effusions de reconnaissance, une grande pensée s'était saisie de son âme. Monseigneur lui avait demandé : « Mon enfant, voulez-vous m'aider à accomplir ce qui sera peut-être la plus grande œuvre de ma vie ? » Cette question l'avait trouvée prête à tout entreprendre et à tout souffrir. Elle acceptait le travail et l'épreuve ; « s'il faut même la persécution, je l'attends, je la veux », disait-elle avec énergie ; puis elle ajoutait : « Mon père a raison, je me sens appelée à faire de grandes choses, et il me semble que la force de mon amour pour ma chère Angleterre me rendra capable de les accomplir. »

Ce père vénéré nous quitta, et sa voix s'éteignit dans les larmes en nous bénissant tous une dernière fois. Cependant quelques heures après ce départ qui était pour elle la fin d'une grande joie et le commencement d'une amère privation, Harriett avait repris sa sérénité, et était presque tentée de s'en excuser. « Indigne, ingrate, indifférente ! Mon père ! suis-je ingrate ? suis-je indifférente ? Si je le suis, c'est vous qui m'avez rendue telle. Pourquoi m'avez-vous ouvert la porte du tabernacle ? Pourquoi m'avez-vous donné dans le cœur celui avec qui on n'est jamais seul ?... »

Rien ne troubla cette joie d'âme, pas même notre séparation ; elle évita de prononcer le mot d'adieu, et ne nous parla que de retour. « Je reviens, ma mère ! Je reviens ! » ce fut sa dernière parole à celle qui l'avait si tendrement adoptée. On eût dit un oiseau qui s'envolait, mais c'était pour monter au ciel, son nid de la terre ne devait plus le revoir.

CINQ ANS APRÈS

En quittant La Combe, Harriett fit une courte station à Menthon pour y retrouver Monseigneur, et de là, elle repartit pour C... Sa vocation et son avenir lui semblaient irrévocablement fixés. Elle voulait être religieuse dans un ordre actif ; car malgré sa grande ferveur, la vie contemplative ne l'attirait pas : « il me faut le travail et le dévouement », disait-elle à Monseigneur. Or, à ce moment même, Monseigneur établissait à Orléans un ordre enseignant, auquel il désirait donner un jour de grands développements. Il y avait, entre cette fondation et la vocation d'Harriett, une coïncidence qu'elle saisit comme une indication providentielle. Monseigneur pensait aussi que Dieu lui envoyait cette jeune convertie pour seconder un de ses desseins. Il avait toujours songé à détacher d'Orléans quelques religieuses pour établir en Angleterre une maison de retraite et d'éducation. Harriett reçut la confidence de ce projet avec une joie que l'on peut se figurer quand on a connu son zèle pour tout ce qui pouvait contribuer à la conversion de son pays. Les obstacles et les souffrances ne l'effrayaient pas ; elle se donna d'avance à cette œuvre qui répondait si bien à tous les attraits de son âme.

Il fut donc décidé qu'elle achèverait à C... l'année scolaire et qu'à la Toussaint elle entrerait au noviciat de Saint-A..., mais auparavant, Monseigneur lui fit espérer qu'elle reviendrait à La Combe pour y recevoir la Confirmation. Se retrouver encore une fois au milieu de nous ; être marquée du signe qui achève le chrétien dans la chapelle témoin de son baptême devait être un renouvellement de ces joies les plus saintes et les plus profondes. Tous les grands souvenirs de sa vie catholique seraient ainsi rattachés au lieu qu'elle appelait la patrie de son âme et aux affections qu'elle y avait formées. Son cœur s'empara de cette espérance qui lui ôta l'amertume des adieux. D'ailleurs tout lui semblait rayonnant à ce lendemain de sa naissance ; elle avait trouvé la vérité, le salut, Dieu, des amis aimés en lui, un aliment admirable à son besoin de dévouement pour un avenir prochain. Elle repassait les dons faits à son âme et à son cœur pendant les jours de sa vie catholique ; et La Combe, où elle avait tout reçu, était pour elle un Thabor ; elle en parlait sans cesse et toujours avec émotion :

« La Combe est la porte du ciel pour moi », nous écrivait-elle dans une de ses premières lettres, « c'est un ciel bleu sans nuage, la seule rose sans épine de ma vie » ; puis elle ajoutait avec la grâce originale de son langage incorrect :

« Je vous ai laissé mon amour et je suis sûre que vous le garderez bien à cher La Combe... »

Quelques jours après, elle écrivait à mon père : « Vous m'avez ouvert la porte du ciel. J'y suis entrée et que je suis heureuse ! Oh ! si heureuse ! si joyeuse ! L'atmosphère de La Combe est l'amour. Je l'ai respiré à ma naissance. Vous m'aimez, je vous aime tous. Que Dieu a été bon de mettre cette pensée dans l'âme de notre chère mère de faire venir à La Combe la pauvre petit brebis qui était si solitaire et si triste... »

« Oui, j'ai vécu une longue vie à La Combe, mais une vie trop vite passée... »

Puis craignant d'avoir laissé trop parler son cœur : « Mon cher père n° 1 me défend de montrer trop d'affection, c'est mon grand danger d'aimer trop dans ce monde. Mais je puis aimer Dieu de toutes mes forces ; et en l'aimant ainsi, je suis sûre que je vous aimerai tous davantage. Je ne saurais vous remercier pour rien, ce mot est trop de ce monde, ce n'est pas dans le dictionnaire de La Combe. Mais je vous aime... Mon remerciement c'est : je vous aime... » Le charme de cette nature, c'était une candeur qui ne savait rien taire, parce qu'elle n'avait jamais eu rien à cacher. A un certain degré de son développement spirituel, il pouvait se trouver là un péril contre lequel Monseigneur commençait à la prévenir. Mais à cette heure, dans cette jeunesse de son âme née d'hier à la vérité et illuminée d'un amour nouveau, elle aurait tenté vainement de contenir l'effusion de sa reconnaissance et pour Dieu et pour ceux qui l'avaient aidée à marcher vers lui. « Oh ! que c'est bon, s'écriait-elle de se sentir lavée, de posséder encore sur soi la rosée baptismale, d'avoir encore toute la fraîcheur de sa première foi, je ne m'étonne point que vous m'aimiez (vous surtout) et tous à La Combe. J'y suis née, pas selon la chair, mais de Dieu, l'enfant de Dieu !!!... »

Elle nous confiait ainsi les ravissements que lui faisaient éprouver le sentiment toujours aussi doux et l'intelligence toujours croissante des grâces accordées à son âme.

« J'ai de temps en temps, m'écrivait-elle, comme des éclairs d'intelligence qui sont merveilleux, quelquefois sur le passé, quelquefois sur le moment de ma conversion, et avant et après, et quelquefois sur la foi. Oh ! chère Netty, quelle merveilleuse grâce de Dieu ! Je n'ai jamais perdu un instant cette pleine et entière foi dans les doctrines de la sainte Eglise, et que cette foi vient du Saint-Esprit lui-même est ma ferme conviction puisque je suis profondément ignorante et cependant personne ne peut avoir une foi plus vive. »

Et ailleurs : « Ma paix est le don le plus précieux de Notre-Seigneur après la vérité... »

« ... Les merveilles de son amour s'ouvrent devant mes yeux aveuglés, et je ne finis jamais d'approfondir cet abîme. »

A ces lumières sur les choses divines, s'ajoutaient des lumières pratiques sur elle-même et sur l'œuvre de sa sanctification. Dieu lui inspira l'amour de ces deux vertus, qui sont la base de toute vie spirituelle : l'abandon et l'humilité. Elle s'adressait à notre expérience d'anciens catholiques pour connaître le moyen de les conquérir plus vite...

« ... Ne craignez pas, je vous prie, disait-elle à mon père, de me donner des conseils, il m'en faut bien, je suis une enfant si faible, si nouvellement née qu'il me faut du bon lait comme nourriture. Et savez-vous que le lait qui vient de La Combe, est le plus doux de tout pour moi. »

Chaque jour augmentait ce besoin d'*élancement*, si ce mot peut exprimer les efforts d'une âme qui sent pousser ses ailes et qui aspire à atteindre les sommets de la perfection. L'époque de son départ de C... approchait.

« J'espère vous revoir tous à La Combe, ma chère patrie, écrivait-elle à ma mère. J'espère y recevoir une seconde fois le Saint-Esprit et quitter ce cher La Combe pour aller où ?... où Dieu veut et voler le plus haut possible. » Puis elle ajoutait avec ce sens droit qui dominait toujours son enthousiasme même le plus saint pour l'appliquer au devoir actuel : « Mais vous prierez en attendant pour que je me serve des grâces que Dieu me donne maintenant afin d'en obtenir de nouvelles et d'en profiter. »

Ces grâces, qu'elle implorait, furent des grâces de sacrifice ; jusqu'alors ses parents connaissaient ses tendances vers le catholicisme ; mais tout en les combattant, et sans doute pour les mieux combattre, ils n'avaient cessé de lui écrire les lettres les plus affectueuses, et de presser son retour en Angleterre. La nouvelle de son abjuration les irrita plus encore qu'elle ne les surprit. L'aîné de ses oncles, ministre et docteur d'Oxford, regardait sa famille comme déshonorée par Harriett. Il lui répondit en l'avertissant qu'elle n'eût pas à reparaître chez lui, et obligea tous les siens à lancer contre elle la même sentence de proscription. Harriett fut bouleversée en recevant ce terrible courrier, elle s'attendait à des blâmes et même à des reproches, mais non à l'espèce de malédiction qui la frappait. Elle avait pour les siens une ardente affection. Cette affection et le souvenir de l'Angleterre prirent alors le caractère de nostalgie, et ce mal, on le sait, ébranle les plus fortes âmes. Harriett en souffrit beaucoup, mais avec une douceur qui est l'accent habituel de ses lettres.

Elle nous écrivait alors :

« Ce pauvre, ou plutôt méchant cœur a beaucoup souffert depuis ma dernière lettre à vous, et, quoique je me résigne plus, la lutte est bien pénible tellement ces affections sont fortes et difficiles à rompre complètement, surtout quand mon cœur est tant déchiré si souvent par les lettres d'Angleterre. Mais la victoire n'est qu'aux braves, qu'à ceux qui combattent courageusement, et je ne veux point regarder en arrière ; je veux monter et casser la chaîne qui m'empêche de voler aussi haut que Dieu veut m'appeler. Je sais que vous priez bien pour que je donne complètement ma volonté à Dieu, que j'embrasse ma croix, que je l'aime. Je suis bien calme, bien heureuse *ordinairement*, mais pour mourir complètement, il faut des douleurs, il faut souffrir et beaucoup. L'*amour*, c'est mon appui. Je ne cesse de répéter : Mon Dieu je vous aime. »

Et quelques jours après :

« Je suis heureuse *presque toujours*, j'éprouve *ordinairement* la paix du ciel, mais il y a des moments où ce cœur perd de vue les grandes grâces de Dieu, ses bénédictions et peut à peine supporter le poids de sa croix. Votre petite Marie veut sacrifier toutes ses affections de pays, d'amis, d'enfance et de parents, elle veut les donner complètement à Dieu. C'est son désir, et Dieu écoute les désirs des cœurs purs. Priez, petite mère, pour votre Marie, que son cœur soit pur, son intention droite, qu'elle s'oublie, qu'elle s'unisse à Dieu, qu'elle accepte, qu'elle cherche, qu'elle aime sa croix, qu'elle chante, qu'elle loue son Père céleste, et qu'elle n'oublie jamais que sa croix est le don de son amour, qu'elle a promis le 13 juillet de se crucifier, de se donner à Dieu ! »

« Oh ! ma chère mère, j'aime Dieu, j'en suis sûre, mais je ne veux aimer que lui et sa sainte volonté ! »

Mais ses efforts ne parvenaient pas à diminuer cette aspiration vers sa patrie adoptive devenue plus vive encore depuis que sa patrie naturelle l'avait repoussée. Dieu lui demanda le sacrifice de sa dernière joie humaine, en détruisant l'espérance de ce retour. A la veille de son départ, elle apprit qu'au lieu de se diriger vers La Combe, elle devait aller directement à Orléans, et que Monseigneur en était absent. Dans l'état d'isolement et de lassitude morale où l'avait laissée sa rupture avec l'Angleterre et ses luttes contre elle-même, on pouvait craindre que cette épreuve prématurée n'abattît son âme encore si jeune dans la foi. Mais elle avait déjà assez prié et assez mérité pour avoir appris à souffrir. Elle se soumit sans hésitation et nous annonça ainsi le changement de ses projets :

« Mon cher père,

« Votre chère, votre bonne lettre m'est arrivée hier, le jour de la croix. Comment vous en dire tout ce que mon cœur en désire. C'est impossible, vous comprendrez ce que la plume ne peut point tracer. Votre lettre me console, me fortifie. Elle me trouve souffrante, combattant cependant vigoureusement, à l'aide de celui qui combat avec moi. Le chemin est rude, est dur, je ne veux point m'échapper, j'aime souffrir, je demande à Dieu de ne point m'ôter mes douleurs mais de me donner la force de les supporter, d'en sortir purifiée. Je veux souffrir comme lui avec lui. A la sainte messe hier je lui ai confié ma croix, demandant de souffrir, de sentir tout le poids de ma croix. Il m'a bien entendue ; en rentrant j'ai trouvé votre lettre et une autre de Monseigneur. Nous devons tous, cher père, accepter et aimer notre petite croix que Dieu nous envoie. Dieu ne veut pas que je sois confirmée à La Combe. Dites tous comme moi en lisant : c'est bien, mon Dieu, j'accepte la croix, que votre sainte volonté soit faite. Et tout allait mal hier, les extérieurs étaient pénibles aussi bien que mon intérieur. J'étais résolue de ne point pleurer. J'ai souffert sans une larme, mais cela m'a fait mal, et en me couchant les larmes m'ont soulagée. Je suis loin d'être tranquille et calme, un moment de repos, des heures de lutte terrible, je puis dire d'agonie, mais le désir de souffrir est ferme, fort. Ainsi, c'est que la tentation est venue pour m'éprouver... Mon cœur est plein de larmes. Mon chagrin durera autant que Dieu veut. Ne priez point qu'il passe, mais que je souffre courageusement, en toute humilité. »

Et elle ajoutait dans une seconde lettre :

« Vous me recommandez de ne pas oublier ma famille de La Combe, il n'y a point de danger, vous le savez bien, cher père, et bien que je puisse maintenant penser sans peine à ne jamais le revoir. Le souvenir de ce cher nid de la montagne m'est si précieux, que ce n'est que la grâce de Dieu qui me permet de renoncer à tout ce que j'avais tant désiré... Ce moment est un moment bien important pour ma pauvre âme. Dieu m'éprouve, je me purifie. Si j'ai la force de résister jusqu'à la fin, j'en sortirai bien fortifiée, bien grandie... »

Dieu voulait en effet la faire rapidement grandir. Le temps était venu, pour elle, d'opérer cette œuvre de dépouillement qui, dans la vie spirituelle, suit le premier temps des grâces sensibles et précède celui d'un élan décisif vers la perfection.

Et c'est encore par la voie de l'épreuve, qu'elle allait achever de se dépouiller de tout, pour ne plus s'attacher qu'à Dieu.

Jusqu'alors elle s'était appuyée dans ses sacrifices sur l'amour sensible de Notre-Seigneur et sur le repos que lui donnaient les décisions prises pour son avenir. Elle ne doutait pas que sa voie fût irrévocablement tracée, et que Monseigneur, après l'y avoir fait entrer, ne fût destiné à l'y soutenir. Aussi arriva-t-elle à Orléans pleine de sécurité et de joie ; mais de grandes tristesses l'y attendaient. Monseigneur était absent, et des circonstances providentielles l'avaient forcé à modifier ses premiers desseins sur Saint-A... Harriett apportait là des pensées et des espérances qui n'y trouvèrent aucun écho. Une âme moins énergique en eût été découragée, mais la sienne était par-dessus tout confiante et soumise, elle accepta sans restriction ce qu'elle croyait être la volonté de Dieu.

Mais au bout de quelque temps, la vie active et les œuvres de zèle qu'elle avait toujours aimées lui causèrent une étrange fatigue. Elle se sentit appelée à autre chose et resta partagée entre la double crainte de manquer à sa vraie vocation ou de céder à un caprice ; ce fut cette dernière interprétation que l'on donna à ses souffrances. Tout s'obscurcit autour d'elle, jusqu'à la lumière qui lui venait de l'autorité la plus vénérée. Les ténèbres se font quelquefois dans des âmes même très saintes, celle d'Harriett fut plongée dans l'amertume et le doute, tourmentée par une flamme que l'on se croyait le devoir d'éteindre, assujettie à des travaux, à des exercices contraires à ses attraits, privée de tout ce qui l'aurait consolée, atteinte d'une maladie qu'on avait mal définie et qu'on aggravait en voulant la soigner ; elle souffrit alors dans son cœur, dans son âme et dans son corps de la manière la plus terrible.

Je la revis à Orléans, sans doute pour la dernière fois sur la terre. Son état de santé m'effraya ; mais son état d'âme me ravit ; sa nature s'était achevée sans avoir rien perdu de ses anciens dons. « Oui, je suis toujours enfant, me dit-elle, mais je ne veux plus souffrir en moi d'enfantillage. » En effet, elle aimait aussi tendrement, mais avec plus de profondeur et de force. Ses affections avaient traversé le sacrifice et s'étaient élevées dans une région céleste. Ce progrès était aussi très frappant dans les lettres qu'elle continuait à nous écrire : « De plus en plus, nous écrivait-elle, je ne cherche que Dieu, je ne désire que Dieu, je ne goûte que les choses de Dieu. Oh ! notre bon père l'évêque, le saint évêque est en effet un père. Je n'ai plus pour lui cette affection inquiète. Je vous dirai que je crois que Dieu me sèvre de toute affection naturelle pour *centrer* ce que j'ai d'amour et de cœur en lui seul. Je vous aime tous à cher La Combe et notre *commun saint père et directeur*, d'un amour que vos cœurs seuls peuvent comprendre mais je dirai que cet amour devient de jour en jour plus spirituel et moins sensible... »

« ... J'attends la volonté divine. On me répète la simplicité, l'œil sur Dieu, voilà, *on m'élance*. Dieu a coupé les chaînes de soie. C'est vous, chère petite mère de La Combe, qui m'avez la première parlé de ces chaînes. La Combe était une des plus fortes. Le bon Dieu l'a coupée. Je vous aurais trop aimés vous tous... Adieu, tout en vous embrassant, je suis la vôtre et pour le temps et pour l'éternité !... »

Sa maladie s'aggravait, le changement d'air et le repos lui étaient nécessaires. Mes parents insistaient pour qu'elle vînt se soigner quelque temps à La Combe. Mais des affaires de famille, et l'espoir de faire du bien à l'un de ses oncles, qui s'était rapproché d'elle, la décidèrent à partir pour l'Angleterre. Elle quitta Saint-A... sans savoir si elle y reviendrait ; toujours incertaine de sa vocation, redoutant de rester dans le monde et ne sentant pas d'attraits pour la forme de vie religieuse dont elle avait fait l'épreuve.

Cependant la paix dominait ses angoisses, parce que son détachement était devenu complet. « Ah ! c'est bien le ciel sur la terre, lorsqu'on trouve son chez soi dans la volonté de Dieu », écrivait-elle à ma mère. Aussi se laissait-elle conduire par cette volonté sainte, sans chercher à en prévenir les décrets. Toute sa correspondance, après son retour en Angleterre, respirait ce sentiment d'abandon dans une attente paisible :

« Priez bien pour moi, m'écrivait-elle, car Dieu fait de grandes choses dans mon âme et il me demande une fidélité extraordinaire... »

« Je n'ai nul goût pour quoi que ce soit, que pour la *seule chose nécessaire*. Que je sois seule, en société, à l'ouvrage, à la promenade, mon âme le cherche. Depuis le grand matin, lorsque je m'éveille jusqu'à ce que je m'endorme le soir, c'est après lui que j'aspire, soit dans les peines, les joies, les tentations. C'est lui. Mon cœur est au large, je jouis d'une pleine liberté. N'ai-je pas tout ? Oui tout. Il est à moi, je suis à lui. Je suis prête à rentrer dans le monde, à aller en Chine, en Amérique n'importe où, si c'est sa volonté. Je n'ai nul choix, mais il me parle au cœur et je me trompe fort s'il ne m'appelle pas à une vie que je n'aurais jamais osé lui demander. »

Ces derniers mots nous frappèrent. Il nous sembla que cette chère âme commençait à s'orienter vers un but nouveau. Mais nous n'osions la questionner, et elle-même d'ordinaire si confiante, réservait avec nous pour la première fois le sujet principal de ses pensées. Elle nous parlait beaucoup plus de sa vie extérieure, de sa tante, dont elle était la garde-malade, de ses petits cousins. qu'elle instruisait et soignait, jetant parfois dans leurs âmes des germes de vérité en les confiant à Dieu. Cependant ses affaires de famille touchaient à leur terme. Ma mère lui demanda si elle comptait revenir en France et si elle s'arrêterait à La Combe ? Elle lui répondit de manière à confirmer nos suppositions !...

« Ma petite mère. Le petit oiseau qui s'est envolé de La Combe ne veut point s'y attacher par des chaînes de soie, quelque douces, quelque aimables qu'elles soient ; sa figure est mise en avant, son œil est sur Dieu, et elle comprend qu'on ne s'ennuie point au ciel sans le travail, en contemplant, en étant uni à Dieu. »

C'est qu'en effet une nouvelle lumière lui était apparue. Dieu qui l'avait conduite sur la terre étrangère pour y trouver la foi, voulait que sa vie fût consacrée à son pays, comme elle l'avait toujours désiré, mais non comme elle l'avait d'abord conçu. Au lieu de l'appeler aux labeurs de l'enseignement et de la charité, il la destinait à être une de ces victimes qui s'immolent, chaque jour, pour le salut d'un peuple. Cet attrait qu'elle éprouvait à Saint-A... sans le comprendre, devint un appel distinct, le jour où elle entra, pour la première fois, dans une pauvre maison, berceau d'un monastère de Clarisses. Cette fondation était l'œuvre de quelques âmes héroïques, qui s'étaient soumises à la règle stricte de sainte Claire, malgré ce que le climat d'Angleterre y ajoutait de rigueur. Elles avaient tout accepté sans adoucissement : le jeûne presque perpétuel, la privation de feu, de chaussure, d'aliments substantiels, et, par-dessus tout, le labeur continuel de la prière, s'il est permis d'appeler ainsi les seize heures passées au chœur, dont la plupart remplies par le chant de l'office ne laissent pas même la liberté de l'oraison, et font descendre ainsi la mortification jusque dans les profondeurs de l'âme. C'est la croix dure et nue, mais la croix embrassée par l'amour de celui qu'on y cherche et qu'on y possède. Harriett, si avide de souffrir pour le rachat de son pays, trouva là ce qu'elle désirait depuis deux ans. L'inspiration de Dieu confirma de telle sorte l'élan de son cœur qu'elle ne douta plus désormais d'avoir rencontré le port. Néanmoins, le saint religieux, directeur des Clarisses, et la Mère abbesse l'éprouvèrent longtemps avant de lui donner l'espérance d'être admise au postulat. Ce ne fut même qu'après plusieurs mois de réflexions et de prières qu'on lui permit de laisser pressentir à ma mère cette nouvelle phase de sa vocation. Elle le fit en lui écrivant ainsi : « Notre-Seigneur est toujours bon pour moi. Oh ! que je goûte profondément sa paix inconnue du monde. Mon petit coin dans son cœur m'abrite de tout vent, de toute douleur. C'est comme si tout ce qui me vient passe à travers *son cœur*. Il est mon bien-aimé. Je ne désire que lui. Je goûte moins *les choses* de Dieu qu'autrefois ! C'est après Dieu que j'aspire. C'est lui même seul que je cherche. Il me mène où je n'ai point eu la présomption de penser aller. Je pensais devenir une Marthe, il veut que je sois une Marie. Oh ! je vous le dis tout bas, je n'ai point osé le dire, et c'est comme un secret entre *marraine et filleule* qui tombe de ma plume. Priez, n'est-ce pas, chère petite mère ! *Ecce ancilla Domini*. Je vis au milieu du monde. Je n'en suis plus, j'aspire plus que jamais à une vie cachée en Dieu. »

Au second anniversaire de son abjuration, son attente durait encore, elle s'en servait pour se perfectionner dans l'abandon et se détacher même de ses désirs les plus saints.

« Ma chère petite sœur, me disait-elle à cette occasion, ma chère petite sœur, il y a bien aujourd'hui deux ans que je vous ai quittée à La Combe. Netty chérie, c'est une chose merveilleuse pour moi. Comment le bon Dieu m'a choisie, moi, de préférence aux milliers d'autres. Mon âme est comme frappée de nouveau de temps à autre d'une flèche d'amour qui y laisse une plaie de reconnaissance, qui ne trouve de soulagement que pour la souffrance et grâces à Dieu, puisqu'il m'en donne d'une main large. Priez pour que le *démon* me ménage des mérites et que je me serve de lui pour la gloire de Dieu.

« Attendons, ma petite sœur, pour la décision de ma vocation. Je n'hésite pas de vous donner toute espérance, seulement je ne demande rien, c'est plus parfait d'attendre en silence et sans préoccupation, sans soins. Je laisse faire les autres, et je me trompe fort, ma petite sœur, si le démon lui-même ne m'assure et ne me conserve ma vocation religieuse. Priez pour ceux qui sont tentés. Le P. Bulter me promet de grandes peines intérieures et de fortes tentations toute ma vie. Remerciez Dieu avec moi. Souffrons ensemble et à jamais resserrons les liens d'une amitié spirituelle en Dieu. Vous êtes, vous, *ma sœur* par excellence. Les autres sont des *sœurs* et mes *sœurs*, mais Netty est *ma sœur*. Mais n'arrêtons point ici. Ma sœur pourrait bien m'enchaîner vers la terre. Je pourrais bien moi l'empêcher de monter, toujours monter. Coupons la chaîne. Envolons-nous librement dans l'atmosphère des souffrances afin de parvenir au sein du cœur de Dieu. Une fois là aurons-nous besoin de chaînes, cette force centrale sera notre attraction pendant toute l'éternité. Cette force c'est la plaie du Sacré-Cœur, abritons-nous-y bien. »

Au bout d'un an, la porte du monastère s'ouvrit enfin devant elle, et sa prise d'habit eut lieu quatre mois plus tard. Elle nous écrivit à ces deux dates des lettres radieuses. C'étaient les accents que nous avions entendus à La Combe au moment de son abjuration...

« ... Ma bien chère Netty. Je vous annonce le jour de ma prise d'habit en même temps que je vous embrasse et vous présente mes vœux pour la nouvelle année. C'est le 25 de ce mois-ci, à cinq heures du matin. Je compte sur votre messe, votre sainte communion et vos prières. Donnez-m'en trois en l'honneur de la sainte Trinité et invoquez, je vous prie, sans cesse le Saint-Esprit. Ma joie ne trouve que des larmes pour s'exprimer. Oh ! que mon cœur se dilate, que mon âme est libre et au large. Notre-Seigneur me comble de ses bienfaits et lui-même veille sur ma vocation. Que de fois je me rappelle la lecture faite par notre père de La Combe le soir du 17 juillet 1862 !!! La veille de mon départ corporel de La Combe... »

« Netty chérie, ni vous ni votre mère ne pourrez rien désirer pour mon bonheur et pour ma sanctification que je ne trouve ici...

« ... Pauvre petite moi !... Que de grâces m'ont été données en réponse de toutes les ferventes prières du 13 juillet. Oh ! que Dieu vous en récompense. Son cœur est large et reconnaissant pour les bienfaits faits à ses pauvres. »

Tout était consommé selon le monde, tout commençait selon Dieu pour cette âme éclairée de la vraie lumière. Le sacrifice, qui la séparait sans retour de la terre, n'était pour elle que le point de départ d'une vie nouvelle, dont les perspectives s'agrandissent à mesure qu'on s'en rapproche, car se sont celles de l'infini. Se livrer de plus en plus à l'action de grâce, s'immoler comme une victime et laisser le feu divin consumer ce qui reste d'imperfection dans l'amour même de Dieu, renouveler à ce foyer devenu plus pur son dévouement pour les siens, prier et souffrir avec une ardeur toujours croissante ; telles sont les ascensions mystérieuses de cette âme vers les sommets de la perfection.

Ses lettres plus rares, toujours aussi tendres, nous apportent par intervalles un reflet de la lumière dont elle est comme enveloppée. Ce sont ces précieuses lettres qui diront seules quelle profondeur pénètre son regard, quelles ardeurs consument son cœur ; comme elle s'élève, comme elle contemple, surtout comme elle s'ignore, mais aussi comme elle est fidèle à ceux qu'elle a une fois aimés, qui la regardent comme leur ange gardien et relisent avec émotion en pensant à elle cette parole de l'Ecriture : « Ne négligez pas l'hospitalité ; car c'est en l'exerçant que quelques-uns ont reçu chez eux des anges sans les connaître. »

20 novembre 1865.

« Ma chère petite sœur,

« Vous êtes souffrante d'âme et de corps : j'en souffre aussi, mais je m'en réjouis en même temps, car vous êtes dans les mains de Dieu notre Père céleste. Abandonnons-nous généreusement et pleinement toutes les deux à l'action divine, qu'elle nous façonne sur l'idée qu'a conçue de nous le *Verbe incarné*. Soyons saintes selon *son idée*. Je cite : Tout m'est ciel, tous mes moments me sont action divine toute pure. Depuis mon retour en Angleterre, j'ai appris une chose par l'expérience, l'action divine m'a montré mon erreur, savoir croire que j'étais créée pour aimer et posséder Dieu, c'est bon, mais ce n'est pas tout. C'est regarder les choses *à l'envers*. Dieu m'a créée afin qu'il m'aime, afin qu'il me possède. Je croyais autrefois aimer Dieu. Je ne savais. Que je sois aimée de lui, soyons tranquilles, laissons faire, ne gâtons pas l'œuvre de Dieu. Je suis jalouse pour vous, pour votre sanctification, pour que vous profitiez le plus possible de l'action divine. »

13 janvier 1866.

« Ma bien chère sœur,

« Je vous donne une grande feuille, comme réparation de mon silence. Que le bon Dieu vous bénisse et vous façonne cette année selon son cœur. Soyons généreuses, Netty, toutes les deux. *Mes noces* approchent, j'ajouterai le jour avant de fermer cette lettre. Je vous demande tous de communier ce jour-là et que votre intention soit non pas pour vous ni pour moi, mais pour Dieu, Notre Dieu que nos cœurs le louent de ce qu'il est Dieu. *Gratias agimus tibi !* Je sais combien vous serez heureuse. Nous sommes, vous et moi, une seule âme en Dieu. Nous venons de passer un Noël fort joyeux. Après la messe de minuit, le bon Dieu nous a guéri instantanément une Sœur malade, qui depuis le mois de mars n'a pu se servir de ses jambes. De temps à autre elle a perdu non seulement sa voix, mais même le pouvoir d'articuler. Dernièrement elle s'est servie de béquilles sans cependant pouvoir rester debout sur ses jambes. Eh bien ! après sa sainte communion à la messe de minuit elle a fait un acte d'abandon de sa santé à Notre-Seigneur. J'aurais dû dire qu'elle était si malade la veille et l'avant-veille de Noël qu'on doutait fort qu'elle eût la force d'assister à la messe. On l'a portée au chœur. Elle est sortie avec une Sœur sur ses béquilles pour aller se recoucher, nous laissant devant l'exposition du Saint-Sacrement. Arrivée dans le cloître, au pied d'un grand crucifix, elle entend intérieurement cette voix : Oh ! vous avez peu de foi ! Pourquoi vous servir de vos béquilles ? Elle les donne à la Sœur, se jette en action de grâces à plate terre en adoration. Elle revient au chœur, se prosterne devant le Saint-Sacrement. Notre Mère abesse la renvoie pour ses béquilles, elle revient, elle les place devant le Saint-Sacrement, elle les met ensuite au pied de l'autel de l'Enfant Jésus. Depuis ce moment de guérison sa santé est des meilleures. Elle jeûne, elle veille, etc., etc... *Deo Gratias !* Ce qui a montré la beauté de notre sainte règle et la sainteté de notre vocation était le calme de ces heures, pas un seul mot pendant le grand silence ; à la récréation nous avons parlé vous pouvez le croire, la fête de Noël et le dimanche après les Saints-

Innocents. C'était à déjeuner que nos langues se sont déchaînées pour louer Dieu. Notre saint archevêque est venu hier avec des prêtres en grande cérémonie bénir la nouvelle partie de notre cloître. Que nos cœurs ont bondi de joie en chantant le *Veni Creator* et le *Te Deum*. Cette belle procession et de prêtres et de religieuses nous a rappelé l'ancien temps lorsque l'Angleterre était l'île de Saints. Que ces jours reviennent. J'attendais de vos nouvelles, chère amie. Il me tarde fort de savoir où vous êtes cet hiver, et comment, et, je vous prie, parlez-moi de Monseigneur. Il est arrivé à Londres dernièrement des Carmélites, pour la première fondation à Londres. Sa Grandeur a donné permission qu'elles nous fassent visite un jour prochainement et qu'elles dînent avec nous. Emily B... ? Il me tarde d'avoir de ses nouvelles. Je viens de lui écrire. Netty, chère amie. rappelez-vous le jour de ma première Communion ? Où suis-je maintenant ? Priez pour moi. Dieu demande où il donne, obtenez-moi la fidélité à la grâce, un abandon entier, une humilité selon celle du Sacré- Cœur. Adieu, chère sœur ; mille remerciements de votre amitié commencée en Dieu qui finira éternellement en Dieu. Bien des choses à chère Isabeau. Faites vos demandes largement le jour de mes noces : je vous promets tout ce jour-là, ayez confiance. Mon époux est mon Dieu. Demandez selon sa grandeur, avec un cœur large et vide. Que Dieu vide et remplisse nos deux cœurs est la prière de celle qui est toujours votre affectionnée.

« Sœur MARIE DU SAINT-SACREMENT. »

Le 7 février 1867.

« Ma bien chère sœur,

« Non, mon cœur ne s'éloigne pas du vôtre, vous le savez bien, Dieu lui-même a formé le lien qui nous unit, et il le serre de plus en plus, mais c'est un lien tout spirituel. Ne croyez point que je n'éprouve pas une liberté pleine et entière ici en vous écrivant. Mais j'ai moi-même l'attrait si fort pour le détachement parfait et le sacrifice entier que je ne demande pas aussi souvent que je pourrais bien la permission de vous écrire. Marie de La Combe est changée en Marie du Saint-Sacrement. Netty, chère bien chère amie, j'ai commencé à votre côté mon enfance spirituelle ; ici loin de vous je vais me sanctifier ou plutôt je m'abandonne à l'attrait du Saint-Esprit afin qu'il me sanctifie. Il veut un détachement complet, rien du sensible, voilà. Je me borne à deux fois l'an pour vous écrire, à moins d'une occasion bien extraordinaire. Le sensible diminue, le spirituel augmente. Vous êtes toujours ma sœur aîmée, ma première sœur. La première surtout de cœur et la peur que j'ai que mon affection pour vous me nuise à ma vocation doit bien vous être une preuve de sa force et de sa profondeur et de sa persévérance. Que le silence soit donc désormais un gage d'amitié croissante. Je vois que vous êtes toujours une enfant chérie de Dieu qui donne seulement ces croix de santé et d'âme à ceux qu'il veut sanctifier. A quoi bon vivre sinon pour souffrir en union avec le Dieu crucifié. Chose étonnante que nous ne soyons éprises des souffrances. Voyons, commençons, moi j'ai honte de moi-même, souffrons pour l'Eglise, soyons oisives afin que Dieu agisse. Soyons faibles afin que la force de Jésus demeure en nous. Soyons enfin rien, perdues, anéanties pour que Dieu soit tout. En chaque âme Dieu remplit tout l'espace qu'il trouve vide. Vidons-nous donc, laissons faire. Mon âme se simplifie. Dieu me devient de plus en plus tout. Ma prière est une : que Dieu soit glorifié, que son règne arrive, que sa volonté soit faite. Ma préparation pour la sainte communion journalière est d'être vidée, d'être faite large, large grande et profonde afin que Dieu ait assez de place pour y faire toute sa demeure, pour accomplir pleinement sa sainte volonté. Mon aspiration de chaque moment libre est *Veni Sancte Spiritus*, *Veni Pater*, *Veni Filius*, *Veni Spiritus Sanctus*. Oh ! que nous sommes grandes. Il y a quatre ans que ma vie est toute changée, qu'elle est devenue un ciel sur la terre. Le royaume de Dieu est au dedans de nous. Oui, Seigneur, c'est bien au milieu de mon âme qu'est votre royaume. La sainte communion est ma vie. Netty, je veux que nous laissions faire au Père céleste. Jetons tous ces soins, ces préoccupations, de santé, de travail, de mariage, etc., etc..., dans le sein de Dieu ; aimons ce qu'il donne. Et pourquoi, chère amie, pourquoi pas un abandon entier ? plein ? sans réserve ? sans retour ? des actes d'amour valent mieux que des actes de contrition. Il vaut bien mieux regarder

Dieu que de regarder nous-mêmes. Jetons toutes nos misères dans le cœur de Jésus. Il n'y restera que de l'amour, nous en sortirons : amour, perfection, joie, sainteté. Dieu, Dieu, Dieu, sans m'en apercevoir je vous ai montré tout comme à mon père spirituel. Toutes nos intentions sont les mêmes. Oui, surtout nos frères Félix et Paul. « Notre-Seigneur m'a faite le 8 novembre maîtresse des novices. Nous en avons trois et cinq jeunes professes. Je connais bien ma faiblesse, je m'abandonne à Dieu. Notre chère Mère abbesse fait tout et dirige tout, et je suis tout à fait sous sa direction étant entièrement sans expérience. Priez bien que je ne gâte point l'œuvre de Dieu. J'aime que vous sachiez chaque pas important de ma vie. Je vous répète que je suis de jour en jour plus heureuse dans ma sainte vocation, forte et ferme de laisser faire à Dieu l'œuvre de ma sanctification qu'il a commencée à La Combe. Dites de ma part bien des choses filiales et affectueuses à Monseigneur, demandez pour moi ensemble une grande bénédiction. Emilie est venue me voir; mais c'était l'avent ; ainsi je ne l'ai pas vue. Notre Mère abbesse vous aime toujours, elle vous envoie sa bénédiction que je lui demande pour vous.

« Croyez toujours, ma bien chère sœur, à l'affection de

« Sœur Marie du Saint-Sacrement. »

TABLE DES MATIÈRES

CHAPITRE PREMIER

CHAPITRE II

CHAPITRE III

CHAPITRE IV

CHAPITRE V

CHAPITRE VI

CHAPITRE VII

CHAPITRE VIII

CHAPITRE IX

CHAPITRE X

CHAPITRE XI

CHAPITRE XII

CHAPITRE XIII

EPILOGUE

DEUX CONVERSIONS

Paris.— Imp. P. Téqui, 92, rue de Vaugirard.

OUVRAGES DE Mgr DUPANLOUP

De l'Éducation. Tome Ier. L'Éducation en général. — Tome II. De l'Autorité et du Respect dans l'éducation. — Tome III. Les Hommes d'éducation. 3 vol. in-12. Prix. 10 50

Conférences aux Femmes chrétiennes, 1 vol. in-12. Prix. . . . . 4 »

Lettres sur l'Éducation des filles et sur les études qui conviennent aux femmes dans le monde, 1 vol. in-12 . . . . 4 »

Le Catéchisme chrétien, off rt aux hommes du monde, 1 vol. in-8°. 2 50

La Femme studieuse, 1 vol. in-16, en caractères elzéviriens, encadré de vignettes . . . . 4 »

Le Mariage chrétien, 1 vol. in-16, en caractères elzéviriens, encadré de vignettes . . . . 4 »

L'Enfant, 1 vol. in-16, en caractères elzéviriens, encadré de vignettes . . . . 4 »

De la Dévotion au Très Saint Sacrement, in-18. » 80

Vie de Mgr Borderies, évêque de Versailles (Œuvre posthume), 1 vol. in-12 . . . . 3 50

Journal intime de Mgr Dupanloup, Extraits recueillis et publiés par L. Branchereau, nouvelle édition, in-12. Prix. 3 50

Derniers jours de Mgr Dupanloup, 1 vol. in-16. 2 »

www.ingramcontent.com/pod-product-compliance
Ingram Content Group UK Ltd.
Pitfield, Milton Keynes, MK11 3LW, UK
UKHW020305230726
13925UKWH00001B/227